Benoni Junker

Phönizische Reisen mit der »Mike-Dull«

Benoni Junker

Phönizische Reisen mit der »Mike-Dull«

Delius Klasing Verlag

Ich danke

Peter Michael †, den Kindern Birgit und Jens,
Otto W., dem I. und Großen, Otto St., dem II. und Flinken,
Horst und Hermann sowie
Türken-Helmut und Falaffel-Eckart.
Und, natürlich, auch der händeringend wartenden
Ingeborg-Penelopeia.

Die kühnen und wackeren Gefährten
haben sich der MIKE-DULL und ihrer Führung
anvertraut. Das war sehr mutig. Einige allerdings
nur zögernd, oft meuternd und wider ihr besseres Wissen.
Da bewiesen sie Klugheit. Als sie sich überwanden
und deren Rat in den Wind schlugen, schenkten
die Götter ihnen das Abenteuer. So waren sie es, die das
Banner spätphönizischer Seefahrt unserer Tage
über der Weite des Meeres entrollten und es dann
in sechs Jahren, vom Fuße des Atlas bis zu den Zedern
des Libanon, haben flattern lassen.

Caelum, non animum mutant,
qui trans mare currunt.

Wer Meere durcheilt, kann zwar
den Himmelsstrich wechseln, nicht aber
die Stimme der Seele.

(Horaz)

Seeleute können um mal erzählen ....

Im 1. Kapitel

wird berichtet,
wie ein Lateinlehrer aus Rußland,
die Punischen Kriege,
ein Manager von der Ruhr und
die beklagenswerte Witterung Nordeuropas
zusammenwirken,
um das Mittelmeer,
das helle und warme Meer der Alten,
für uns aufleuchten zu lassen.

Als ich noch kein kahlköpfiger, alter Knacker und später Phönizier, sondern ein junger Knabe mit Blondhaar, blauem Blitzauge und stark entwickeltem Fürwitz war, schickten meine Eltern mich aufs Lateingymnasium. Es war ein lettisches. Sein gewaltiger, rot leuchtender Backsteinbau hob sich vom satten Grün des Hagensberger Kiefernwäldchens ab. Daneben lag der Turn- und Sportverein, gegenüber der Rodel- und Schlittschuhbahn, von wo winters der Pußta-Fox herüberklang und die oft wiederholte, doch nie beantwortete Frage sich in unsere Ohren bohrte, warum denn das liebe Kind so traurige Augen hat.

Es war noch in jener seligen Zeit vor einem halben Jahrhundert, als Europa noch nicht gespalten war. Zwar lauerte der Kriegsgott Mars schon hinter dem Vorhang, wartete aber noch auf das Stichwort für seinen Auftritt. Das ahnungslose Publikum hegte die ungerechtfertigte Hoffnung, es werde sich schon alles richten und zum besten wenden.

Ähnlich unbegründete Vorstellungen hatten auch meine Eltern von der Entwicklung ihres Sohnes. Sie hatten gut daran getan, mich auf eben dies und nicht auf ein anderes Gymnasium zu schicken. Denn da waren sehr viele besonders schöne Mädchen von überwältigendem Liebreiz, und da hatte man sommers die Tennisplätze und im Winter Bob- und Schlittschuhbahn vor der Nase. Aber – und das wirkt bis heute nach – es gab auch Herrn Aljeksejew, den Lateinlehrer.

Herr Aljeksejew war ein Russe von kleinem Wuchs, drahtig, mit lebhaften Bewegungen und hellen, grauen Augen, denen nichts entging. Listig lugten sie unter schlohweißem Haupthaar aus einem zerknitterten Ledergesicht von gesundem Rotbraun hervor. Unter kühn gekrümmter Nase stiegen die Spitzen des kunstvoll gezwirbelten Schnauzbarts zu den Ohren empor. Der spitz zulaufende Kinnbart hingegen wies sowohl hinab als auch halbschräg nach vorn. Wies dahin, wo wir saßen: eine Horde ungebärdiger, nur unzulänglich zivilisierter, doch jeglichem Unfug zugeneigter Schelme, jugendliche Unholde, abhold den Wissenschaften und den meisten Lehrern ein Graus.

Er aber liebte uns. Wenn der alte Kosakenoffizier, das Buch in der Hand, auf seinen Säbelbeinen in der Klasse umherwetzte, saß die Rüpelbande still wie in der Kirche. Für ihn, der noch dem Zaren gedient hatte, und für sein Latein lernten wir mehr und arbeiteten bereitwilliger als für andere Lehrer und Fächer.

Das Geheimnis ist mit ihm hingegangen, wie er es anstellte, daß selbst knochentrockene Texte, an denen andere verzweifelt herumkauten, bei ihm zu Leben kamen und aufblühten. Wenn er lesend, den De Bello Gallico in der Linken, die Rechte betonend erhoben, flotte Übersetzungen heischend, gestikulierend und eigene taktische Erwägungen anstellend, auf und nieder marschierte, dann sah man es bei Caesars Flußübergängen spritzen. Oder man vernahm, über zweitausend Jahre hinweg, den Marschtritt der Kohorten auf den Quadern. Als Lehrer verkörperte er die seltene, segensreiche Verbindung aus Persönlichkeit, Wissen, Erfahrung und mitreißendem Schwung. Wir jugendlichen Schelme verehrten ihn. Fast glaube ich, wir haben ihn geliebt.

So einer war der Lateinlehrer Aljeksejew.

Genug von ihm. Für Rom, seine Sprache, seine über alle Küsten des Mare Nostrum und weit darüber hinaus auf uns gekommene Hinterlassenschaft ist das Interesse ein Leben lang wachgeblieben.

Als noch nicht daran zu denken gewesen war, die grünen Küsten und lockenden Inseln jemals selbst besuchen zu können, hatten wir uns schon dem Meere der Alten genähert. Wir waren mit seiner Geographie vertraut. Wir lebten mit Göttern, Helden und Mythen. Die Namen von Hamilkar, Hasdrubal und Hannibal, aus dem edlen Geschlecht der karthagischen Barkas, gingen uns flott von der Zunge. Die Gallier Ariovist und Vercingetorix hielten wir für recht aufmüpfige Burschen, die Helvetier, Tenkterer und Treverer für wild aussehende, muskelstarke Krieger. Wir kannten die Irrfahrten des Ithakers Odysseus.

Der Boden war bereitet. Von den nautischen Früchten allerdings, die Jahrzehnte später auf ihm reifen sollten, konnte noch niemand auch nur eine schemenhafte Vorstellung haben.

Mit dem Behalten der Jahreszahlen der Punischen Kriege war es auch bei uns Schülern nichts. Aber wir fanden es großartig, daß der Punier Hannibal mit seinen Elefanten beim Marsch auf Rom um das ganze westliche Mittelmeer und über die Alpen gezogen war. Wäre es nach uns gegangen, hätte Hannibal Rom in die Knie zwingen dürfen. Ihm hätten wir den Sieg gewünscht.

Phönizien ging mir nie aus dem Sinn.

Vor gar nicht so langer Zeit, es mögen so an die dreitausend Jahre her sein, war am Mittelmeer überall Phönizien gewesen. An des Meeres einem Ende lag im Osten die wohl schmale, aber wunderschön von Zedern und Schneegipfeln gerahmte Heimat. Am anderen

Ende, im Westen, lag die als Säulen des Herkules bezeichnete Enge, heute Gibraltar. Hinter ihr war das befahrbare Meer zu Ende. Dort tat sich, so stellten es sich die unwissenden Alten vor, ein ungeheurer schwarzer Schlund auf. Der verschluckte mit Mann und Maus jedes Schiff, dessen dummer und verantwortungsloser Kapitän sich den Säulen auch nur auf Sichtweite näherte. Ein gewaltiger Sog riß es unbarmherzig in die Tiefe. Hinein in den Abgrund! Hinunter und vorbei!

Nur die feuerspeienden Rachen der Ungeheuer, die am Rande des schwarzen Schlundes hausten, öffneten sich stadttorweit, als wollten sie sagen: „Das nächste Schiff mit Lebensmüden, bitte!"

So erzählten die Phönizier. Sie gestikulierten dabei mit Armen und Beinen. Sie jagten jedem mit ihren Geschichten einen gehörigen Schrecken ein, wenn der sich danach zu erkundigen wagte, wo denn wohl das viele, sündhaft teure Zinn herstamme, das sie händereibend zu Monopolpreisen verkauften.

Seeleute können nun mal erzählen. Reisende Kaufleute galten bereits im Altertum als nicht auf den Mund gefallen. Levantiner jedoch, da haben zu keiner Zeit bei irgend jemandem Zweifel bestanden, waren immer schon Weltmeister im Aufbinden von Bären. Und waren sie mal richtig dabei mit dem Schnüren, dann machten sie auch vor ausgewachsenen Kamelen nicht halt.

Nun besteht ja kein Zweifel, daß die Phönizier, diese frühen Levantiner, seefahrende Kaufleute gewesen sind. Sie waren es, die als erste die Küsten des Mittelmeeres mit seetüchtigen Booten befahren und sie erschlossen haben. Sie waren clevere Burschen, intelligente Kaufleute, umsichtige, ja vorsichtige Seefahrer. Sie waren listig, kühn, doch dies mehr bei ihren Handelsunternehmungen. Sie kannten das Meer und hatten hohen Respekt vor ihm.

Es waren schon tolle Kerle, die Phönizier.

Odysseus, ein anderer großer Seefahrer, gelangte zu ähnlichem Urteil:

„Einstmals kamen phönikische Männer, berühmt in der Seefahrt,
Gauner, die führten unzähligen Tand auf dem Schiffe, dem
schwarzen." (Odyssee, XV/415–416)

Die Geschichte, die ich nun erzählen will, ist in allen Punkten wahr. Sie hat sich genau so abgespielt wie hier wiedergegeben. Das schließt aber nicht aus, daß sie auch einige Episoden enthält, die den Anschein erwecken könnten, frei erfunden worden zu sein. Das wurden sie nicht. Und nötig war es auch nicht, denn anders als in den kalten Gewässern des Nordens wirken die alten Götter des Mittelmeeres auch heute noch so kraftvoll in das Leben der Menschen hinein, wie sie es getan haben, als der göttliche Dulder noch auf der Suche nach Ithaka umhergeirrt war.

Die Wandlung vom mitteleuropäischen Gelegenheitssegler zum phönizischen Seestreicher fing ganz harmlos an.

Das Boot eines Bekannten, der selbst nicht abkömmlich war, sollte von der Ruhr zur Costa Blanca getrailert und dann nach Pujols auf Formentera gesegelt werden. Dort besaß dieser mit einer ebenso attraktiven wie sportlichen Dame verheiratete Bekannte und mit den Glücksgütern dieser Erde auch sonst reich beschenkte Mensch ein Appartement mit Balkon.

Von dem Balkon aus überblickte man die Uferstraße, den langen Sandstrand mit manch kurvenreicher Schönen und die von löcherigen grauen und schwarzen Felsen gerahmte Bucht mit den Booten der Fischer und Segler. Dahinter lag leuchtend blau das Meer, von dem sich die dunklen Tupfer der Fischerboote und die weißen der Segler abhoben.

Ein Bild zum Malen. So hell, so schön, so mittelmeerisch.

Doch der Bootseigner hatte einen Mangel erkannt. Was ihm zur Vollkommenheit des Bildes noch fehlte, war ein, sein, unten an der Boje dümpelndes Boot. Wenn er auf den Balkon hinaustrat, wollte er es dort liegen und ihn auffordernd grüßen sehen. Das hatte er mir so dargelegt und mich nach Art weisungsgewohnter Bosse starr angeblickt.

„Das“, sprach ich, „sollte wohl zu machen sein. Wer von euch geht mit?“

Eigentlich begannen mit diesem Gespräch die phönizischen Reisen. Nur konnte das damals noch niemand wissen. Am wenigsten ich, der Betroffene.

Der Eigner, fleißig, durchsätzig und erfolgreich, hielt sich nicht lange mit Vorreden auf. Bei richtigen Managern geht es ähnlich zu wie auf dem Kasernenhof: klar, knapp und zielgerichtet. Er sagte also:

„Ihr fahrt am besten dann und dann …

Für die Strecke nach unten mit dem Boot auf dem Trailer braucht ihr …

Slippen, riggen, seeklar machen dauert...

Die Überfahrt beansprucht...

Also könnt ihr am... um... in... sein. Noch Fragen?"

Kein Wunder, daß sein Betrieb floriert, der Konkurrenz die Augen tränen und er Konjunkturtäler nur gerüchteweise und vom Hörensagen kennt.

Nachdem ich meine Fassung wiedergewonnen und den Mund zugeklappt hatte, öffnete ich ihn erneut, um eine naheliegende Frage zu stellen: „Bitte, wer ist ‚ihr'?"

Das konnte er wirklich: seinen Charme, je nach Bedarf, an- und wieder ausknipsen. Wie die Leuchte im Wohnzimmer. Jetzt hatte er angeknipst, denn er sprach mit seinem gewinnendsten Lächeln: „Na, du und der Gerd, die beiden erfahrensten und zuverlässigsten Segler, die ich kenne."

Derlei ging ihm leicht von der Zunge. Kostet nichts, schmeckt den so Beurteilten gut und erstickt deren mögliche Widerworte im Keim.

„Bitte, wer ist Gerd?" Mit dem großen Unbekannten sollte ich mein Leben zur Erfüllung des Transportauftrags Boot für wenigstens eine Woche zu Lande und zu Wasser verbinden. Das berechtigt doch wohl zum Nachhaken.

„Gerd", erläuterte der Boß, „das ist mein Partner, Gefährte, Kamerad. Reicht das als Legitimation?"

„Nun ja", antwortete ich mit mäßigem Entzücken, „es muß." Und ich dachte: „Wenn jener auch so ist wie dieser, dann wird der sozialistische, fortschrittliche und antiautoritäre Teil der Besatzung nicht viel zu melden haben."

Zum Glück war die Befürchtung unbegründet. Gerd erwies sich bald als munterer, umgänglicher und um einiges jüngerer Knabe als ich.

„Also", verkündete der Boß, „wenn ihr unten ankommt, düse ich ein."

Gehaltsempfänger der unteren gehobenen Mittelklasse werden immer von solcher Ausdrucksweise beeindruckt sein, deren man sich ganz zwanglos in Chefetagen bedient.

Als die wenigen erforderlichen Vorbereitungen getroffen und Gerd und ich startklar waren, da regnete es in dem gesegneten Landstrich, in dem wir leben, mal wieder Bindfäden, wie es hier zur guten meteorologischen Tages- und Nachtordnung gehört. Und weil das nächste von Island herannahende Tief angekündigt worden war, drängte ich auf Aufbruch.

Es wurde eine gute Reise. Nonstop; gehalten wurde nur für einen gelegentlichen Kaffee. Oder zum Austreten. Wir kamen heil in dem uralten, vor fast drei Jahrtausenden schon von den Phöniziern verwendeten Fischerhafen Jávea an. Mit dem Kran des dortigen Clubs Nautico, der im Schutz der ostwärts vorgelagerten roten Steilwand des leuchtturmgekrönten Cabo de San Antonio ein beschauliches Dasein führt, sollte die Yacht zu Wasser gelassen werden.

Während der Trailerfahrt durch Frankreich und Spanien hatte Gerd mich mit Seeabenteuern aufs beste unterhalten und dabei den Eindruck erweckt, daß er sich schon manchen Wind hatte um die Nase wehen lassen. Als der Kahn im Hafen schwamm und wir hinüber an die Besucherkaje verholen wollten, um dort festzumachen, griff Gerd sich mit starken Fäusten den Anker und warf ihn mit Schwung über Bord. Die Kette rasselte über die Bordwand. Der Anker versank, wie es seiner Art entspricht. Seinen Zweck aber vermochte er nicht zu erfüllen, da zwischen ihm und dem Boot keine Verbindung bestand. Hatte Gerd doch glatt vergessen, die bereitliegende Leine anzubändseln.

Eine sich neben uns auf ihrem Boot sonnende Amerikanerin lachte schallend und rief: „I would not do that!"

Dem konnte beigepflichtet werden.

Gerds Mißgeschick aber machte ihn mir liebenswert und umgänglich. Nautisch konnten wir nun von gleich zu gleich miteinander verkehren.

Am nächsten Morgen wollten wir die kostbare Zeit nicht mit großartigen Einkäufen vertrödeln. Wir besorgten uns je fünf Weißbrote und ebenso viele Flaschen Mineralwasser. Die müßten, sagten sich die spartanisch anspruchslosen Seefahrer, für die auf etwa einen Tag veranschlagte Überfahrt nach Formentera reichen.

Am nächsten Nachmittag schon konnten wir dem herbeigedüsten Boß und Eigner in Pujols sein Wasserspielzeug heil und wohlbehalten übergeben. Von der schönen Skipperin heimsten wir ein Küßchen und vom nun wieder fröhlichen Manager wohlverdientes Schulterklopfen und ein Abendbrot ein.

„Seht ihr", wandte sich der Eigner an etliche Ehefrauen und mehrere Kinder der von ihm für die Jungfernfahrt ins Auge gefaßten Crew, „seht ihr dort unten mein schönes neues Segelboot liegen, wie es ungeduldig an den Leinen zappelt und hinaus will aufs blaue, sonnenbeschienene Meer?"

Die Angesprochenen waren nicht blind.

„Wohlan denn“, fuhr der Eigner fort, „lasset uns keine Zeit verlieren. Mitsammen wollen wir an Bord klettern und in die See hineinstechen.“ So sprach er. Aber es war der Hafer, der ihn gestochen hatte.

Der Haufe erklomm den Kahn. Der Motor beförderte ihn aus der Bucht. Die fachgerecht vorgeheißten Segel blähten sich. Das Boot nahm Fahrt auf und zog davon.

Doch plötzlich...

Plötzlich stand der Kahn. Die Segel killten. Die an Deck einsetzende Bewegung war auch von fern als wirr und ungeordnet zu erkennen.

In voller Fahrt war der Eigner auf den erstbesten Felsen gerauscht. Die unsanfte Berührung hatte das Schwert des Kielschwerters mit solcher Wucht nach oben und in den Kasten geschlagen, daß dessen Deckel zerbrach. Kaputtgegangen war auch der ganze sinnreiche Kurbelmechanismus. Die Einzelteile waren aus dem Kasten gesprungen und ins Boot gefallen.

Als das Schiffchen nach längerer Zeit und manchen Anstrengungen der Besatzung endlich an die rettende Küste gepaddelt worden war, entstiegen ihm die Passagiere mit finsteren Mienen. Der unglückliche Eigner zog sich auf seinen Balkon zurück. Von dort schaute er trüben Sinnes und Auges auf Boot und Meer. Nun hatte er guten Grund, sich seinem jetzt berechtigten Gram hinzugeben.

Der Überführer hatte sich ausbedungen, daß er das Boot im nächsten Jahr für eine Balearenfahrt würde nutzen dürfen. Nach Reparatur und Einbau eines neuen Schneckentriebs.

Die zweite Erkundungsfahrt auf dem sehr alten, für ihn aber ganz und gar neuen Meer wollte er mit seiner sechzehnjährigen Tochter Dull unternehmen. Denn die war seefest, hatte vor nichts Angst und vibrierte vor Lebenslust und Entdeckerfreude.

Hinter La Sabina auf Formentera liegt die ausgedehnte Lagune Estanque de Peix. Läuft ein Boot sehr flach, kann es dort vor Anker überwintern. Hier wollten Dull und ich unsere mittelmeerische Laufbahn mit nichts Geringerem als der Umrundung der Balearen in zwei Wochen beginnen. Mit Kleinigkeiten sich abzugeben, war unsere Sache nicht. Sehr bald allerdings lernten wir begreifen, daß die altehrwürdige Methode des Absegelns begrenzter Teilstrecken in diesem Raum viel für sich hatte: Bucht – Insel – Kap – Bucht. Und dasselbe noch mal. Phönizisch eben.

Wir kamen auch glatt über die Untiefen in der Ausfahrt der Lagune hinaus und hinüber nach Ibiza. Damals durfte man noch im alten Fischerhafen in Stadtnähe anlegen. So gelangte man zwar schnell in die Peña, das verwinkelte, bunte, laute Hafen- und Altstadtviertel, wo sich in jedem Keller ein Restaurant und in jedem Erdgeschoß der schmalbrüstigen Häuser zwei Boutiquen drängten. Doch die sich vielfarbig ins Hafenbecken ergießende Kloake stank entsetzlich.

Und so segelten wir die Nacht durch und befanden uns am anderen Morgen in der Bucht von Palma. Als wir in die Nähe des Kais gelangt waren, wo viele große und wohl auch sündhaft teure Yachten im Schmuck ihrer Edelbeschläge glänzten, stand da einer mit seinem Fahrrad am Ende des Steges und winkte.

„Der meint uns", sagte Dull.

Tatsächlich. Der Winker trat nun in die Pedalen. Er fuhr auf dem Steg voraus, wir auf dem Wasserweg hinterdrein. So gelangten wir in den Club de Mar. Hier stank nichts. Außer den Preisen. Die stanken uns. Sonst duftete alles. Nach Parfum, Vornehmheit und süßem Leben.

Hier fand man nun wirklich alles, was Leute, die alles haben, unbedingt für ihre Bootsferien brauchen.

Als Dull die drei Swimmingpools voll jugendlicher Bikini-Gespielinnen der auf dem Heck ihres Bootes hockenden Skipper, die Bar von Molenlänge, das feine Restaurant, den gemaserten Marmor der Baderäume und die Spiegel in Lebensgröße besichtigt hatte, in denen man sich beim Brausen betrachten konnte, richtete sie an mich die berechtigte Frage: „Glaubst du, daß wir hierhergehören?"

„Wie man's nimmt", antwortete ich, „von der Länge unseres Bootes und der Höhe seines Mastes her natürlich nicht."

Gar zu winzig und bescheiden nahm sich unser Plastikgalosch neben all den Luxusseglern aus, deren edle Hölzer glänzten und Beschläge blitzten, daß die Augen zu schmerzen begannen.

„Wenn es aber darauf ankommt", fuhr ich fort, „können selbst wir mit Messer und Gabel essen, obgleich man es unserem bescheidenen Gewand nicht gleich ansieht."

Am nächsten Morgen liefen wir früh aus und lagen dann preiswert und heiß den ganzen Tag in der Bahia de Palma in einer Flaute, die von keinem gnädigen Lufthauch unterbrochen wurde. Da hatten wir dann Zeit, uns die herrliche gelbbraune Sandsteinkathedrale von Palma de Mallorca in Ruhe zu betrachten, wenn auch nur von einer

Seite. Richteten wir den Blick nach oben, konnten wir den nahezu pausenlosen An- und Abflug der unzähligen Touristenflugzeuge beobachten, die sausend und donnernd über uns hinwegzogen. Weiße Fracht hin. Braungebrannte zurück.

Über Puerto de Campos und um die Punta de las Salinas ging es irgendwann weiter nach Puerto Cristo. Das hat uns mit den die Bucht säumenden Buden und Restaurants, dem Sandstrand gegenüber der Einfahrt und den in die grünen Hänge hineingebauten weißen Villen gut gefallen.

Als wir oben, über dem Hafen, in einem kleinen Restaurant das Abendbrot einnahmen, wurde es schnell dunkel. Kein Übergang vom Tag zur Nacht. Rings um die Bucht flammten Lichter auf. Unwirklich schön war es.

Weiter die Küste hoch. Von der Punta de Amer aus wird auf der Seekarte ein gerader Bleistiftstrich sauber nach Menorca gezogen. Wenigstens bis zu dem Punkt, der den Hafen Ciudadela markiert.

Schon ist es wieder Nacht. Am Cabo Dartuch sind wir vorüber. Jetzt sind die Feuer der Ciudadela-Einfahrt deutlich zu erkennen. Nicht lange mehr, dann werden wir im Hafen festmachen. Auch wird es eine kleine Feier für das Erreichen der nördlichen Baleareninsel geben.

Ha, ha! Wir kreuzen im Mittelmeer. Und da – das lernen wir gleich wieder – ist zwar nicht alles, manches aber doch ganz anders als gewohnt.

Hui! pfeift eine Bö von irgendwoher aus der Nacht heran, fällt ins Segel und will den Kahn umwerfen. Der ersten folgt gleich die zweite. Dann die dritte, und ehe wir noch begreifen können, daß die wilde Jagd auf ist, jagen wir durch schäumende Kämme auf die Küste zu. Da, wo die Einfahrt eben noch still und einladend wirkte, steigt hell und bedrohlich Gischt auf.

Das Echo der dumpf gegen die Felsen klatschenden Brecher verbindet sich mit dem Pfeifen im Rigg zu einer ungemütlichen und nicht mehr als klein zu bezeichnenden Nachtmusik.

Auch unsere vergleichsweise geringe Erfahrung sagt uns, daß wir gut daran tun werden, uns die Richtlinie des Konservativen zu Hause zu eigen zu machen: keine Experimente! In rabenschwarzer Nacht sind unbekannte, enge Einfahrten nichts für uns. Noch dazu bei auflandigem Wind.

So wird es wieder eine lange Nacht, in der wir naß, müde und kalt zwischen den immer wieder lockenden Feuern der Einfahrt und jenem von Cabo Dartuch auf und nieder laufen. Wenn wir uns unterhalten, dann nur darüber, daß wir das geliehene neue Boot nicht zuschanden fahren wollen.

Als der Tag nach unendlich langen Stunden graut, fassen wir uns ein Herz und gehen hinein in das Felsentor der Einfahrt. Jetzt, wo man den Rahmen überschauen kann, in dem die Aktion stattfinden soll, ist alles nur halb so wild. Obwohl es noch kräftig bläst, sind wir rasch in der Einfahrt zu dem Fjord und in voller Deckung. Nach einigen Windungen der Hafen: Ciudadela. Über uns die Stadt. Das karge Frühstück verläuft einsilbig. Müde verkriechen wir uns.

Später nehmen wir eine Taxe. Sind wir schon hier, wollen wir wenigstens eine Taula und eine Naveta sehen. Beide, der mächtige Steinplattentisch und der in der Form eines umgedrehten Bootskörpers aus Rundsteinen aufgeschichtete Bau, stammen noch von den Ureinwohnern: Opferaltar und Grab. Dessen Eingang liegt so tief, daß wir auf den Knien hineinkriechen müssen. Innen auch nur Steine und Dunkelheit. Wir machen, daß wir schnell wieder nach draußen ans helle mittelmeerische Licht kommen.

Als wir unseren Zeitplan kontrollieren, bedauern wir, Mahón, die Hauptstadt Menorcas, streichen zu müssen – und damit den besten Hafen des gesamten Mittelmeeres, in dem sich seit dem Altertum jede Macht zuerst festsetzte, die hier den anderen ihren Willen aufzwingen wollte. Also fällt für uns auch die „Golden Farm" fort, auf der der große Admiral Nelson mit Lady Hamilton lebte und wo er seine Memoiren verfaßte.

Auf Formentera wartet in wenigen Tagen Gerd, mein Überführungskollege und Ankerspezialist, auf das Boot. Und so kreuzen wir hinüber nach Mallorca in die sich weit öffnende Buch von Pollensa und tasten uns im Dunkeln an einen Privatsteg heran. Am Morgen werden wir von einem freundlichen Engländer auf das höflichste begrüßt. Der schon ältere Sohn Albions ist ein Gentleman: „Good morning, Sir, how are you?"

Das ist der Ton, den wir Seefahrer schätzen.

Ich deute eine Verbeugung an, denn vor meiner spätphönizischen Laufbahn habe auch ich mal was von den Vorzügen guter Erziehung gehört: „Good morning, Sir, and how are you?"

Wir scheiden mit Segenswünschen. Den Segen werden wir bald dringend benötigen. Unter manchem anderen ist es das Schöne an der Seefahrt, daß das Auslaufen an einem strahlenden Morgen noch von keiner Ahnung getrübt wird, welch üblen Überraschungen man sich schon in Kürze gegenübersehen kann. Wir staunen hinauf zum gewaltigen Cabo de Formentor, wo oben, in der Nähe des Leuchtturms, winzige Menschlein umherlaufen. Gleich darauf haben wir weiteren Anlaß zu staunen: über ein uns noch nicht bekanntes Phänomen – Fallböen!

Bei schönstem Wetter fallen die doch wirklich von da oben auf uns herunter und drücken uns einige Male platt aufs Wasser. Wir flüchten seewärts. Befriedigt stellen wir fest, daß die Kraft der fallenden Böen proportional zur wachsenden Distanz zwischen uns und den Steilwänden nachläßt.

Schon wird es wieder Nachmittag, und allmählich müssen wir sehen, wo wir zur Nacht ein ruhiges Plätzchen finden. Als der Abend naht, schaukeln wir vor einer breiten, im Scheitel von schönstem Sandstrand geschmückten, dahinter mit Hotels bebauten, nach Nordosten aber weit geöffneten Bucht. Als wir mit der Seekarte rascheln, stellt sie sich vor: Es ist die Cala San Vicente. Welch ein Bild!

Der Strand voller Badegäste, Sonnenschirme und umherjagender Kinder. Fischerhütten, bunte Tücher, graue Felsen. Das Wasser vor uns reich mit grellfarbenen Gummitieren, Badematratzen und Schlauchbooten besetzt. Dazwischen überall ein spritzendes Gewusel von Armen, Beinen, Bäuchen, Köpfen und Hinterteilen. Alles in Bewegung und wie von einer Wolke nicht zu beschreibenden Getöses begleitet.

„Hier“, sagt die Tochter Dull, „werden wir bleiben.“

Der Wunsch ist verständlich. Zwar spritzt es da vor uns ein bißchen, und offen ist die sehr flache Bucht auch, aber das Wetter ist gut. Für eine Nacht wird es schon gehen.

Also gut, mein Kind“, spricht der Vater und hier für die Seefahrt und Sicherheit Verantwortliche. Er ankert mit Sorgfalt und wendet seine Aufmerksamkeit nun der Bereitung des Abendbrots zu.

Einer nach dem anderen verschwinden Nixen, Strandlöwen und schreiende Kinder. Erstaunlich schnell kehrt Ruhe ein. Ein milder Abend voll tiefen Friedens. Schön hier. Gut gewählt, die Bucht. Oder? Noch ist es Zeit für ein Tänzchen zur Musik der flotten Kapelle im Saal des unserem Ankerplatz nächstgelegenen Hotels „San Pedro“.

Da gerät Dull so in Fahrt, daß sie ihre Holzklotschen an einer Säule abstreift und in den Armen eines feurig blickenden Kavaliers mit schwarzen Öllocken barfuß durch den Saal hopst. Wie die Eingeborenen Afrikas bei Flußüberquerungen, so tragen wir unsere Bekleidung auf dem Kopf, als wir in der Nacht durchs Wasser zurück zum Boot waten.

Der Schlaf des Seefahrers jedoch währt nur kurz. Gegen drei Uhr wache ich auf, weil der Kahn ungebärdig an der Ankerleine reißt. Na, das kann ja heiter werden! Mit dem zweiten Anker unter dem Arm plansche ich so weit hinaus, wie es gehen will, während mich die zu beachtlicher Höhe angewachsenen Wellen von den Füßen reißen und zu ersäufen drohen. Zurück auf dem Boot, ist an Schlaf nicht mehr zu denken.

Unweit von uns spritzen in kurzen Abständen Wassersäulen höher als die Geysire im Yellowstone-Nationalpark. Das Gefiedel der windigen Teufelsgeigen im Rigg kennen wir schon. Hoffentlich wird es bald Morgen.

Als der Morgen grau daherkommt, graut es auch uns. Einen dritten Anker haben wir nicht, und die beiden ausgebrachten halten den Kahn nicht mehr. Während er an seinen beiden Leinen Bocksprünge macht, wandert das Heck langsam, zielbewußt und stetig dem Strand entgegen. Bald werden wir dort ankommen. Unsere erste Strandung steht unmittelbar bevor.

Gleich den Ratten, die ein dem Untergang geweihtes Schiff verlassen, springen Dull und ich mit unseren wenigen Habseligkeiten ins Wasser und planschen an Land.

Während früh zum Morgenkaffee eilende Hotelbewohner unser Treiben mit Interesse beobachten, finden die schleifenden Anker unerwartet Halt. Die Katastrophe wird noch etwas aufgeschoben. Wir mischen uns auf der überdachten Hotelterrasse unter die inzwischen zahlreich versammelten Schaulustigen, die lieber ihren Kaffee kalt werden lassen, um bloß keinen Zwischenakt des sich vor ihren Augen abspielenden Bootsdramas zu verpassen.

So starren wir nun alle hinunter auf die vor wenigen Stunden noch glatte Wasserfläche der Bucht, über die jetzt ein Brecher nach dem anderen hinjagt.

Ich male mir aus, was mir der Eigner erzählen wird, wenn ich ihm berichten werde, wir seien zwar mit knapper Not davongekommen, doch habe es sein Boot leider erwischt. Bis zuletzt aber habe es heldenhaft gegen die Übermacht der aufgebrachten Elemente gekämpft und habe sich so seiner, des Seehelden, würdig erwiesen. Nicht auszudenken!

Plötzlich ruckt es da unten wieder besonders stark. Erneut setzt sich das Boot in Bewegung. Die Menge klagt mitleidig: „Oh, oh! Ach, ach! Oi, oi!"

Wohl ein Dutzend beherzter und braungebrannter Feriengäste eilt mit mir hinunter zum Strand und fängt das Boot mit starken Armen in dem Augenblick auf, als es den Stummelkiel in den Sand der Cala San Vicente bohren will. Umsichtig haben wir das Schwert rechtzeitig hochgedreht und den Motor angekippt. Die nächsten Wellen schieben noch etwas nach, und nun legt sich das gestrandete Schiff (jetzt wollen wir es, seiner sechs Meter Länge ungeachtet, mal so nennen, denn es hat sich wacker gehalten) sanft nach Steuerbord und liegt im Sande Mallorcas fest und sicher. Nach all dem Getümmel und Herzklopfen verursachenden Aufruhr von Elementen, Menschen und Material kommt Ruhe und Friede über Bucht und Boot.

Wie still es daliegt, wie hilflos!

Nein, länger hinab auf den wasserumspülten, bleich und regungslos hingestreckten Körper zu schauen, übersteigt meine Kräfte. Auch meine wackeren Helfer, die eben noch, bis zur Brust eingetaucht, mit den Fluten kämpften, werden einer Stärkung bedürfen. Die sollen sie haben. Und das pronto! Subito!

So geschieht es. Alle Retter und Sympathisanten bekommen einen großen Carlos, den III.

Wer die Seefahrt, den Umgang mit Strandgut kennt und mit den Sitten der zur Ferienzeit an den Küsten Gestrandeten vertraut ist, der weiß, daß es nicht bei dem einen Brandy blieb.

Zwei weitere Tage und Nächte noch tobte der Mistral und schob immer neue Wellenberge in die Bucht. Die auslaufenden Wasserzungen leckten den Strohschirmen die Rundfüße.

Die auf solche Weise zu Strandleben und Muße gekommenen Seehelden lebten fröhlich auf ihrem schlagseitig im Sand ausruhenden Seegefährt dahin. Sie speisten im Hotel. Sie spazierten ins Dorf.

Und sie wurden von Interessierten ins Gespräch gezogen, damit sie Seeräubergeschichten erzählten. So blieben sie die Sensation der Bucht.

Als sich die See endlich beruhigt hatte und wir an einem Sonnenglanzmorgen unsere bevorstehende Abreise ankündigten, da waren sämtliche Hotelgäste und Buchtbesucher auf den Beinen. So viel Fläche bot das Boot überhaupt nicht, daß alle hilfsbereiten Hände hätten mit anpacken und schieben können.

Mit einem „Wuppdich!“ war das Boot im Wasser. Der Motor lief. Wir zogen auf die westliche Nase der Bucht zu, und als wir uns umwandten und winkten, da wurde uns ganz anders. Wir sahen etwas, was auch rauhen Seefahrern das Herz wärmen kann. Denn am Strand hatten alle unsere Freunde Badelaken oder Tücher in den Händen, winkten wie wild und riefen, was die Lungen hergeben wollten. „Adios, adios! Bonne chance! Good luck! Auf Wiedersehen!“

Viel fehlte nicht, und wir hätten zwecks abermaliger Strandung hart Ruder gelegt.

Dann entzog die hohe Felsnase das Hotel „San Pedro“, Bucht, Strand und die Abschiedsversammlung unseren Blicken. Da geschah es, daß dem späten Phönizier ein geflügeltes Wahrwort entschlüpfte: „Vermutlich wird es lange währen, mein Kind, bis du der Verwirklichung der Idee vom vereinten Europa so nahekommen wirst wie in der hinter dir liegenden Bucht von San Vicente.“

Dull blickte ihn an, als habe sie verstanden. Er aber fügte seufzend hinzu: „Was die Politiker daraus machen, kannst du vergessen.“

Nun griff sich Dull einen der vielen Äpfel, die sie auf jeder Fahrt tütenweise verspeiste. Sie biß in die Frucht, lehnte den Rücken an die Kajütwand, streckte die braunen Beine auf der Ducht aus und ließ ihr Glanzauge auf dem Horizont ruhen. Es darf vermutet werden, daß es nicht das vereinte Europa war, woran sie dachte. Eher an Miguel, diesen dunklen Schelm mit dem Kopf voller öliger Locken.

Im 2. Kapitel

erhalten wir einen guten Tip
zur Entspannung diskreter Muskulatur
und kommen nach Sóller,
von dort nach Ibiza.
Da stellt sich heraus,
daß Sangria schlecht für junge Damen
und das Verpassen von Charterflugzeugen
eine Katastrophe ist.

…Es brauchte ja nicht gleich die Côte d'Azur zu sein. Irgendein Fischernest tat es auch.

Als ich noch sehr jung war, wurden mir der Kindheit unschuldige Freuden dadurch vergällt, daß meine Eltern mich täglich eine Stunde auf den Klavierschemel zwangen. Das war die längste des Tages und wollte nicht enden. An Etüden komplizierter Art sollte ich Fingerfertigkeit erlangen. Wohl zu dem Zweck, staunenden Onkeln und Tanten gegenüber den auf tönernen Füßen stehenden Nachweis meiner besonderen musischen Begabung führen zu können.

Auf dem Klavierschemel hockte ich oft voller Gram und tränenumflorten Auges. In diesen Stunden der Not und blanker Verzweiflung erhob sich mein Blick auf ein Meisterwerk in Öl. Es hieß „Strandung eines Segelschiffes im Sturm". Es sei von der Hand eines jungen Engländers, hieß es in der Familie. Der, erfuhr ich später, hatte ein Auge der Lust auf meine große Schwester geworfen.

Es war ein tolles Bild! Die Planken des Schiffes geborsten. Seine Masten geknickt. Die Segel oder, richtiger, die paar Fetzen, die der Orkan übriggelassen hatte, flatterten wie bleiche Gespenster von den geknickten Rahen als Zeichen, daß sich das Schiff in sein Schicksal ergeben hatte und hier nichts mehr zu retten war.

Das Wrack hat sich in mein Gedächtnis eingegraben. Welche Stürme meine Schwester in der Seele des Künstlers auch hervorgerufen haben mag – vom Toben der Elemente und von Strandungen verstand er was.

„Das", sagte ich mir oft, „ist exakt deine Situation."

Da war das vermeintliche Unglück in der Cala San Vicente doch von anderer Natur gewesen. Zwar war der Kahn da auch auf die Küste gesetzt worden, aber doch weich und leicht.

Ein Scheitern oder Stranden kann glimpflich ablaufen, hatten wir just erfahren und den alten Göttern mit Brandy gedankt. Es kann aber auch ganz böse enden. Und dafür gibt es zahllose Beispiele. Nicht nur auf Ölgemälden, wo Bootskörper hochgeschleudert werden und Schiffsrümpfe dramatisch bersten. Auch außerhalb der Seestücke, in der traurigen Wirklichkeit, herrscht daran kein Mangel.

Von besonderen Umständen abgesehen, bestimmen Gewicht und Größe des Seegefährts, was mit ihm geschieht, wenn die Laune des Elements oder die Unachtsamkeit des Rudergängers ihm einmal die allzu oft im Munde geführte Handbreit Wasser unter dem Kiel entzogen haben. Mit einem flachgehenden Leichtgewicht war in küstennahen, unsauberen Gewässern, in versandeten antiken Häfen und beim Erforschen von Flußläufen eben mehr anzustellen als mit einem schweren Kielboot. Was immer auch sonst seine Vorzüge waren. Das hatten wir begriffen. Das war durch den glücklichen Ausgang unseres Abenteuers nachhaltig bestätigt worden. Sollten wir selbst einmal zu einem Boot kommen, meinten wir jetzt zu wissen, auf welche seiner Eigenschaften wir bei der Auswahl besonders zu achten hatten.

Während die Bootsführung noch darüber nachdenkt und wir langsam an der abwechslungsreichen, gegliederten Küste entlangrutschen, hinter der sich imponierend die blauschwarze Sierra erhebt, läßt mein 1. und einziger Offizier sich vernehmen: „Ich muß mal!"

Eigentlich ist das kein Problem. Aber bei uns ist es eines.

Auf See ist Dull eine ideale Partnerin. Kotzt nicht, mault nicht, hat keine Launen, ist mit jedem Fraß zufrieden. Hilft immer willig. Sitzt stundenlang im Windschatten der Kajüte auf der Ducht und kaut ihre Äpfel. Singt dem Alten auch mal was vor. Bootsbewegungen aber bewirken bei ihr das Verspannen der Blasenmuskulatur (oder wie das fachgerecht heißt). Sie kann dann nicht, nicht ins Klo, nicht in den Topf. Kein Pfeifen von Daddy, kein Zureden, nichts hilft.

Das Kind, geborener Stoiker und als Seekamerad bestrebt, anderen keine Schwierigkeiten zu bereiten, litt sonst immer stumm, doch erkennbar. Die Schiffsführung litt mit.

Dann kam ihr, nach einigem Grübeln, ein Gedanke. Er erwies sich sogleich als der rettende: ein Ende unter ihren Armen durch und an der Klampe belegt, alsdann die Leidende über Bord geworfen. Zack! Nur kurz gewartet, dann wird sie wieder an Deck gehievt. So einfach geht das. Schon kann die unterbrochene Fahrt weitergehen.

Die Nordwestseite der großen, von den Sonnenhungrigen ganz Europas aufgesuchten Ferieninsel Mallorca ist so schön, daß man sie in Ruhe befahren sollte, um hier und da auch mal die Nase in eine Bucht hineinzustecken. Wir müssen unter Termindruck reisen. Bedauerlicherweise.

Gerd und Familie werden mir die Verspätung nicht verübeln, wenn sie den Grund erfahren. Aber was ist mit dem Rückflug? Werden wir den noch erreichen?

Am späten Nachmittag sind wir in Puerto de Sóller, dem einzigen wirklichen Hafen auf dieser Seite. Da ist Leben. Spanische Marine, kreuz und quer flitzende Motorboote, Yachten betuchter Leute aus den wohlhabenden Industrienationen Europas, darunter ein stattliches Aufgebot an Landsleuten, über deren Booten die Bundesnationale am Achterstag weht.

Für unser nur mit Gottvertrauen als Seekreuzer anzusprechendes Boot brauchen wir nicht lange nach einem Liegeplatz zu fahnden. Für so etwas wie uns tut sich überall eine Lücke auf.

Richtig! Da ist sie auch schon, die in jedem Reiseführer lobend erwähnte alte Straßenbahn, die den Reisenden über bewaldete Hügel hinauf in die Berge nach Sóller-Stadt fährt.

Sóller ist ein reizvolles, von winkeligen Gassen durchzogenes Provinzstädtchen, dem man sein ehrwürdiges Alter ansieht. Große Pflastersteine, schattenspendende Durchgänge, Blumen an verwunschenen, alten Palästen.

Kaum wendet man sich mit der Bitte um Auskunft an einen Einheimischen, sitzt man schon mit anderen Landeskindern in einem sauberen, schmucklosen Restaurant, dessen vorzügliche Küche gar nicht laut genug gepriesen werden kann. Dort speist man dann um vieles besser und zur Hälfte billiger als unten am Hafen, wo die Touristen zur Ader gelassen werden.

Nach Speise, Trank, gutem Schlaf und Auffüllen des Benzintanks geht es weiter die Küste hinunter. Noch immer in Begleitung der mallorquinischen Alpen.

Mit dem Wind aber hapert es. Als wir schließlich die langgestreckte Insel Dragonera, Mallorcas westlichen Ausläufer, querab haben, wird es Abend. Die orangegelb untergehende Sonne ruht noch eine Weile auf dem Drachenkopf und dem gezackten Rücken des felsigen Fabelwesens. Wie aus Illustrationen von Sagenbüchern bekannt, werden die Hornzacken zum Schwanz hin kleiner. Dragonera: für die hübsche Laune der Natur ein passender Name.

Kaum ist die Sonne untergegangen, brist es schon wieder auf. Dicke, dunkle Wolken ziehen am Abendhimmel hoch. Als sich die schwarze Mittelmeernacht auch über ihn legt, nimmt der Wind zu und wird unangenehm. Schon wieder jagt der Winzling mit uns durch die Nacht. Auf Ibiza zu. So hoffen wir. An der Pinne lösen wir uns alle zwei bis drei Stunden ab.

Noch ist „everything under control“, wie wir den Normalzustand zu bezeichnen pflegen, doch gibt es weder Mond noch Sterne, und weil es reichlich spritzt, ist der Rudergänger bald kalt bis auf die Knochen.

Als ich Dull in der Nacht ablösen will, hockt der kleine Pummelfratz zusammengekauert und wie aufgedunsen an der Pinne. Was an Pullovern an Bord ist, bläht ihr Ölzeug. Die für den Kopf zu große Kapuze hängt halb über der Nase. Um was sehen zu können, hat sie das Kinn angehoben. Und sie murmelt etwas Unverständliches vor sich hin.

„Was hast du da zu brabbeln?“

„Ich brabbele nicht, ich bete!“

Beten ist immer gut, kann nie schaden, und unsere Art, die Meere zu furchen, mag wohl mehr als andere dazu berechtigen, die Finger zu falten.

„Und wie lautet dein Gebet, wenn ich mal fragen darf?“

„Daß wir Ibiza auch treffen und nicht nach Afrika kommen.“

Segen über die Eltern, denen solche Kinder heranblühen!

Stark sind sie im Glauben. Knackig bei der Seefahrt. Beschlagen in Geographie. Ließen wir Ibiza rechts, landeten wir in Algerien. Bliebe es links, in Marokko. Nach einer Woche oder so.

„Mein liebes Kind, sei du nur guten Mutes und harre aus. Bald schon wirst du die güldne Morgensonne über der Hippie-Insel aufgehen sehen. Im übrigen weißt du ja: Afrika den Afrikanern!“

So ungefähr ließ sich der Kapitän des stolzen Sechs-Meter-Kahns damals vor Ibiza vernehmen. So redete er in dieser finsteren, windigen Nacht, die kein Ende nehmen wollte. Er sann aber auch darüber nach, daß Flehen der Besatzung zum Himmel nicht gerade von überwältigendem Vertrauen zur Schiffsführung zeugte.

Aber vielleicht war es doch gut, daß einer von uns die Verbindung zum Himmel nicht abreißen ließ.

Nicht lange danach lag Ibiza tatsächlich auf unserem Wege.

Doch vor Tagesanbruch wurde uns noch ein Erlebnis eigener Art zuteil.

Denn obwohl weder das Inselchen mit dem klangvollen Namen Tagomago noch die Mallorca zugewandte Seite Ibizas einen befeuerten Hafen hat, sahen wir es zu unserem freudigen Erstaunen in der Ferne plötzlich rot und grün blinken.

Nanu? Ein Hafen? Wo waren wir denn?

Wie sehr wir auch unsere übernächtigten Sinne anstrengten und mit den von Gischt und Wind entzündeten Augen blinzelten – es blinkte weiter. Auch zogen sich die vermeintlichen Feuer langsam auseinander, bis – na, was wohl? Bis ein großer Segelkahn rauschend, spritzend und rollend an uns vorüberzog und achteraus in der Nacht verschwand. Das Blinken hatte der Seegang besorgt.

Mit dem ersten Licht tasteten wir uns in die Cala Portinatx hinein, legten uns vor Bugleine und Heckanker, fielen um und holten den ausgefallenen Schlaf bis in den Nachmittag nach.

Unser Flugzeug hatten wir versäumt. Das war bereits am vorigen Abend über uns hinweg nach Düsseldorf gebraust, als wir noch mit Mallorcas Drachen schäkerten.

Aber Gerd, der mit der speziellen Ankermethode, wartete in Pujols auf das Boot. Also weiter.

Hier in der Bucht und in Deckung der Felsen hatte man den Eindruck, daß sich das Blasen da draußen etwas beruhigt hatte und die See auch nicht mehr so hoch ging.

Aber kaum aus der Abdeckung, lagen wir wieder flach. In der Plicht konnten wir mehr Wasser treten, als es der Pfarrer Kneipp empfohlen hätte. Wir waren uns auch gleich einig, daß der Rückzug an den Steg in der Bucht unverzüglich angetreten werden sollte. Das aber war leichter beschlossen als getan. Es währte lange und erforderte mühsames Kreuzen, bis wir wieder in die bergende Bucht hineinrutschen konnten. Da blieben wir dann auch über Nacht.

Obwohl das ja nun wirklich keine Distanzen sind, wurde es wieder Abend, bis wir unser braves Boot, mit viel Herzklopfen und um Genauigkeit bemüht, zwischen den umbrandeten Klippen hindurch auf Kurs „Feuer in Linie" in die Heimatbucht Cala Pujols hineinsteuerten. Da waren wir aber froh, wieder festen Boden unter den Füßen und das Boot heil nach Hause gebracht zu haben. Wie recht hatte doch jener, der die Windverhältnisse im Mittelmeer einmal kurz und treffend auf die Formel gebracht hatte: „Mal viel, mal wenig, selten richtig."

Wir machten fest, kletterten an Land und verschwanden ohne Verzug im kleinen Grillrestaurant auf der anderen Straßenseite. Mit welchen Klopsen die Seehelden ihren Hunger stillten, ist nicht aufgezeichnet. Ich erinnere mich aber deutlich, daß unsere von Wind und Salz ausgedörrten Kehlen reichlich Bier verlangten.

Dann machten wir uns auf den Weg, um nach der Ablöse-Crew zu fahnden. Wir brauchten gar nicht lange zu suchen. Ohrenspitzen genügte. Da saß doch der ganze fröhliche Haufen gleich um die Ecke in einer Bambuskaschemme, zerriß die Stille der Nacht mit rauhen Germanenstimmen und hatte eine umfängliche Kalebasse mit Sangria vor sich. Der Pegelstand erklärte die uns entgegenschlagende Fröhlichkeit zur Genüge.

„Na, da seid ihr ja endlich! Wo habt ihr euch so lange herumgetrieben?" Der Ton war gut. Er klang nach Erleichterung und nicht nach Vorwurf.

„Wir haben mit den Elementen gerungen und einen hart erkämpften Sieg davongetragen“, sagte ich.

Dull traf auch ins Schwarze, als sie hinzufügte: „Und haben dem Teufel den Schwanz abgesegelt!“

Zu diesem Zeitpunkt war sie der Sprache noch mächtig. Das änderte sich schnell. Denn Sangria ist bekanntlich das Zeug, wo alles hineinkommt, was... Und es fegt dann auch die starken Eskimos vom Schlitten.

So dauerte es denn auch nicht lange, bis mein still und bleich gewordener 1. Offizier, kleine blanke Schweißperlen auf Stirn, Nase und Oberlippe, sich erhob und in die Dünen davonwankte, wohl um noch einmal andachtsvoll aufs Meer hinauszublicken und von ihm Abschied zu nehmen.

Von fürsorglichen Händen anwesender Mütter eingefangen, wurde die Tochter dann ohne weitere Umstände ins Bett gesteckt, um ihren Rausch auszuschlafen.

So hart, daß man gleich alles und auch noch reichlich zu sich nehmen könnte, so hart macht einen die See nun auch wieder nicht.

Das Ende auf dem Flughafen war traurig. „Was, Sie haben Ihren Rückflugtermin verpaßt? Da können wir nichts machen. Hochsaison. Sie sehen doch, was hier los ist.“

In der Tat, das sah man. Es war die Zeit des Jahres, in der ganz Mittel- und Nordeuropa entvölkert sein muß. Wer sich nicht auf Mallorca ölt, der cremt sich auf Ibiza ein. Wir brauchten uns nur an den Flautentag in der Palma-Bucht zu erinnern, als das Brausen der dicken Chartermaschinen über uns nicht enden wollte.

Jedenfalls erbarmte sich jemand und drückte uns zwei Bordkarten in die Hand. Wir düsten nach Hause. Was hatten wir erreicht? Die Nase ein bißchen auf unser neues Meer hinausgesteckt und eine erste Erkundung gemacht. Un poco solamente.

Zwei Wochen sind nicht viel, gewiß. Doch hatten wir gesehen, gelernt und erlebt. Kurz: Wir hatten etwas er-fahren. Und das ist ein Wort nach dem Herzen von späten Phöniziern. Ein Er-fahrener wäre demnach einer, der weit herumgekommen ist und dabei die Ohren gespitzt und die Augen aufgetan hat. Das einem solchen dann im Laufe der Zeit zugewachsene Ergebnis seiner Erlebnisse und Beobachtungen wäre die Er-fahrung. Wörter gibt es, bei denen man sich die Lippen lecken muß, wenn man sie ausspricht.

Wollten wir also hier, auf diesem Meer der Alten, der Wiege

Europas, mit seinen hell leuchtenden Tagen und sternklaren Nächten, den Palmenständen und Felseninseln – wollten wir nun darangehen und uns die Lippen hier wirklich nach Er-fahrung lecken?

Wir wollten!

Kaum haben wir die Frage im Grundsatz, doch still für uns bejaht, nehmen sich unser und der weiteren Entwicklung gleich die im neuen Revier zuständigen uralten Götter an. Es sind dieselben, die seinerzeit schon dem über das Meer irrenden Ithaker so viel Verdruß, aber auch Freude bereitet haben und ihn, was die Lust anlangt, schon überhaupt nicht haben schmachten lassen. Die Götter hier braucht man nicht erst lange anzuflehen. Die schreiten gleich und ohne Aufforderung zur Tat.

So entwickelte sich eines mehr oder weniger trüben Morgens ein Gespräch zwischen meinem Boß und mir. Das war noch in jener fernen und glücklichen Zeit, als mir die Sonne seiner Gunst lachte.

Ich: „Über eine gerade noch hörbare Buschtrommel, Sir, erfahre ich aus im allgemeinen wohlinformierten Kreisen, Sie hätten schon wieder einmal ein neues Boot gekauft."

Er: „Na und?"

Ich: „Nur so. Warum erfährt man so etwas nicht? Rechtzeitig!"

Er: „Wenn Sie nur wissen, mein lieber Freund, auf welche Weise Sie den Plan erfüllen", jetzt senkte er die Stimme, damit sie, wie es dem Thema entsprach, dumpf und dunkel klang, „den schon länger stagnierenden Umsatz ausweiten und den mehr als dürftigen Gewinn steigern, halte ich das für ausreichend. Woher die Neugier?"

Ich: „Keine Neugier, Sir, echtes Interesse. Wollte nur fragen, wo das alte Boot geblieben ist."

Er: „Und wenn Sie das erfahren?"

Ich: „Hätte ich nämlich gern gekauft, Sir."

Da wurde es lebhafter.

Er: „Nun ja, ich habe es in Zahlung gegeben. Aber vielleicht läßt sich da noch etwas machen. Es befindet sich ja noch hier."

Nach einigen Telefonaten zwischen Boß und Händler und dem und mir waren die Rabatte, Sondernachlässe und Skonti so ausgelutscht, daß nichts mehr ging.

Das Boot, eine wirklich gepflegte, fast neuwertige Neptun 22 in Kielschwertausführung, ruhte sich auf dem Trailer in einer Garage von den geringen Strapazen aus, die es beim Boß auf dem IJsselmeer hatte aushalten müssen.

Mein Boot. Mein erstes. Klein, aber mit fest und sauber gebauter Schale, mit einem gewiß nicht überdimensionierten Rigg, das auf den ersten Blick vertrauenerweckend schien, und, was wichtig war, zu einem Preis, den ich gerade noch entrichten konnte, ohne meine Frau zum Putzen schicken und das Erbe der Kinder antasten zu müssen.

Einige Male waren der Boß und ich, mal zu zweit, mal auch mit anderen, auf Kurzfahrten unterwegs gewesen. Der Galosch aus Glasfiber hatte meine Zuneigung sofort gewonnen. Kein Schnickschnack. Alles einfach und leicht zu bedienen.

Wer ein Boot kauft, denkt natürlich, er habe alles Wesentliche bedacht und nach vorbereiteter Checkliste nüchtern gehandelt. In Wirklichkeit spielt da viel Gefühl, häufig auch Irrationales mit. Safety first. Gewiß. Das Auge will indessen auch was haben, das es nicht beleidigt.

Es sind da zum Beispiel die sogenannten Segeleigenschaften, die alle im Munde führen, von denen aber auch die alten Hasen nicht viel mehr zu sagen wissen, als daß der Kahn hoch am Wind laufen, nicht jedoch luvgeil sein soll. Wie es wirklich damit steht, erfährt man meist erst viel später, wenn längere Distanzen bei unterschiedlichen Bedingungen versegelt worden sind.

Und die Bequemlichkeit. Und die Zugänglichkeit der Maschine. Und die Stehhöhe. Und die Pantry. Und der Stauraum. Und ist da auch genug Edelholz verbaut worden, damit all die entzückenden Messingschilder Platz finden können:

„Wenn das Boot wackelt, muß es nicht der Wind sein."

„Kapitän schläft. Nur wecken, wenn Ladies kommen oder die Bar geöffnet wird."

„Unser Boot ist ein Loch im Wasser, in das wir unser ganzes Geld werfen." (Na, das geht noch, weil gerechtfertigt.)

Was soll im übrigen der Käse? Gemütlich kann man es zu Hause haben. Da hat man auch Stehhöhe, wenn der Kronleuchter nicht zu tief hängt. Und die Messingschilder sollen sich die Kapitäne, die ihrer bedürfen, auf das Brett nageln, das sie … Verzeihung.

Mit solchen Gedanken stand ich sinnend vor dem Boot und blickte mißmutig auf die Spinnen und die Produkte ihres Fleißes. Die hatten sich darangemacht, meinen Schwan der Meere zu verpacken.

An dieser Stelle sei der breiten Sportkreisen vermutlich revolutionär dünkende Gedanke geäußert, daß so ein Boot nicht so sehr für das Putzen, Wienern, Schrubben, Polieren, Ab- und Wiederdraufbeizen,

Ölen, Ent- und Wiederbefoulen als vielmehr zu dem Zweck gebaut worden ist, ein bißchen auf dem Wasser hin und her bewegt zu werden. Es gibt Leute, die behaupten, allein die Form wiese schon darauf hin. Zum Kaffeekochen und Herumgammeln im Hafen, sagen sie, genüge vollauf eine einfache Rechteckform, zum Beispiel in der Art eines großen Schuhkartons.

Nach dem Willen des Erwerbers sollte der Galosch, meiner nun, einem bewegten Dasein entgegensehen. Das war ausgemachte Sache. Wo? Vermutlich auf dem Wasser. Aber auf welchem? Keine Frage. Es sollte ans Mittelmeer gehen. Erfüllung eines Traumes, der fast ein ganzes, zu drei Vierteln bereits gelebtes Leben begleitet hatte.

Ein Boot im Süden! Wie Aga Khan. Wie Karajan. Wie weiland Aristoteles Onassis.

Es brauchte ja nicht gleich die Côte d'Azur zu sein. Irgendein Fischernest tat es auch, wo das Boot vor den Winterstürmen halbwegs sicher lag und nicht dem raschen Zugriff jedes vorbeikommenden Ganoven ausgesetzt war.

Da waren wir doch auf der Formentera-Reise in jenem kleinen, berggeschützten Hafen von Jávea gewesen. Dort, wo der Rost jetzt allmählich unser Ankergeschirr auffraß. Das war der Platz, an den ich dachte.

Der große Manager erbot sich nun seinerseits, mitzuhelfen, mein Boot über die zu bewältigenden 2000 Kilometer nach Süden zu trailern. Ein anständiger Zug von ihm. Wir kamen heil an. Das Boot war im Wasser. Aber was nun?

Nur wer mit den Leuten redet, kann was erfahren. Nach einigen Unterhaltungen mit Fischern und anderen nach Booten und See riechenden Señores hatten wir erfahren, daß der Schiffszimmermann Bartolomeu uns vielleicht zu einer Boje verhelfen könne. Auf ging die Jagd nach Bartolomeu. Als wir ihn ergriffen hatten, gelang es uns nach einigem Diskutieren und Handeln, zu Abschluß, Liegeplatz und Boje zu kommen. Die Hafengebühr erwies sich als so niedrig, daß wir noch zweimal fragten, ehe wir es einmal glaubten.

Heute braucht da niemand mehr zu fragen. Man darf nur noch an der Innenseite der Außenmole liegen. Da gibt es eine Unmenge großer Steine im Wasser, so daß lange Leinen erforderlich sind. Und voll belegt sind die Plätze heute meist auch.

Wir aber hatten nicht nur einen anheimelnden Hafen, wir hatten auch ein prächtiges Bojenplätzchen gefunden. Mitten zwischen den

Kähnen der ortsansässigen Landeskinder. Grund genug, uns zu gratulieren und für den Abend eine Fiesta anzuberaumen.

Um das Maß des Glückes vollzumachen, stießen wir auf der ersten Fahrt um die nächstgelegenen Landzungen zwischen Cabo de San Martin und Cabo Negro auf einen Schwarm das Boot umspielender Delphine. Fast zehn Minuten lang schnellten die Tümmler hoch, krümmten sich, tauchten glatt ein und flitzten pfeilschnell am Boot entlang. Seit je gilt der schnelle und elegante Delphin als des Seefahrers Freund.

An allen Küsten finden sich hier noch heute bunt leuchtende Mosaiken. Die meisten stammen aus der Zeit Roms, und fast stets sind außer Göttern, Helden und Ornamenten auch noch die glückbringenden Tümmler dargestellt. Meist in der für sie charakteristischen Sprunghaltung, die die in die Luft hinaufgeschnellten Seeflitzer vor dem Wiedereintauchen einnehmen.

Immer mehr aber hatten wir es nun auch mit den Vorgängern Roms, den Phöniziern, zu tun. Das war ein bemerkenswertes Volk aus dem Libanon, ein Volk, von dem wir nur wenig wissen. Die Archäologie kann nur spärliche Funde vorweisen. Um das Leben und die Leistungen der Phönizier zu Lande und auf dem Wasser ranken sich Mythen und Mutmaßungen um so phantasievoller.

Doch gibt es auch Gesichertes. So kommt es nicht von ungefähr, daß noch heute die Zeder die Flagge des Libanon ziert. Lange vor unserer Zeitrechnung haben die Phönizier mit Ägypten einen blühenden Handel mit dem Export von Zedernholz als Baumaterial betrieben. Daß Hiram dem Salomo große Mengen davon zum Flotten- und Tempelbau geliefert hat, kann nebst antikem „Kleingedruckten", den vollständigen Liefer- und Leistungsbedingungen der Bibel entnommen werden. Daß wir ihnen das Alphabet und die einstigen Herrscher ihnen den aus dem Saft der Purpur- und Stachelschnecke gewonnenen Purpurfarbstoff verdanken, weiß jeder Oberschüler.

Seltener wird dem nach abendlichem Korso im „Delphin Verde" zu Ibiza „Calamares à la Romana" schmausenden Gast bewußt sein, daß er sich das mehrtausendjährige Gericht in einem alten Phönizierhafen schmecken läßt.

Knapp dreitausend Jahre ist es her, daß diese ausgreifenden Seefahrer, Kaufleute und Faktoreigründer die Küsten des Mittelmeeres auf ihren mit Waren vollgepackten Booten bereist haben. In ihrer Heimat verfügten sie über nur wenig Raum. Zwischen Gebirge und

Meer eingeklemmt, saßen sie auf wenigen Quadratkilometern Sand, Felsen und Acker. Die Weite des Meeres aber gehörte ihnen und ihren Schiffen. Bis hin zum anderen Ende der Welt. Ja, ein wenig sogar schon darüber hinaus.

Wie die Phönizier wollten wir mit unserem kleinen Boot das lange und breite Meer furchen. Und wollten sehen, was daraus würde und wo wir hingerieten.

Denn das ist doch jetzt die große Mode: Man nimmt sich einen für die Unternehmung nur unzulänglich geeigneten, wenig komfortablen Untersatz und steckt sich tollkühn ein ganz ausbündig fernes Ziel. Erreicht man es dann wider alle Vernunft durch guten Zufall, viel Glück und etwas Geschick, ruft man Presse, Funk und Fernsehen. Die erfahren dann: „Seht ihr wohl! Genauso haben es die Alten auch schon gemacht!“

In einem solchen pseudowissenschaftlich gesicherten, nautisch halbwegs vorbereiteten und von unseren Frauen mit der aufmunternden Frage: „Ihr habt sie wohl nicht alle?“ abgesegneten Rahmen spannten wir fortan das Netz unserer phönizischen Reisen.

.... bis sie schließlich Schlupfwinkel der Piraten der Räuberküste wurden.

Das 3. Kapitel erzählt

von der I. phönizischen Reise.
Sie führt von der spanischen Küste
nach Ibiza, weiter nach Afrika:
Cherchell, Tipaza und Algier.
Alle drei Häfen gehörten erst den Phöniziern,
später Rom,
bis sie schließlich Schlupfwinkel der Piraten
der Räuberküste wurden.

Die Häfen, Lagerplätze und Märkte der frühen Levantehändler waren hier einst über alle Küsten verstreut. Wollte man ihnen nun einen späten Besuch abstatten, war es eigentlich nicht wichtig, wohin man den Bug auf der ersten Langfahrt richtete. Anfangen konnte man daher da, dort und gleich hier.

Von größter Wichtigkeit aber war, mit wem man fuhr. Die Leiter waghalsiger Expeditionen haben der Auswahl ihrer Gefährten seit je größte Aufmerksamkeit gewidmet. Bei uns löste sich das Problem sehr schnell und wie von selbst. Daher darf wohl zu Recht angenommen werden, daß die alten mittelmeerischen Götter das Unternehmen von Anfang an unterstützt und ihren Aktionsradius für uns beträchtlich erweitert haben.

Es war beim Ausflug unseres Firmenkegelclubs in die Niederlande, als mein Nachbar sich mit mir über Ferienpläne unterhielt. Wie man sich auf solchen Fahrten die Zeit harmlos mit Geplauder bis dahin vertreibt, wo es mit der Harmlosigkeit vorbei ist. Den Zeitpunkt markiert der mitfahrende Arzt, der Leberpillen verteilt, um das Schlimmste zu verhüten.

Da schob sich von hinten plötzlich ein Kopf zwischen uns und fragte: „Wer von den Herren hier will mit dem Boot nach Afrika? Wenn da noch eine Koje frei ist, möchte ich gern mitfahren."

So einfach kommt man zu handverlesenen Besatzungen.

Er hieß Peter Michael und stieg zum festgesetzten Termin dann auch wirklich ein. In das Boot, in dessen enger Hundekoje sich mein Sohn Jens schon schmal gemacht hatte. Wenn er die Knie anzog, die Rübe in die Aussparung steckte, wo der Lenzschlauch des Ankerkastens durchläuft, und aufs Umdrehen verzichtete, konnte er dort ganz bequem nächtigen. Der übrige Bugraum hatte sich mit Segeln, Schlauchboot, Seesäcken, Rettungswesten mit und ohne Nackenstütze und dem roten Rettungsring angefüllt. Da es sich bei dem Bewohner dieser Kabine der ersten Klasse im Vorschiff um ein in jeder Hinsicht wendiges Bürschlein handelte, konnte er leicht auf den Ausstieg durch die Kabine verzichten und sich statt dessen durch das Vorluk schlängeln. Der Durchgang war ohnehin bis unters Dach mit weiterem Bordgeröll angefüllt und blockiert.

Peter Michael war nun einer, nach dem sich jeder Kapitän eines Abenteurer- oder Piratenbootes die Finger geleckt hätte: Hauptmann der Reserve (was nicht gleich gegen ihn gehalten werden sollte), drahtig, sportlich und findig, wenn es galt, die auf jedem Langfahrtkahn auftretenden technischen Pannen zu beheben. Und ein Koch von hohen Graden war er auch. Bei der Erinnerung daran, was er auf nur einer Gasflamme zu brutzeln wußte, leckte ich mir noch nach Jahren genüßlich über die Lippen.

Als wir loswollten, ging das nicht. Das Schwert saß im Kasten fest und konnte auf keine Weise herausgelockt werden. Algen, Muscheln, Krebse hatten es so festgenietet, daß kein Reißen am Stropp und kein Zustechen mit dem großen Schraubendreher helfen wollte. Beschluß: Kahn auf den Strand legen, krängen, Schalentiere beiderseits des Schwertes mit Sägeblatt wegsägen.

Aktion läuft. Das Boot liegt mit der Nase auf dem Sand. Die ersten Zuschauer versammeln sich.

Wer aber soll nun die Leine unter dem Topplicht hoch da droben so anbringen, daß wir unseren Seevogel mit Hilfe der noch ahnungslosen Passanten auf einen Flügel werfen können?

Für so was haben wir einen von der Bundeswehr aufs allerbeste ausgebildeten, auf Leistung trainierten Hauptmann an Bord. Der schnappt sich das Ende, knotet es sich in den Gürtel, klettert eichkatzengeschwind am Mast hoch, findet auf der Saling Halt für die Füße, macht einen Palstek da oben herum und saust wieder abwärts.

Dafür, daß die Zuschauer den Artisten bewundern durften, mußten sie dann gleich kräftig an der Leine ziehen. Kaum hatten wir freien Zugang zum Kasten, war auch schon das Schwert draußen.

Das war Peters Einstands- und Eröffnungs-Galavorstellung. Weitere sollten folgen.

Da waren wir nun wirklich unterwegs. Auf dem tiefblauen Meer. Bei Sonnenschein. Wohin?

Wir hatten Großes vor: Bis zu den Stammlanden des schwarzen Juba wollten wir vordringen. Nach Mauretanien, wo manch ein römischer Feldherr keine geringen Schwierigkeiten mit der Reiterei des eigenwilligen Landesfürsten gehabt hat.

Nach Cherchell und Tipaza im heutigen Algerien sollte es gehen, die drüben in der Augustsonne glühten und auf uns warteten.

Auf See aber soll man nichts übereilen. Daher beschlossen wir, zunächst das bei großzügiger Auslegung am Weg liegende Ibiza anzusteuern. Hatten eine angenehme Überfahrt. Gingen diesmal in aller Gemütsruhe zwischen Espalmador und Punta Portas durch die „schrecklichen" Ahorcados. Legten uns in den alten Fischerhafen, wanderten durch die Altstadt und landeten im „Delphin Verde", das der leichtfertige Kapitän für das letzte europäische Abendbrot ausgewählt hatte. Das war dann auch vorzüglich, aber schlecht für die Kasse.

Als wir ausliefen, lachte die Sonne, Brisen säuselten, und an Steuerbord ließen wir Formentera langsam vorüberspazieren. Im Logbuch der Entdecker heißt es knapp und wuchtig: „Gen Mitternacht standen wir vor hohem Felsgestein. Das leuchtete kreidig im Mondschein. Darauf war ein Feuer. Das war Punta Rotja, die Osthuk Formenteras."

Eigentlich standen wir nicht, kamen aber nur sehr langsam voran. Das letzte Feuer Europas sahen wir noch die Nacht hindurch.

Am Morgen waren wir mit Himmel, Meer und uns allein.

Manchmal fragt einer zu Hause: „Aber was tut ihr denn da auf dem Boot? Allein auf dem Wasser, wenn man so dahinfährt und nichts passiert? Da muß man ja umkommen vor Langeweile. Oder nicht?"

Was soll man dazu sagen? Das Gegenteil scheint der Fall zu sein. Da ist immer etwas los und passiert was und ist im Gange und kommt vorbei und taucht auf und verschwindet und taucht noch mal auf und war doch nicht da. Die Segelstellung ist zu kontrollieren, der Kompaß und die Karte, die Eintragung ins Logbuch ist zu machen. Und gegessen muß werden und abgewaschen und Kaffee und schon Abendbrot und dunkel. Und noch ehe der Seemann genug Zeit gefunden hat, sich mit den aufgezählten und anderen wesentlichen Dingen zu befassen, ist die Sonne auch schon wieder hinter der Kimm weggetaucht. Ist der Tag vorbei und von dunkler Nacht verschluckt, bis Mond oder Sterne oder beides ihn aus der tiefen Schwärze herauslösen.

So ungefähr ist das mit der langen Weile auf See. Wenn einer sie hat und will sie loswerden, braucht er nur hinauszufahren. Schnell wird er merken, wie ausgefüllt sein Leben auf dem Wasser geworden ist.

Fällt die Güte der Götter mit dem Glück der Greenhorns zusammen, ist es eine Lust, über das Meer zu fahren, gutes Wetter, warme Sternennächte, in längeren Streifen raumer Wind.

Beim Wachwechsel fragt man sich die Sternbilder ab und stellt fest, daß man nur wenige kennt. Was man nicht sieht, kann man nicht kennen, solange Wolken, Dunst und Dreck bei uns den glänzenden, funkelnden Nachthimmel mit dem schönen Band der Milchstraße verdecken. Hier auf dem Mittelmeer gibt es auch nachts eine ganz große Vorstellung, deren Wirkung jener des Tages nicht nachsteht.

Noch immer freundlich und wohlgesonnen die See. Bei Flaute hängten wir die Badeleiter auf die Winsch, ein Ende mit Fender an die Achterklampe. So holten wir versäumte Waschungen nach, sprangen vom Kajütdach und kratzten, Taucherbrille über der Nase, die sich unter der Wasserlinie überall festklammernden Schalentiere vom Bootsboden. Nicht zu glauben, was da alles zu sehen und zu kratzen war! Stellenweise saßen die blinden Passagiere zwei Finger dick und hemmten die Fahrt.

Bei friedlichen Gesellen wie wir es sind stellt sich die Bordroutine von selbst her. Eine Hand wäscht nicht nur die andere, sondern auch abwechselnd ab. Unter guten Bedingungen lief die alte Vierstundenwache. Die konnte auf Wunsch gekürzt und auch in der Reihenfolge geändert werden. Es gibt Freizeitkapitäne, die den Stahl in die Stimme bekommen und kalten Glanz aus dem Auge blitzen lassen, sobald sie das Ruder ergreifen und niemanden im unklaren lassen, daß sie die Dinge solchermaßen fest in der Hand haben. Und die dann auch ein wenig zu laut mit der Besatzung sprechen. Wie jener Jung- und Forschkapitän auf seinem neuen Boot, der eines fröhlichen Männertörns, als hätte der wilde Affe ihn gebissen, auf den erschreckt zusammenzuckenden Rudergänger zusprang, es ihm entriß und schrie: „Bist du wahnsinnig? Wir treiben da gleich auf die Tonne zu!“

Die allerdings dümpelte noch eine gute Ecke weg.

Wir hingegen waren ein durchaus antiautoritäres Team. Der hochwillkommenen Anwesenheit des Hauptmanns ungeachtet, war es demokratisch und fortschrittlich. Ja, ohne Übertreibung darf man sagen: Unseres war ein grünes Boot. Grün ist die Farbe der Hoffnung. Es ist auch die des Propheten. Und nachdem wir das weite und blaue Meer, das jetzt gewiß schon ein algerisch-afrikanisches war, fünf Tage und ebensoviele Nächte befahren hatten, durften wir hoffen, bald auf dessen Söhne zu stoßen.

Afrika ist ja nicht nur der Karte, sondern auch dem Vernehmen nach um einiges ausgedehnter als beispielsweise Gotland oder Ibiza. So glaubten wir zuversichtlich, es werde uns mit Neptuns Hilfe gelingen, nicht an ihm vorbeizulaufen. Damit sollten wir richtig gedacht haben.

Als es am Morgen hell wurde, erholte ich mich in der Koje von den geringen Anstrengungen der Nachtwache. Da zog der wachsame Sohn und Steuermann mich am Fuß und sprach die geflügelten Worte: „Ich glaube, da ist was!“

Mit dem Ausspruch muß dem Gehege seiner Zähne Historisches entschlüpft sein. Nicht nur, weil unser Bootchen Afrika erreicht hatte. Nein, weil auch die Ausgucke der Herren Vasco da Gama oder Kolumbus mit an Sicherheit grenzender Wahrscheinlichkeit nicht gerufen haben: „Da ist Indien!“ oder: „Ich sehe Amerika!“ Die haben bestimmt zunächst auch nur Vages hervorgebracht oder „Land, Land!“ gerufen. Da muß man seiner Sache aber schon sicher sein. Es ist mißlich, wenn sich herausstellt, daß es nur ein treibender Balken oder ein aufgeweichter Pappkarton war.

Mein Steuermann war sich seiner Sache nicht sicher. Die knappe Woche auf dem Wasser hatte ausgereicht, uns erkennen zu lassen, daß kein Mangel an Treibgut aller Art herrschte.

Im Zweifel holt man den Kapitän – obwohl die Jugend ja im allgemeinen keine Zweifel hat, weil sie in der glücklichen Lage ist, alles besser zu wissen.

Der Alte kroch heraus, hatte aber die Augen voll Schlaf. Er stierte über den Bug und sah nichts als Dunst, wie weit er seine Klüsen auch aufriß.

Der Ausguck korrigierte die Blickrichtung, indem er den Arm hob: „Nicht dahin. Du mußt nach oben schauen!“

Ich kippte den Kopf ins Genick und blickte nach oben und vorn. Was ich da sah, ließ mich nach unten und hinten zurückfallen, ließ mich den Duft von Erde und Vegetation tief einatmen, den die Landbrise herübertrug. So schön, so hoch und so grün hatte ich mir Afrika nicht vorgestellt. Das war ja nun wirklich was! Für so etwas hätte man gern noch einige Tage und Nächte zugelegt.

Von unserem Ah! und Oh! geweckt, kam unser dritter Mann herausgekrochen, um an der Freude teilzunehmen. Da waren wir also richtig angekommen und hatten Afrika entdeckt.

Nachdem der erste Jubel verklungen war, mußte sie ja gestellt werden, die unvermeidliche Seefahrer- und Entdeckerfrage: Wo sind wir? Für einen präzisen Standort kann die Bestimmung des Kontinents allein nicht als ausreichend angesehen werden. Karte und Seehandbuch raus. Mittelmeer-Handbuch III. Teil, Die Nordküste von Afrika, Ausgabe 1967.

Auf Seite 180 fanden wir schnell die sich dem Auge des hier ankommenden Seefahrers öffnenden Küstenpanoramen. Darauf sind die Umrisse der charakteristischen Höhenzüge und Gipfel dargestellt. Dunkler die näheren, heller die fernen. Nähert sich das Boot nun der

Küste und hat dessen Kapitän nicht so innigen Umgang mit dem Rumfaß gehabt, daß er bei Karthago ankommt, obwohl er nach Mostaganem will, braucht er nur abwechselnd auf Buch und Küste zu schauen, um zu erfahren, wohin das Zusammenwirken der eigenen Künste mit dem unabwendbaren Schicksal ihn und sein Boot verschlagen hat.

In unserem Fall machte das keine Schwierigkeiten. Nachdem drei Augenpaare sich hierhin und dorthin gerichtet und auch die Zeigefinger genug an den Bergen herumgemalt hatten, stand es für uns fest: Dies ist das Chenoua-Gebirge, und der kleine schwarze Zuckerhut, Abb. b, das ist der Djebel Taourira! Nein so was! Wir waren doch tatsächlich da, wo wir hinwollten. Nur lumpige paar Seemeilen Versegelung vom gegißten Ort!

Wo ist der Schlüssel zum Rumfaß?

O nein! Noch nicht! Noch galt es, die Stunde der Weihe auf andere Weise zu begehen.

„Mein Sohn", wandte sich der Bootsführer an den Entdecker des schwarzen Erdteils, „dein unbestechliches Auge hat als erstes den schwarzen Erdteil geschaut und dem noch suchenden Boot den Weg zum Hafen gewiesen."

Ich legte ihm die Hand auf die Schulter.

„Ab heute trägst du zu deinem Vornamen den in der Geschichte der Seefahrt erstmals verliehenen ehrenden Zunamen Djebel Taourira. Fortan und für alle Zeit, mein Sohn, bist du nun Jens Djebel Taourira. Dann erst folgt der Familienname."

Meine seemännische Ausbildung hatte sich nicht nur auf so Simples beschränkt wie Schiffsführung und das Anlegen von Kursdreiecken. Auch war das Gespür dafür entwickelt worden, wann der Augenblick gekommen war, die Leistung der Besatzung anzuerkennen und ihr mehr zu geben als schimmeligen Zwieback.

Der Geehrte blickte stumm und mit einem Ausdruck von Melancholie über den uns noch von der Küste trennenden Wasserstreifen hinweg nach Afrika. Woran dachte er? An seine Freundin Jutta? An ein saftiges Steak? An beide? Woran zuerst? Eigentlich war es unwichtig.

Peter zerriß Weihe und den Faden der Kapitänsgedanken mit dem praktischen Hinweis: „Da ist der Hafen!"

Na bitte, da war er ja, der Hafen von Cherchell. Handbuch: „10000 Einwohner, kleiner Hafen, für Schiffahrt wenig Bedeutung (aber von wie großer für uns!), Krankenhaus, gutes Wasser am Kai. Lebensmittel in geringer Menge zu haben.“ Das klang alles recht prospektiv. Hinein, um die Ecke und festgemacht.

Die paar Angler, denen wir zuwinkten, blieben unbewegt. Am Kai lag einiges an Rattenfutter und viel Gerümpel. Da räumt niemand was weg. Wozu auch wegräumen? Es kommen doch kaum noch Schiffe hierher. Und dieses Cherchell soll zu phönizischen und Römerzeiten Provinzhauptstadt, vielbesuchter Handelsplatz und ein Hafen gewesen sein, in dem sich die Schiffe gedrängt haben? Um sich das vorstellen zu können, bedarf es lebhafter Phantasie.

Der Sinn für Humor scheint in den Ländern der nordafrikanischen Küste nur gering, die Bürokratie dagegen stark entwickelt zu sein. Das Mißtrauen Fremden gegenüber ist groß. Es empfiehlt sich, Zoll und Polizei unverzüglich von der Ankunft zu verständigen.

Selbstverständlich hatten wir uns die erforderlichen Visa von der algerischen Botschaft besorgt. Wir konnten darum den aufgescheuchten Beamten auch guten Gewissens gegenübertreten. Die Bootsinspektionen überstanden wir. Die Pässe wurden einbehalten. Die erhält man erst beim Auslaufen zurück, wenn der nächste Zielhafen angegeben wird.

Zwei Tage schauten wir uns das Wenige an, was von den einst imponierenden Bauten der Römer auf uns gekommen war. Wir kletterten bei atemverschlagender Hitze über die Ränge des staubigen, sandverwehten und von geborstenen Friesen und Geröll bedeckten Amphitheaters. Wir löschten den Durst mit gelber Limonade aus Gläsern, auf denen die Fingerabdrücke der letzten Benutzer deutlich zu erkennen waren. Wir ergänzten unseren Proviant aus den Körben der Händler auf dem Markt.

Beim Aufstieg in die Stadt verhielten wir an einem schräg aus dem Staub herauswachsenden Säulenschaft mit Kanneluren. Daran hatte ein Blechtöpfe feilbietender Händler sein Zelt mit Bindfäden festgemacht. Von solchen Zeugnissen der großen Vergangenheit steht und kullert so viel noch frei in der Landschaft herum. Im Museum stehen Göttinnen mit prachtvoller Büste, denen der Zahn zweitausendjähriger Zeit auch noch die Ohren und die Nasenspitze abgenagt hat, Schulter an Schulter mit brustschildbewehrten Centurionen ruhmbedeckter römischer Kohorten. Die halten mit starker Faust noch den Griff des kurzen Schwertes umklammert. Dafür haben sie, was ja bei dem Beruf auch damals nicht eben selten gewesen war, den Verlust von Armen und Beinen zu beklagen. Reste des Forums. Trümmer des

Theaters. Phönizisches Iol, römisches Caesarea Mauretaniae, Residenz des schwarzen, verschlagenen Juba, was ist aus dir geworden?

Jede Bewegung unter der steil auf uns niedersengenden Sonne verursachte Schweißausbrüche. Bald sehnten wir uns nach der kühlenden Brise auf See zurück. Wir holten unsere Pässe bei der Miliz ab und segelten davon. Als Ziel hatten wir das nur 15 Seemeilen entfernte Tipaza angegeben. Auch dies ist phönizisch. Es wurde vermutlich im 7. vorchristlichen Jahrhundert gegründet und war noch unter Karthago und Rom bedeutend. Mal sehen, ob es dort bleibende Eindrücke zu gewinnen gab.

Also ab nach Osten. In einem Hui! ging es herum um die Ausläufer des Djebel Chenoua – ein kräftiger raumer Schieber war uns in die ausgebaumte Genua gefallen.

Das wurde ein Morgen, wie ihn die Götter auch ihren Lieblingen nur selten zuteil werden lassen: auf der einen Seite das grüne Afrika mit den hinten sich türmenden Djebels, auf der anderen das tiefblaue Meer, gekräuselt und mit vielen harmlosen, weil niedrigen weißen Kämmchen. Bug- und Heckwelle rauschen. Das Rigg knackt, die Want winselt, das Liek knattert. Was tut die Besatzung? Na, was kann die schon tun, wenn ihr ein unverdientes Göttergeschenk in den Schoß fällt? Die singt.

Viel zu früh war dann mit der Rundung des Massivs die wilde Jagd zu Ende. Einfahrt in die Baie de Tipaza. Wir lösten die um Klampen gekrallten Finger, machten die mit Schotenden umwickelten Gelenke frei und querten die Bucht. Hinten löste sich bald die den kleinen Fischerhafen schützende Mole. Auf sie hielten wir zu. Hinein und festgemacht.

Anders als im langweiligen Cherchell waren wir gleich von einer Meute schwarzbrauner, kräuselhaariger, blitzäugig schauender und sich untereinander nur durch lautes Schreien verständigender Dorfbuben umgeben. Die tobten zwischen den Booten herum, sprangen laut kreischend vom Steg und von der Mole aus ins Wasser. Die größte Attraktion aber waren die Sprünge von der Höhe des auf einem Sockel im Wasser des Hafens stehenden Mausoleums. Dieses, der Rocher Tombeau, ein wuchtiger, seltsam auf einer Kante balancierender Steinwürfel, diente den kühneren der jungen Wasserderwische als Sprungturm.

Die stadtwärts gleich hinter dem Hafen liegende blaugrün schillernde Schlammbucht: der versandete punische Hafen.

Aus den Unterlagen: 700 Einwohner. Liegt neben den Ruinen einer alten römischen Stadt. An der Mole Dünung stark, Landen schwierig, oft unmöglich.

Wer wüßte nicht, daß schier Unmögliches das tägliche Brot wahrer Seehelden und Entdecker ist! Wir waren drin.

Die etwa dreißig schwarzen und bronzefarbenen Knaben waren eine Wucht. Immer in Bewegung, immer laut, immer lachend. Freundlich auch und in jeder Weise hilfsbereit und höflich. Mit unserem holperigen Französisch kamen wir blendend zurecht, kleine Kugelschreiber- und Bonbongeschenke festigten die gleich geschlossene Freundschaft. Besonders Ausgezeichnete durften während unserer Exkursionen auf dem Boot sitzen und es bewachen.

Blickte man sich genauer um, war die ganze kilometerlange Küste der Bucht bis zur Nase Ras el Amouch, um die herum wir gekommen waren, eine aufgelockerte, beneidenswert schön gelegene und mit überraschenden Ausblicken gesegnete Ansiedlung der Römer gewesen. Das heutige Dorf bot nicht einmal den Schatten einstigen Glanzes. An dieser Zauberküste stiefelten wir nun erst zur einen, dann zur anderen Seite hin und konnten nicht genug über das staunen, was wir sahen.

Von der Stadt hinunter zum Meer hatten Säulenalleen geführt. Von denen waren jetzt nur noch Sockel und Stümpfe geblieben. Aber selbst die Bruchstücke und deren Anordnung zeugten noch zwei Jahrtausende später von der Größe und Schönheit der antiken Anlage. Ausgedehnte Plätze, Foren, deren Quadern die alten Baumeister so sauber aneinandergepaßt hatten, daß kein Unkraut sich in den wie mit Messern geschnittenen Fugen festsetzen konnte.

Stieg man auf dem Hirtenpfad weiter den Berg hinan, blieb man verwundert stehen. Der Weg schlängelte sich an uralten Steinsarkophagen entlang, führte stellenweise sogar über sie hinweg: Da lagen dann noch die zwei Handbreit starken Steinplatten auf den Grabkammern. Wer sich an ihrer Stirnseite hinkniete, konnte manchmal letzte Spuren rätselhafter, verwitterter Zeichen entdecken.

Für so etwas waren wir übers Meer gekommen. Für die Schönheit der Landschaft. Für die warmen Nächte, in denen die Festbeleuchtung des Himmels zu Häupten funkelte.

Wir kletterten einige Tage sorglos und entdeckerfroh auf dem herum, was Rom uns vererbt hatte, machten uns gegenseitig auf Gänge, Trümmer, Grundrisse, Amphoren und Ausblicke aufmerksam.

Die einzige Trübung der Zeit in Tipaza erfuhren wir am Tag der Ankunft. Wir wurden zum ersten (und nicht zum letzten) Male in Afrika verhaftet. Diesem Vorgang darf man aber keine große Bedeutung beimessen. An einer Küste, wo seit Jahrtausenden geplündert, geraubt, vergewaltigt, geschmuggelt wurde und jahrhundertelang Seeräuberstaaten bestanden haben, da ist es wohl verständlich, daß rasches Zupacken zur Gewohnheit geworden ist. Auch erliegen die armen, unterbezahlten Schelme in Uniform hier noch mehr als anderswo der Versuchung, sich bei jeder sich bietenden Gelegenheit zum Mehrfachen ihrer Bedeutung aufzublasen. Die ist meist Null. Das stellt sich spätestens heraus, wenn die Verhafteten zwecks eingehender Vernehmung bei der nächst höheren Dienststelle abgeliefert werden. Obwohl er die verdächtigen Subjekte doch eingefangen und als seine Beute angeschleppt hat, muß der Wackere nun im Flur warten, während mit dem Aufpusten sein Vorgesetzter an der Reihe ist. Der ist bemüht, diesem interessanten Vorgang den Anschein einer Einvernahme zu geben. Der Zeitbedarf für Aufblasen und Vernehmung wächst von Dienststelle zu Dienststelle an.

Auf dem Dienstweg geht es dann weiter die Stäbe hinauf, bis man, kurz vor der Verzweiflung, schließlich unversehens an einen gerät, der alle Tassen im Schrank hat. Der hört sich den Unsinn geduldig an, den ihm der Vorletzte in der nun schon beachtlich langen Reihe der tätig gewordenen Hüter des Vaterlands erzählt, blättert gelangweilt im stattlichen Band der Protokolle. Jäh springt er auf, schreit den Übersteller des Verdächtigen auf arabisch laut an: „Du bist ein ganz dummer Hammeldieb!“ Dann wendet er sich an den Verhafteten und bietet ihm außer der Entschuldigung des von ihm repräsentierten Staates auch noch Limonade und Zigaretten an.

Die Entschuldigung gliedert sich in drei Teile. Der erste handelt von der Bürde des Amtes und davon, wie schwer es ist, den Staat vor seinen zahlreichen Feinden und allerhand lichtscheuem Gesindel zu schützen, wenn für diese Aufgabe nur ungebildete Kameltreiber zur Verfügung stehen. Der zweite handelt von den Staatsfeinden und vom Gesindel. Diesen Teil sollte kein Verhafteter achtlos überhören. Wer jetzt die Lauscher spitzt, erfährt, wo die Feinde sitzen, vor denen man Angst hat. Beim dritten Teil kann man wieder ein Nickerchen einlegen. Denn er handelt von den vorgeblichen Fehlern, die dem Verhafteten unterlaufen sind. Dann bekommt man wieder Zigaretten und Limonade und schließlich seinen Paß zurück. Man ist frei und kann, begleitet von herzlichen Wünschen für eine glückliche Reise, das Lokal beziehungsweise die Kommandantur verlassen.

So läuft der Vorgang immer ab. Die Variationen sind von Staat zu Staat gering und ohne Bedeutung. Die ergibt sich für den Betroffenen aus dem jeweiligen Zeitbedarf. Manchmal sind es nur wenige Stunden, die sich aber auch, so erfährt man, auf Jahre ausdehnen können.

Nur hilft es nicht, mit den Armen zu rudern und auf vermeintliche Rechte, Konsulate und Habeas-Corpus-Akte zu verweisen. Von so läppischen Dingen hat hier noch nie einer was gehört. Man will auch nichts davon hören. Deshalb wird demjenigen, über den die Staatsgewalt mit den Worten herfällt: „Attendez, je vous arreste!" empfohlen, zu lächeln und zu antworten: „Mais oui, mon ami, avec plaisir", und abzuwarten, was daraus wird. Das machen alle Spione so. Man kennt das vom Kino.

Auch darf ohne Übertreibung behauptet werden, daß vorstehende Hinweise wohlgemeint sind und einen Rat von sachkundiger Seite darstellen.

Die Verhaftung geschah im Dorf, am kleinen Rondell, wo die Geschäfte und die wenigen Obst- und Gemüsestände sind. Wir hatten gerade frische, vitaminreiche Früchte gegen Skorbut gekauft, saßen auf der Mauer und aßen Bananen. Da kommt ein Männlein angewetzt: „C'est vôtre voilier, la bas?"

„Oui, certainement."

„Je vous arreste, suivez moi!"

Was war geschehen? Nichts, wie fast immer in solchen Fällen. Wir hatten nur versäumt, unsere Ankunft bei allen in Frage kommenden Stellen auch im zweiten angelaufenen Hafen zu melden. So ist es hier Vorschrift. Diesmal hatten wir noch Glück. Es dauerte nur einige Stunden. Begegneten wir später auf der Dorfstraße unserem Verhafter, grüßten wir ihn freundlich. Er erwiderte den Gruß mit Amtsmiene, gemessen und hoheitsvoll.

Nach einigen sonst wunderschönen Tagen eilte Sohn Jens zur Kommandantur und holte die Pässe. Als wir ausliefen, standen an die dreißig schwarzbraune Buben auf dem Rocher Tombeau und auf der Mole, winkten und riefen: „Au revoir, au revoir!" Mit einigen von ihnen haben wir noch jahrelang Briefe gewechselt.

Wenn wir schon hier sind, sagten wir uns, dann wollen wir auch dem alten Räubernest Algier einen Besuch abstatten. Das hatte sich im

Laufe der Zeit zu einer Metropole entwickelt. Etwas Zeit hatten wir noch. Die 30, 40 Seemeilen wollten wir auf einer Backe schaffen.

Ob nun der Wind aus der falschen Richtung blies oder abgeflaut war – als jedenfalls die rabenschwarze Afrikanacht hereinbrach, konnten wir nichts Hafenartiges oder Buchtiges finden. Flache Küste. Lichter eines Dorfes. Das war alles.

Seemannschaft verbietet manches, was man doch tut, wenn anderes nicht machbar ist. Die See war ruhig. Und so ankerten wir vor offener Küste. Es schaukelte unangenehm, aber wir waren müde und schliefen bald ein.

Am nächsten Nachmittag haben wir einen der Villenvororte Algiers erreicht, erblicken einen kleinen Hafen und fassen einen klugen Entschluß. Da werden wir hineingehen und uns nicht gleich den Behörden aufdrängen. Vielleicht klappt es. Die paar Kilometer in die Stadt können wir auch mit dem Bus fahren. Wir gehen hinein und legen an. Niemand kümmert sich um uns.

Alexandre Dumas, der französische Schriftsteller, vor rund hundertvierzig Jahren: „Der Hafen bot einen wunderbaren Anblick. Die Stadt beginnt am Meer und erstreckt sich vor allem über den östlichen Abhang der Berge. Bei der Einfahrt passieren wir den titanischen Hafendamm. Die neuen französischen Bauten stören den orientalischen Eindruck der Hafenstadt sehr. Auf den ersten Blick scheint es ein europäischer Ort zu sein. Aber wenn man über die erste Reihe der vierstöckigen Neubauten hinwegblickt, erkennt man dahinter die alte afrikanische Stadt der Beys von Algier. Einige schöne Palmen, deren grüne Wipfel mit den weißen Häusern und dem Azurblau des Himmels kontrastieren, scheinen im Namen der afrikanischen Vegetation gegen die französischen Eingriffe in die bodenständige Landschaft Protest zu erheben."

So wird es wohl sein. Der Kern von Stadtbildern ändert sich selten, wenn kriegerische oder Naturereignisse sie nicht niedermähen.

Ehe wir aber den Anblick von Stadt und Hafen genießen konnten, hatten die ebenfalls in die Stadt strebenden Bewohner unseres Vorortes Gelegenheit, uns bei lebendigem Leibe zu zerquetschen und zu zerreißen. So etwas von Entern und Stürmen eines Verkehrsmittels entzieht sich jeder Schilderung. Absolut irre und wahnsinnig. So rasend und heulend, stoßend und schlagend müssen die Vorfahren auf die Galeeren Genuas und Venedigs gesprungen sein. Das steckt noch drin. Kein Wunder, daß die Kauffahrer bestrebt waren, einen weiten

Bogen um diese Gegend zu machen. Furchterregend! Im Bus versuchten wir uns dann aneinanderzudrücken, um neugierigen Fingerchen in der Gegend unserer Taschen nicht zu viel Spielraum zu lassen.

Was haftet, ist die Kasbah mit ihrem Labyrinth von Gassen, Gängen, dunklen Winkeln, offenen Märkten, gedeckten Basaren, in denen es von wilden und eindrucksvollen Typen aller Hautfarben wimmelt. Stießen wir beim Auf- oder Abwärtslaufen in den winkeligen, nicht überschaubaren Stufengassen, von denen dunkle Gänge hier- und dahin und in noch düsterere Durchschlüpfe und Passagen mündeten, auf einen besonders verwegen aussehenden Gesellen mit Glutblick, gewaltiger Hakennase, vorspringendem Kinn, schulterlangem Haar und aus dem Hemd quellendem Brusthaargekräusel, dann nickte Peter Michael mit dem Kopf und flüsterte: „Urlaub von der Galeere. Dritte Reihe. Zwanzig Jahre. Zur Strafe besonders langes und schweres Ruder."

Nach einigen Tagen drängte die Zeit. Aufbruchsroutine. Wasser, Proviant, Benzin.

Einklariert hatten wir nicht, und da der zuständige Milizposten sich nicht um uns kümmerte, war nicht einzusehen, weshalb wir jetzt noch die Behörden behelligen sollten. Wir beschlossen, die gastliche Stadt so still und bescheiden zu verlassen, wie wir gekommen waren.

Nun hätte aber das Hantieren mit Kartons, Flaschen und Broten im Hafen ein gewisses Aufsehen erregt. Um dies zu vermeiden, wurde eine Idee verwirklicht, die so oder ähnlich an dieser Küste zur Routine jener gehört haben muß, die ihr Brot mit dem sauren Geschäft ehrlicher Seeräuberei verdienten. Als wir eingekauft hatten, half der uns seinen Wohlstand verdankende Händler, die in Kartons verpackten Waren an den Strand zu schleppten, der in der Dunkelheit verlassen dalag.

Der Mann war ein Sohn seiner Küste, stellte keine unnötigen Fragen und verschwand. Peter Michael und Jens zogen ab und machten das Boot klar. Mit Stableuchte und Einkäufen blieb ich am dusteren Strand zurück.

Als das Boot dann mit aufgeholtem Schwert langsam und leise durch die Nacht herangeisterte, leuchtete die Stablaterne nur zweimal kurz auf. Gleich darauf knirschte der Stummelkiel in den Sand. In wenigen Minuten hatten wir das ganze Zeug in der Plicht. Herum den Bug und ab ging die algerisch-spanische Seepost in Richtung Heimathafen Jávea. Da inzwischen auch eine prächtige ablandige Brise aufgekommen war, wurden die zurückbleibenden Lichter schnell kleiner und kleiner.

Als der Mond aufging, traf er uns schon ein gutes Stück Weges weg von der Küste. Ich erinnere mich deutlich, daß wir doch froh waren, als die letzten Lichter Algiers achteraus unter der Kimm versanken.

„Und wieder gewährten die Götter uns günstigen Wind für die Heimfahrt,
so daß wir nach wenigen Tagen die spanische Küste erschaut,
wo wir die Boje im Hafen vermittels des Spleißes im Tampen
verbanden auf sinnreiche Weise flink mit der Klampe des Boots.
Tja, da waren zu Hause von weit ausgreifender Langfahrt
die reichlich späten Phönizier und wölbten voll Stolz ihre Brust
und tranken des köstlichen Weines ein jeglicher mehrere Gläschen
und schworen, daß sie übers Jahr gingen aufs neue hinaus.“
(Levantiniade des Kamil Hiram, zeitloser Sänger,
Ende des III. Gesanges)

Das 4. Kapitel

berichtet von der II. phönizischen Reise,
von den Gefahren auf See
und an Land
und wie die Erkenntnis sich Bahn brach,
daß man ein Meer nicht nur quer,
sondern auch in Längsrichtung
befahren kann.

Während Neptun daran ging, mit Hilfe des Dreizacks die See aufzuwühlen.

Von der I. phönizischen Reise zurück in der kalten Heimat, schloß die Mutter ihren langvermißten Liebling Jens tränenfeuchten Auges in die Arme. Um ihn sei sie, sagte sie, manche Nacht doch in banger Sorge gewesen.

Dann gingen wir daran, die von fernen Küsten angeschleppten Kleinode auszubreiten. Als die bescheidenen Mitbringsel – Tischteppiche, Burnusse, Tücher, Kettchen und Holzperlen (womöglich aus Taiwan) – zur Begutachtung dalagen, belohnte uns das Jauchzen und Augenaufreißen der versammelten Freunde, daß es eine Lust war.

Viel anders kann es kaum zugegangen sein, als Cristoforo Colombo, glücklich aus der von ihm entdeckten Neuen Welt zurück, mangels wertvolleren Gutes dem Monarchen und Empfangskomitee einige dunkelhäutige, ängstlich blickende Eingeborene, possierliche Affen und bunte Papageien vorzuweisen hatte.

In ähnlichem Mißverhältnis standen auch bei unserer Expedition Aufwand und Ertrag zueinander. Doch sind natürlich solche kleinlichen Erwägungen jenen fremd, in deren Seelen noch das Feuer der großen Entdecker brennt. Die ihre Herzen, hinweg über den verbeulten Bugkorb, weit voraus hinter die Kimm werfen und dann hinter ihnen herfahren. Auf kleinen, morschen Booten und mit geflickten Segeln.

Immer schneller huschen die Jahre vorbei. Das kennen wir, wissen es, und es stimmt uns nicht froher, von anderen die Wirkungen solcher Erkenntnis an uns selbst bestätigt zu erhalten. Deshalb sind wir gezwungen, uns mit allem zu beeilen, was Spaß macht und Vergnügen bereitet. Gerade mit Langfahrten. Schon im nächsten Sommer richteten wir den Bug des Bootes von der spanischen Küste aus erneut nach Süden.

Jens war ausgestiegen. Von Amors Pfeilen getroffen, hatte es ihn von Bord gekippt. Die entzückenden Hügelchen, denen er nun seine volle Aufmerksamkeit zuwandte, hatten mit den grünen von Afrika nichts mehr zu tun. Er war von den wilden Wogen der Leidenschaft ergriffen worden. Peter Michael aber war wieder mit von der Partie. Dem hatten das Seeräuberleben, die andere Küste und die Kasbah so gut gefallen, daß er sich den zweiten Kojenplatz zeitig gesichert hatte.

Als darüber gesprochen wurde, welcher Kurs diesmal anliegen sollte, hatte wir gemeint: erst hinüber, dann die algerische Küste nach Westen anschauen – mal sehen, wie weit und wohin wir da kommen.

Als erstes Ziel hatten wir Ténès ausgeguckt. Das ist das phönizisch-karthagische Cartenna. Die Römer nannten es Cartilis und siedelten dort ihre Kriegsveteranen an – für uns ein weiterer Grund, hinzufahren und nachzusehen, in welcher Gegend unsere römischen Kollegen gehaust hatten.

Da war ein Kap. Das trug einen Turm mit Feuer. Ein Hafen war auch da. Dort wollten wir hin. Ein gutes Ziel. Ein trefflicher Ausgangshafen zum Aufrollen der Küste nach Westen. Nach sorgfältigem Berechnen des Zeitpunktes hatten wir dahin auch eine Abordnung der munteren Tombeau-Springer des Vorjahres aus Tipaza beordert. Im Winter war heftig auf französisch korrespondiert worden. Auch hatten wir Kleidung aus den Schränken der Youngster befreundeter Eltern gesammelt, um den Fischerknaben damit eine Freude zu machen. Die Hemden, Jacken, Hosen und Pullover sollten im Hafen von Ténès übergeben werden. Einen Tag Sicherheit hatten wir auch dazugerechnet.

Als wir die Leinen loswarfen, meinten wir, gut ausgerüstet zu sein, alles bedacht, nahrhaft gebunkert und nichts Wesentliches vergessen zu haben.

Aber wir hatten etwas vergessen. Nach dem Verstauen aller umherfliegenden Gegenstände und nachdem wir einige Stunden dahingeschaukelt waren, machten wir eine schlimme Entdeckung: Der prall mit Ausrüstung, Bekleidung und einigem Eßbaren vollgestopfte Seesack des Kapitäns befand sich nicht an Bord! Da wird nun alles nach Checkliste besorgt und sorgfältig eingekauft und verpackt, und dann bleibt es im Schlafzimmer stehen. Was tun? Wenden und zurück?

„Nein“, beschloß die vergeßliche Schiffsführung, „erstens bringt Umkehren Unglück, zweitens muß Strafe sein, und drittens haben wir im Vorschiff den für unsere Freunde aus Tipaza bestimmten Sack mit der entzückenden Kollektion der vorvorletzten zentraleuropäischen Knabenmode.“

„Hm“, meinte Peter, „es wird sehr kneifen.“

„Das wird es“, antwortete der Betroffene, „doch gleichen wir Phönizier in dem Punkt den Indianern. Wir spüren weder Schmerz noch Kniff. Und verbleibender Blößen wird sich der afrikanische Sommer annehmen.“

„Mag sein“, sagte Peter, „in den Filmen tragen sie auch nur Speer und Lendenschurz.“

Frohen Sinnes und in schöner Eintracht gondelten wir Afrika entgegen. Peter entlockte der Maultrommel muntere Weisen. Aus der Kombüse stieg der Duft seiner Zaubersuppen auf. In Flauten wurde gebadet. Wer Freiwache und nichts zu tun hatte, sonnte sich auf dem Vorschiff oder hockte im Schatten des Großsegels. An den Klampen der Fallen hingen mit grünem Bindedraht gesicherte Speckseiten und Würste, die lustig und vielversprechend in Harmonie mit den Bewegungen des Bootes schaukelten. Das war alles wie in dem Bilderbuch, das man aufschlägt und sagt: „Genauso hatte ich mir das immer schon vorgestellt."

Wieder waren wir eine knappe Woche unterwegs gewesen und hatten uns wohl bis auf 20 oder 30 Seemeilen an Afrika herangewakkelt. Da schlug ein anderer ein Buch auf. Das war kein Bilderbuch. Das war sein Notizbuch. Aus dem gedachte er uns nun die eine oder andere Levite zu lesen.

Als er sich an Äolus wandte, stellte sich heraus, daß es Neptun selbst war, der da sprach: „Sollten auch Sie, Herr Kollege, die beiden großmäuligen Tagediebe bemerkt haben, die da vor der algerischen Küste schaukeln und die Unverschämtheit besitzen, Phöbus Apollon ihre bleichen Hintern hinzuhalten?"

Darauf der Hüter der Winde: „Roger!" Und, an dem Riemen fingernd, mit dem er den Windsack verschlossen hielt: „Chef, sind das nicht die beiden Wichte, die uns bereits im Vorjahr mit ihrer Fehleinschätzung unserer Möglichkeiten unangenehm aufgefallen waren?"

„Ecce!" sprach der Boß, „siehe da!"

„Na", fauchte der Windgott, „dann will ich den beiden sogleich mal den mittelmeerischen Marsch blasen, daß ihnen Hören und Sehen und dummes Schwatzen für eine Weile vergehen wird!"

Sprach's und riß den Verschlußriemen des Windbeutels mit einem Ruck aus den Ösen, während Neptun daranging, sein Element mit Hilfe des Dreizacks von unten aufzuwühlen.

Woher die schwarze Wand gekommen war, die vor uns plötzlich den Himmel bedeckte, wußten wir nicht. Ganz schnell hatte sie sich aufgebaut. Die erst grauen, dann schwarzblauen Wolkenberge waren verschwunden und hatten rabenschwarzer Finsternis Platz gemacht. Der Sack war zu. Wir drin. Es konnte losgehen.

Das tat es auch ohne Verzug. In der ersten heulenden Bö schoß der Kahn wie wild davon, als wäre eine Meute ausgehungerter Wölfe hinter dem weißen Renner her. Wieso „als wäre"? In kürzester Zeit umgaben sie uns, so weit das Auge reichte. Die rasch zu erstaunlicher Höhe aufgetürmten Seen brachen mit widerlichem Krachen.

So gut es gehen wollte, versuchten wir, aus dem Tal an den Flanken der Ungetüme hinaufjagend, den dicksten Brechern zu entkommen, um nicht unter sie zu geraten. Wir schnitten die ohne Unterlaß auf uns zujagenden Wasserberge schräg an und flankten so steil wie möglich an ihnen hoch, um oben noch vor ihrem Brechen anzukommen. Sekundenbruchteile verhielten wir auf dem Kamm und schossen dann auf der anderen Seite wieder zu Tal. Jetzt ging das hier nicht anders zu als auf der Achterbahn, nur länger eben, auch nasser und kälter.

An der Pinne wechselten wir uns erst alle zwei, dann bald jede Stunde ab, damit der andere sich erholen konnte. Das Rudergehen kostete Kraft.

Wenn ich mich richtig erinnere, versuchten wir erst noch unter voll heruntergerefftem, also fast zur Hälfte um den Baum geborgenem Großsegel zu laufen. Dann bargen wir es ganz und waren schließlich auch unsere Fock los. Die hatten wir zwar mit Rollreff auf Handtuchbreite gebracht, aber sie killte zu viel. Als die Nähte dem Druck nicht mehr gewachsen waren, rissen sie. Die Fetzen flogen. Wir waren manövrierunfähig und hatten bis zur Küste noch an die 30 Seemeilen zurückzulegen. In der Politik nennt man es: Die Situation ist da. Im Film: High Noon. Was uns umgab, war Deep Night.

Durchnäßt wie wir waren, froren wir hier vor Afrika schon seit Stunden. Mit der Lage waren wir bisher doch recht gut fertig geworden. Auch hatte es bis zu diesem Zeitpunkt keine Nervosität gegeben. Zumindest hatten wir sie gut zu verbergen vermocht. Was wir uns zuschrien, war knapp und sachlich gewesen. Über zu treffende Maßnahmen gab es Einigkeit, keine Diskussion. Um nicht abzutreiben, hatten wir beschlossen: zwei Stunden auf dem einen Bug hin, herum und wieder zwei auf dem anderen zurück.

Solange die Fock gehalten hatte, lief das Programm. Nur hieß es bei den Wenden aufpassen, daß man nicht breitseits unter einen Brecher geriet. Jetzt aber wurden wir gnadenlos umhergeworfen, und auch Neulinge im Mare Nostrum begreifen schnell, wann das am Dampfen ist, was auszusprechen sich gemeinhin verbietet.

Auf der Ducht bibbernd, angepickt und die Finger um Klampen und in Schoten gekrallt, faßten wir in rollender See und unter jaulendem Rigg einen Entschluß. Der erscheint mir noch heute – in der Ausdrucksweise der Kinder – bärenstark.

Zunächst aber Homer. Was meint er, der nie versagende Kommentator brenzliger Situationen an Land und zur See? Wie schildert er (einige tausend Jahre hin oder her) unsere Lage in jener Nacht? Kurz und treffend sagt er:

„Zeus, der Wolkenversammler, erregte den Schiffen jetzt Nordwind.
Mit gewaltigem Sturm, und er verhüllte mit Wolken Erde zugleich und Meer;
vom Himmel hernieder brach Nacht ein.
Niedergedrückten Buges fuhren sie;
aber die Segel, die zerriß die Gewalt des Windes dreifach und vierfach.
Die nun zogen wir ein in die Schiffe, das Schlimmste befürchtend.“

Das Starke lag freilich gar nicht so sehr in dem Entschluß selbst, denn der ergab sich mehr oder minder. Stark hingegen dessen Ausführung durch Peter Michael. Während ich den auf und nieder geworfenen, ungebärdig hopsenden Kahn mit Ruderhilfe halbwegs zur Ruhe bringen sollte, würde sich mein Partner, eingepickt und Sturmfock unter dem Arm, auf den Weg aufs Vorschiff machen, die Fetzen bergen und die Sturmfock setzen.

Das schreibt sich leicht und sagt sich einfach. Als Peter auf dem Bauche kriechend unterwegs war, das Fall mitnahm, es um den Arm sicherte, den Schäkel nicht verlor beim Wechseln und die Minifock vorheißte, langsam und stetig, da hielt ich wohl den Atem an.

Kaum war das Segel oben, stand auch das Boot wieder besser, wurde nicht mehr umhergeschleudert und gehorchte dem Ruder. Wir schlugen uns dann gegenseitig auf die nassen Schultern und glaubten fest, jetzt eine gute Chance zu haben.

Der Glaube sollte nicht getrogen haben. Nachdem es 26 Stunden gerauscht, geheult und gepfiffen hatte, verzog sich das Wetter so rasch, wie es über uns gekommen war. Und nun wurde uns der Lohn der Angst gleich mehrfach zuteil: Fern noch, aber deutlich in der kurz aufleuchtenden Abendsonne zu erkennen, hatten wir den Tell-Atlas vor dem Bug. Über uns knallbunt ein Regenbogen. Und dann sagte Peter: „Dreh dich um.“

Da sah ich nun etwas, was unsereiner nur aus Büchern oder vom Hörensagen her kannte: achteraus zwei richtige, dicke, Himmel und Meer verbindende Wasserhosen. Die wirbelten mit ihren Rüsseln nun in der Gegend herum, aus der wir gekommen waren.

Dann wurde ich in der toten See, in der auch die mit so viel Mühe gesetzte Fock nichts mehr half, ziemlich seekrank. Da aber der Motor noch betriebsfähig geblieben war und wir nach Einbruch der Dunkelheit die Lichter von Ténès erkannt hatten, schob der uns in weiteren sieben Stunden bis vor die Hafeneinfahrt.

Vorher aber, noch ehe die schwarze Afrikanacht es zudecken konnte, wanderten zwei angestrengt schauende, salzgeränderte Augenpaare über des Panoramas ganze Breite. Das Verfahren war noch vom Vorjahr geläufig. Buch heraus, Bilderchen gucken. Es dauerte diesmal wohl etwas länger, weil der Sturm uns vom letzten gegißten Ort beträchtlich nach Westen versetzt hatte. Na, und ob der überhaupt gestimmt hatte? In etwa aber doch! Denn der Maulwurfshügel am äußersten Ostrand, hell gegen den dunklen Streifen rechts von ihm abgesetzt, mußte das Kap sein. Neben ihm hoch aufsteigend und mit stumpfem Gipfel: der Sidi Mérouane. An ihn anschließend ein flacher Walfischrücken, von dessen Mitte aus sich eine deutlich sich abzeichnende Kante in spitzem Winkel nach Westen erhob. Wo die unten ansetzte, da war was.

Was? Zunächst Undefinierbares. Wenig später, als wir weiter vorangekommen waren und Lichter in der Dunkelheit uns halfen, konnten wir es bestimmen: Ténès, unser Ziel, das Nest, wo wir hinwollten.

Nicht ohne Rührung blicke ich fast ein Jahrzehnt später auf das Bleistiftgekritzel über Bild a auf Seite 176, Handbuch Teil III, Die Nordküste von Afrika. Da steht: „Am 28. 8. 77, 20.30, 270° auf 30 sm bestimmt.“ War es bei uns damals wirklich mit solcher Sorgfalt zugegangen? Wacker, wacker! In der Regel war es das wohl nicht, obwohl natürlich auch wir bei unseren weiträumigen Operationen navigatorischen Minimalanforderungen genügen mußten. Mitunter muß aber noch meines früheren Lehrmeisters „Lehre von der Wirksamkeit des rechtweisenden Wunderdaumens“ nachgewirkt haben. Etliche meiner späteren Aberrationen nautischer Natur sind anders nicht zu deuten. So können nämlich auch die eingetragenen 30 Seemeilen nicht stimmen. Bei einer Marschgeschwindigkeit des Honda von drei Seemeilen hatte ich zehn zuviel notiert. Drum lautet ja auch die bekannte spätphönizische Weisheit: arido facile navigare. Im Trokkenen ist leicht schiffen.

Peter weckte mich vor dem Wellenbrecher: „Steh auf, wir sind da!“ Wir liefen auf der Ostseite um ihn herum und hinein in den Hafen, legten uns hinter einen im ersten Licht räudig aussehenden Fischkutter, äugten über den wie ausgestorben daliegenden Hafen, deckten die nassen Matratzen mit nur feuchter Bekleidung aus Peters Seesack ab und warfen uns in die Kojen.

Die Hoffnung, wir könnten nach unseren Großtaten auf See im Schutze des Hafens nun der Ruhe pflegen, erfüllte sich nicht. Von entsetzlichem Krach geweckt, blickten wir nach oben und hätten unseren Laden am liebsten gleich wieder dichtgemacht. Denn die Horde jugendlicher Schelme über uns, deren Waden wir in Augenhöhe wahrnahmen, streckte uns wie ein Mann die Arme entgegen. Doch nicht als Willkommensgruß, sondern mit nach oben offener Handfläche und mißtönendem Geschrei. Des ohrenzerreißenden Kanons ersten Teil sangen alle gemeinsam: „Monsieur, donnez moi...!“ Dann fächerte er sich auf, je nach den vorherrschenden Süchten: „... du Coca-Cola, du chewing-gum, des cigarettes!“ Die hier unterschieden sich aber deutlich, nicht zu ihrem Vorteil, von den munteren Tombeau-Springern in Tipaza.

Dies war ja auch ein richtiger, nicht nur ein versandeter antiker Hafen wie dort. Die Wirkung des Unterschieds war weder zu übersehen noch zu überhören. Unsere Freunde waren nicht da. Die hatten gestern wohl vergeblich gewartet und waren dann am Abend nach Hause zurückgefahren. Wir erwogen kurz, mit dem für die Knaben bestimmten Kleidersack per Bus in das vielleicht 100 Kilometer entfernte Tipaza zu fahren, mußten das Vorhaben dann aber aus Zeitmangel aufgeben.

Für den Inhalt des Beutels, der den Fischerknaben an dieser Küste entgangen war, fanden sich dann in den Folgejahren noch genug dankbare Abnehmer, bis hin nach Sizilien und Kleinasien. Dort, hinter Fethiye, in der Bucht der schwarzen Ziegen, verblieben die letzten Stücke. Das aber ist eine andere Geschichte und hat noch lange Zeit.

Zur Abwehr der uns bedrängenden Meute bedienten wir uns der Methoden, die alle Kolonisatoren jahrhundertelang mit großem Erfolg angewandt hatten: Wir kauften uns die beiden Stärksten. Die mußten den Rest in Schach halten. Das klappte. Als der Fall geregelt war und wir weiterschlafen wollten, ereilte uns weiteres Unheil, denn nun kamen die Offiziellen. Nacheinander marschierten auf und kletterten aufs Boot: M. le Commandant du Port, M. le Contrôleur de la Douane, M. le Capitaine de la Police (der mit drei Mann und der festen Absicht, der von uns eingeschleppten Konterbande habhaft zu werden). Das Kofferradio – ein Sender? Harmloses Quelle-Binokel –

zum Ausspähen von Festungen? Die Super-8-Kameras und Fotoapparate – Agenten-Ausstattung? Achtung, Monsieurs! Die Sache stinkt! Denn Ausländer, die von weither kommen und ausgerechnet nach Ténès reisen, haben Böses vor.

Als Formulare ausgefüllt, Boot und Papiere geprüft und man dortseits mit allem fertig war, da waren wir es auch. Doch als wir uns endlich betten wollten, da erschienen Abdallah und Ibrahim. Aus naheliegenden Gründen wollen wir sie mal so nennen. Sie hießen anders. Die beiden waren dem Kindesalter entwachsen, dunkel, kräftig, flinke Augen, schmale Köpfe – Berberjünglinge in vollem Saft. Stolz der Nation, dem Vaterland eine Freude. Dies sollte sich als übertrieben herausstellen.

Ibrahim sprach ein fließendes Französisch und hatte sich mit kleinen Gastgeschenken gut bei uns eingeführt: einer Muschel und einer Krebsschale. Die beiden wollten nicht von uns weichen, begleiteten uns zum Einkaufen in die Stadt, zeigten uns das punische Felsengrab und saßen, hatten wir uns zurückgezogen, stumm da und starrten aufs Boot.

Dann kam der Hammer. Als Ibrahim meinte, den für seine Absichten ausreichenden Grad von Vertrautheit mit uns hergestellt zu haben, ließ er die Katze aus dem Sack: Wir sollten ihn unbedingt nach drüben mitnehmen. Egal wohin. Spanien, Frankreich, Deutschland. Wichtig war nur: raus von hier. Bezahlen, sagte er, werde er den Transport natürlich auch.

So, so. Hm, hm. Weshalb er denn, fragten wir, den Staub der heimatlichen Wüste so eilig von seinen schnellen Sohlen schütteln wolle. Unser Freund sprach: „In Kürze werde ich eingezogen und soll dienen."

Für Friedensfreunde und Natogegner bin ich ein Kristallisationspunkt von magnetischer Anziehungskraft. Bei mir zu Hause wimmelt es von ihnen, und erreiche ich mit Mühe Afrika, stürmen sie schon mein Boot.

Was soll man dazu sagen? Am besten nichts. Dem Ibrahim allerdings habe ich was erzählt. Denn es gehört nicht viel Phantasie dazu, sich die Unterhaltung mit dem Kapitän des unser Boot auf offener See stoppenden Küstenwachschiffes auszumalen:

„Wo haben Sie den her?"

„Wen? Ach den! Kenne ich nicht. Seh' ich zum erstenmal."

Brüllt mich M. le Commandant an: „Bist du blind?"

„Er muß sich während der Nacht an Bord geschlichen haben. Er ist schwarz, die Nacht war schwarz, alles schwarz. So haben wir ihn nicht bemerkt."

„Sie haben recht", pflichtet mir der Kommandant bei, gibt Anweisung, unser Boot in Schlepp zu nehmen, und fügt hinzu: „Da ihr Spezialisten für Schwarzes seid, werden wir euch gleich Gelegenheit geben festzustellen, was bei uns schwärzer ist, die Nächte oder die Verliese!"

Homer:

„Aber laß mich aufs Schiff, ich flehe zu dir als ein Flüchtling."
(XV/277)

Die Phönizier waren Tagsegler. Nachts hätten sie sich, sagt man, auf dem großen Wasser nicht so wohlgefühlt. Sie zogen ihre Kähne voller Waren auf den Strand und liebten es, in Buchten mit vorgelagerten Inseln oder im Schutz gekrümmter Landzungen zu nächtigen oder ihre Stapelplätze zu errichten.

Eine in der Nähe befindliche Quelle mußte das Trinkwasser liefern. Bei Vorliegen der genannten Voraussetzungen spricht die Wissenschaft von einer „punischen Landschaft". Habe man, heißt es, einen ihrer Häfen geortet, könne man ohne Schwierigkeiten die anderen finden. Dazu brauche man nur eine Tagesreise in die eine oder in die andere Richtung zu segeln und sich dort umzusehen. Zack, stolpere man prompt in der Phönizier nächstes Lager hinein! Eine interessante Theorie.

In der Ecke, in der wir uns rumtrieben, war etwas dran an ihr: Algier, Tipaza, Cherchell und Ténès, bei günstigem Wind nur eine Tagfahrt auseinander, sie alle waren phönizische Siedlungen gewesen. Fast fünf Jahrhunderte beherrschten sie Meere und Küsten, die Männer aus Tyros, Sidon und Byblos.

Aber da hatten die Phönizier bereits die großen Geschäfte und ihre zwischen Meer und Gebirge eingeklemmten Dörfer zu glänzenden Metropolen gemacht. Der dort getriebene Aufwand, die zur Schau gestellte Pracht und die Äußerungen orientalischer Sinnenlust erregten den Zorn der Propheten. Aber zugleich mit dem Ausdruck von Abscheu und Verdammung haben sie uns lange Listen von Handelswaren und Juwelen übermittelt. Die muß man durchgehen, will man erfahren, was Reichtum ist.

Also, die Sache mit den Tagesreise-Häfen der Altvorderen stach uns in die Nase. „Nun wollen wir mal sehen", sagten wir uns, „was diese Küste uns zur anderen, zur Westseite hin noch für Überraschungen zu bieten hat." Auf die brauchten wir gar nicht lange zu warten.

Wir meldeten uns diesmal ordnungsgemäß bei sämtlichen Behörden ab, verabschiedeten uns vom traurig blickenden Ibrahim, dem Verteidiger des Vaterlandes, lösten die Leinen und zogen davon. Wir hatten einen warmen Sonnentag und machten bei achterlichem Wind prächtige Fahrt entlang der wenig gegliederten, für uns aber neuen und daher auch interessanten Küste.

Als der Tag sich neigte und wir Ausschau nach dem phönizischen Landeplatz hielten, der uns aufnehmen sollte, fanden wir keinen. „Kein Problem", teilte ich dem Gefährten mit, „dann laufen wir eben die Nacht durch und morgen früh in Mostaganem ein. Das ist ein hübscher Name."

Mein Partner ist wohl anderer Meinung: Worauf er nach einem halben Hundert Seemeilen und des Tages Last, Mühe und Schotenreißen Anspruch habe, sei eher hübsch ruhiger Schlaf. „Hier steht aber, vor der Pointe d'El Aoua liegt das Dorf Petit-Port mit einem Landungssteg."

Er hält mir das schlaue Buch vor die Nase und fuchtelt mit der Stableuchte herum. Fehler von mir. Schwerer. Kein Schamane trennt sich von seiner Rassel, kein Medizinmann von seinem Zaubergerät. Auf dem Buch hätte ich sitzen sollen. Zu spät. „Was willst du mit einem Steg? Für uns ist der doch vollkommen nutzlos!"

Da soll doch gleich der große Baal dreinschlagen! Wessen wir Punier bedürfen, da es duster ist und bleiches Mondlicht sich nur hin und wieder durch die Wolken quält, das ist unsere Landschaft. Wie beschrieben: sichere Bucht, oben Quelle, in der Nähe Ackerland. Na, meinetwegen. Heute nacht auch ohne Acker.

Aber Peter Michael hat sich was in seinen Kopf gesetzt und will es wissen. „Wir könnten doch wenigstens bis dahin laufen, wo die Lichter sind, und uns da umsehen."

Tatsächlich sind da ein paar funzelige Lichtquellen, aber auch wenn der Name auf einen Port weist, spricht doch das Trost und Rat spendende Werk ausdrücklich nur von einem Steg. Sage es auch deutlich. Er weiß es besser und will hin.

Nie habe ich etwas dagegen gehabt, nächtelang auf See unterwegs zu sein. In sauberem Fahrwasser und frei von Küsten gibt es nichts

Sichereres, solange der Kahn oben schwimmt. Gegen das Ansteuern des Landes jedoch, in flachen, unbekannten Gewässern und bei Nacht, hege ich seit je eine ausgeprägte Abneigung. Ich erinnere mich auch genau, das Gefühl gehabt zu haben: absoluter Unsinn, kann überhaupt nicht gutgehen. Aber: Einem gegenüber, der auf dem Vorschiff in heulendem Sturm und nur mit dem Oberkörper noch aus dem Wasser die Fock wechselt, einem solchen gegenüber sieht auch ein spätphönizischer Bootsführer davon ab, streng dienstlich zu werden: „Wie du meinst." Und er wendet den Bug auf die Funzeln zu. Homer:

„Dieses werde, Unseliger, ich dir tun und vollenden."
(Odyssee, XI/80)

Nur fünf Minuten später verneigt sich der Bug höflich gen Petit-Port. Wir sitzen auf Sand, wie erwartet. Wußte ich's doch! Wir kommen frei, sitzen aber gleich wieder fest. Mit röhrendem Motor ziehen wir uns von der Bank. Wieder frei, stellen wir ihn ab und horchen.

Vor uns, wo das Dorf ist, hat sich eine stattliche Volksmenge versammelt, die, darf vermutet werden, nun unser irrwitziges Tun beobachtet und kommentiert. Noch immer ist nichts außer den wenigen Lichtern zu sehen. Zu hören alles. Die rufen und schreien da und reiben sich, so meine ich, schon erwartungsvoll die Hände. Denn gütiger Allah schickt nicht jede Nacht ein Boot mit ungläubigen Giaurs in ihre gottverlassene Gegend, wo es auf das dämlichste von Sandbank zu Sandbank hüpft.

Und da der Mond gerade wieder hervorlugt, zeigt er uns auch schon das eilig auf uns zuschießende Boot: Vier Mann sind, mit zwei Riemenpaaren das Wasser peitschend, auf direktem Kurs zu uns unterwegs. Der Anführer ruft, er werde uns durch die richtige Einfahrt zum Dorf schleppen. Von Port keine Rede. Peter, dessen Glaube an das Gute im Menschen meine höchste Achtung hat, reicht ihm das Ende. Die Ruderer legen sich in die Riemen. Auf geht's. Doch nur drei Faden lang. Dann sitzen wir wieder fest. Das Spielchen wiederholt sich. Endlich platzt mir der Kragen: „Gebt die Leine zurück!"

„Nein, warum?"

Die reißen. Wir reißen. Peter reißt jetzt auch. Bin ich froh, als wir das Ende endlich in die Hand bekommen! Nun aber hurtig über die Bänke wieder zurück ins Tiefe! Mit Motor auf vollen Touren, ziehen und schieben wir das Boot über die Untiefen. Springen dazu abwechselnd über Bord. Bei geholtem Schwert kann man sich leicht wieder hinaufschwingen. Das Boot mit den mir höchst verdächtigen Gesellen umkreist uns. Was von Land her zu uns dringt, als der Motor abgestellt ist, halte ich für Wutschreie über entgangenen Gewinn. Dann bleibt das Ruderboot zurück, nachdem wir tieferes Wasser in sicher erscheinender Distanz vom Dorf erreicht haben.

Nach dem Erlebnis hat keiner von uns Lust, die Reise heute nacht fortzusetzen. Wir sind noch erregt, naß, müde, zerschunden und haben Seeigelstacheln in den Sohlen. Als wir liegen, spüren wir, daß die Dünung das schwojende Boot doch stark krängt. Wir müssen uns festhalten, um nicht aus den Kojen zu rollen.

Da unterläuft mir ein schwerer psychologischer Fehler. An meinen Gefährten richte ich die Frage: „Wie gefällt dir nun dein Steg in Petit-Port?"

Der antwortet nicht. Dreht sich um und zieht sich den Schlafsack über den Kopf.

Als die rosenfingrige Eos am Morgen ihre leuchtendsten Farben über den Himmel strich, da strichen wir auch: ein jeder mit dem Finger und der Pinzette über die Fußsohlen des anderen. Ein Geschäft, das, noch vor dem Frühstück, längere Zeit beanspruchte. Die Helligkeit des Tages brachte nun auch Licht in die dunkle Angelegenheit der vergangenen Nacht: Da lag das Dorf, dahinter die Berge. Auch mit dem Glas konnten wir einen Steg nicht ausmachen. Das mag aber auch an dem Sicherheitsabstand gelegen haben, den wir in der Nacht zwischen das Land und uns gebracht hatten. Nun war das ohnehin kein Thema mehr. Es bringt ja auch sonst wenig und an Bord schon gar nichts ein, Widrigkeiten wiederzukäuen und dem anderen womöglich seine kleineren oder größeren Fehler oder Fehlentscheidungen um die Ohren zu schlagen. Zumal wir noch ein gutes Stück reisen wollten: die 25 Seemeilen nach Mostaganem und, wenn es irgend ging, die 20 weiteren nach Arzew. Mit achterlichem Wind rundeten wir die Pointe d'El Aoua.

Kaum herum um die Pointe, gab es zur Abwechslung wieder Erfreuliches. Wir liefen eine ganze Weile durch einen Sardinenschwarm, glitschten förmlich durch ihn hindurch. Ein Fest für die Möwen, die schluckten, was hinuntergehen wollte, und für die Tümmler. Die bedienten sich auch fleißig und schnellten, mal auf der einen, mal auf der anderen Seite, mit elegantem Schwung aus dem Wasser. Häufig auch noch synchron, zu zweit oder zu dritt. Dem Spiel dieser schnellen und graziösen Meeresbewohner kann man nicht lange genug zuschauen.

Der achterliche Wind frischte auf. Kap Ivi hatten wir schon eine Weile achteraus. Es rauschte am Bug, das Rigg machte seine gewohnten Knack- und Quietschgeräusche, die Hecksee sprudelte. Da hatten wir dann auch bald die weiße Seefront von Mostaganem vor uns. Und noch immer ging es flott voran. Macht man mit einem kleinen Boot mit einer Segelfläche von bescheidenen Abmessungen solche Fahrt, fällt es schwer, sie für einen Hafenaufenthalt zu unterbrechen, auch wenn es Nachmittag geworden ist und erneuten Verzicht auf Nachtruhe bedeutet. Diesmal war es mein Partner, der vorandrängte: „Ausschlafen", sagte er, „kannst du auch später noch im Büro."

„Wie wenn ein Viergespann von Hengsten in ebenem Felde alle zugleich hinstürmen unter den Schlägen der Geißel und, sich hoch aufbäumend, die Bahn schnell hinter sich bringen. So auch hob sich der Bug des Schiffes, und hinterher stürmte purpurn und groß die Woge des laut aufrauschenden Meeres. Stetig und sicher lief es; nicht einmal der kreisende Falke hätte es eingeholt, und ist doch der schnellste der Vögel. So durchschnitt es in raschem Lauf die Wogen des Meeres . . ." (XIII/81–87)

Vom Falken einmal abgesehen, traf die Beschreibung des Meisters auch diesmal voll zu und den Nagel auf den Kopf. Den Golf von Arzew hatten wir in Sausefahrt gequert, waren aber doch nicht so schnell, daß wir den schwindenden Tag eingeholt hätten, auch wenn wir uns redliche Mühe gaben. Die Lichter und die Gasflamme des algerischen Ölhafens Arzew hatten wir vor der Nase, als es längst Nacht geworden war. Es wollte uns einfach nicht gelingen, einmal auch zu einer Zeit anzukommen, da man noch etwas sehen, sich ordnungsgemäß anmelden, einrichten und friedlich zu Abend essen konnte. Immer pirschten wir uns piratengleich heran und schlichen im Dunkel der Nacht ganz räubermäßig in die Häfen.

Ergab sich das nur zufällig so, oder war es doch schon die prägende Umgebung, die nun auch bei uns die alte Einreiseart aufleben ließ? Jene nämlich, die von hier auslaufende, rasch das Meer kreuzende Galeeren voller Spitzbuben an der Gegenküste geübt haben. Durch manch ein Jahrhundert. Wir sahen Kais, Tanks und Anlagen, tukkerten eine Weile unentschlossen umher und suchten uns dann ein stilles Eckchen zum Ankern.

Am Morgen wurden wir vom Hafenpersonal zum richtigen Kai gewinkt, machten fest und wackelten mit den Papieren zum Büro. Es war Feiertag, der Chef abwesend, und sein Stellvertreter Hamani erwies sich als eine Seele von Kerl. Das ging hier denn doch sehr viel menschlicher und auch munterer zu als bei den alten Knallköpfen in Ténès. Erst einmal stellte unser neuer Freund uns eine Wache vors Boot, auf daß weder dem noch seinem Inhalt, noch auch uns etwas passiere. Hamani war gewiß ein kluger Mann und wußte wohl auch genau, weshalb er das tat. Ein zweiter Mann begleitete uns beim Einkauf, damit wir nicht allzusehr übers Ohr gehauen würden.

Mit dessen Hilfe kauften wir auch noch für ein Spottgeld leuchtend bunte Vorhänge aus fester Wolle. Bis heute zieren sie meine Gemächer. Vor der Abreise bedankten wir uns. Jeder bekam ein Hemd und Hamani Schuhe. War gut hier.

Mit dem Einsetzen der Tagesbrise legen wir ab und sind auch gleich wieder zügig in Fahrt. Was wir an Brot, Butter, Eiern, Früchten und den hier sogar für uns geflossenen Milch- und Honigvorräten angeschleppt haben, das wird noch weit über Oran hinaus reichen. Das ist das nächste Ziel. Erreichen wir das bei Tageslicht? Fraglich. Wir sind spät weggekommen.

Das den Golf von Arzew nach Westen begrenzende Vorgebirge läuft in die Kaps Carbon, Ferrat und de l'Aiguille aus. Die immer steiler ins Meer stürzenden Felsenhänge sind dunkel. Spricht schon das stets sachliche schlaue Buch davon, die ganze Gegend erhielte durch sie ein sehr unfreundliches Aussehen, können wir nur noch mit dem Kopf nicken. So ist es. Aiguille, die Nadel, steht spitz im Wasser, hat einen runden Kopf und sieht wie eine aus. Auf Oran zulaufend, erkennen wir zu unserem geringen Vergnügen, daß wir auch in diesen, den nach Algier wichtigsten Hafen des Landes nicht mehr bei Licht einlaufen werden. Das reicht gerade noch für unseren Slalom um die Ankerketten der auf Reede versammelten zwanzig bis dreißig Schiffe aller Größen und Gestalt aus. Im klugen Buch nimmt allein die Aufzählung der in den sechs Bassins vorhandenen Kais mit Verwendungszweck eine halbe Seite ein. Drei von den Kais haben Weinanschluß. Peter und ich bezweifeln, ob auch für uns.

Durch das Gewirr wieseln wir uns nun durch. Ein Becken, noch eins, noch eins – nimmt denn das gar kein Ende? Endlich erkennen wir im Licht schwacher Lampen einige Boote und Yachten, die ganz hinten in einer Ecke liegen. An den Steg legen wir uns nun auch. Kaum ist der Kahn festgemacht, naht jemand auf leisen Sohlen und sagt: „Der Steg gehört dem Yachtclub."

Bleiben dürfen wir, aber wir sollen uns noch beim Hafenkommandanten melden. Wir wollen endlich in die Kojen, doch der dort diensthabende Mensch meint, ein längeres Verhör und langsames Ausfüllen der Formulare werde ihm die langweilige Dienstnacht kürzen helfen. Als das auch geschafft ist, sind wir heilfroh, eilen zurück zum Boot, verkriechen uns in die Schlafsäcke und sind für niemanden mehr zu sprechen.

Im Hafen von Oran (eine halbe Million Einwohner) wird es nichts werden mit dem gewohnten Morgenflirt mit der rosenfingrigen Dame. Das qualmt, stinkt, raucht und mistet, daß sich das einem übergehende Auge am besten schnell wieder schließt. Und es gibt Tage, da sollte man besser gar nicht an Land gehen. Weiß man das vorher? Nein.

„Wie einst den Ithaker schlagen auch heut' noch unsterbliche Götter aufs Haupt den späten Phönizier stets dann, wenn ihm allzu wohl wird." (Unbekannter Sänger, XX. Jahrhundert)

Das gute Frühstück, aus den in Arzew erweiterten Beständen bereitet, mundet vortrefflich. Wir lassen uns Zeit damit und besprechen die Lage der Expedition. Wir rascheln auch mit unseren Seekarten und freuen uns über die Erkenntnis, daß wir in Oran vermutlich die Hälfte der Linien eines gewaltigen Parallelogramms ins Meer geschnitten haben. Noch nicht vollendet zwar, doch hoffen wir, daß der kleine Kielschwerter, auf der Fahrt nach drüben und entlang der spanischen Küste zurück, auch noch den Rest der vergänglichen Figur ins Wasser zeichnen wird. Ei, wer sollte da nicht guter Dinge sein und den Schalk im Nacken haben: „Jetzt ziehen wir in die Stadt hinauf und erobern sie!"

Wir hängen uns, wie gewohnt, unsere Taschen mit Geld und Papieren um und schließen die Schottbretter mit Schiebedach dicht. Hinauf geht's. Fast haben wir den Hafenausgang erreicht, da geschieht Verhängnisvolles: Peter eilt einige Schritte voraus, entnimmt der Tasche seinen Fotoapparat und dreht sich um: „Bleib mal stehen!"

Er macht knips und hat seinen unrasiert und knickebeinig einherlatschenden Bootsführer fürs Seealbum im Kasten. Um ein Haar den und sich selbst dazu, alle beide im Kasten. Aber nicht fürs Seealbum. Mehr für die Sicherheit des Hafens.

Der aus dem Boden geschossene, bewaffnete Uniformträger schreit: „Sie haben fotografiert! Folgen Sie mir!“ (Nordafrikanische Verhaftung II.)

Erst geht es zur Kommandantur. Die befindet: schwerer Fall, gehört vor die Sûreté. Mit bewaffnetem Geleit dorthin. Zwei Treppen hoch. Zwei Vorzimmer. Dann stehen wir gesenkten Hauptes vor dem Gewaltigen – ein großer, starker, schnauzbärtiger Hüne, aus dessen offenem Khakihemd viel schwarzer Krüll quillt. Der hat auch eine Stimme, daß die Fensterscheiben klirren. Ganz gewiß ist er ein Held der Revolution, der sein Geschäft versteht und alle faulen Tricks, einschließlich des 3. Grades, vollendet beherrscht.

Nach der Art, wie er sich aufführt, müßten Peter und ich den Hafen von Oran eben erst in die Luft gesprengt haben und auf frischer Tat ertappt worden sein. Immer wenn wir denken, nun beruhige er sich endlich, braust ein neuer vokaler Tornado, stärker als der vorhergehende, über uns hin. Dazu drischt er mit der flachen, schwarzbehaarten Hand unentwegt auf den Schreibtisch ein. Es ist sehr eindrucksvoll, uns nicht wohl, und wir befürchten schlimme Folgen. Doch ergeht es uns hier wie mit dem Unwetter vor der Küste. Plötzlich ist alles vorbei. Ein letztes Gebrüll, noch ein Schlag auf den Tisch, dann werden wir entlassen. In Ungnaden zwar, aber doch.

Nur keine Euphorie! Denn schon braut sich neues Unheil zusammen.

Meine Habseligkeiten verwahrte ich damals in einer vom Trödelmarkt stammenden Sanitätertasche aus dem letzten Krieg. Sie wurde mittels zweier Riemchen geschlossen, deren Öffnungen über die seitlich am Deckel befestigten Metallknubbel gezogen wurden. Praktisch und einfach. Das feste, unverwüstliche Rindleder hatte ich poliert: ein Schmuckstück.

Wir sehen, oben angelangt, einen großen Platz mit viel Betrieb. Hier treffen Oberstadt- und Hafenverkehr aufeinander. In einem Pavillon, in dem Zeitungen, Zigaretten, Postkarten verkauft werden, herrscht reger Kundenverkehr. Wir hin, kaufen jeder zehn Postkarten und halten Ausschau nach einem Plätzchen, um aller Welt zu verkünden, was wir geleistet haben und wo wir uns befinden. Alle Welt wird stutzen, wird das Bild betrachten, den Text lesen und endlich begreifen, was ihr bisher verborgen geblieben war: daß es sich bei uns beiden um ganz tolle Däuse handelt. Es ist dies das seit Olims Zeiten geübte und beliebte Verfahren, sich auf indirekte Weise dickzutun und den Neid der zu Hause Verbliebenen zu erregen.

Wir schreiten fröhlich fürbaß und suchen, vergeblich leider, eine Oase der Ruhe. Das Gewusel der Passanten um uns wird immer dichter. Mit welcher Antenne ich es wahrgenommen habe, weiß ich nicht. Ich fühle mich beobachtet, ja verfolgt. Habe ich den langen Kerl vor mir nicht schon am Kiosk gesehen? Und warum, als ich mich umdrehe, bleibt der andere hinter mir stehen und starrt angestrengt ins Schaufenster?

Schon sind wir mitten in einem wüsten Gedränge, in dem der lange Schelm vor mir einen anderen Spießgesellen jubelnd begrüßt, in die Arme schließt – und mich dabei anrempelt. Es hatte nichts geholfen, daß ich die Tasche vor dem Bauch getragen und eine Hand auf den Deckel gehalten hatte. Der vorneweg marschierende Peter dreht sich um: „Deine Tasche ist auf!"

Sie war es. Überflüssig zu erwähnen, daß sich das obenauf gelegene Portemonnaie auf magische Weise verflüchtigt hatte. Es darf vermutet werden, daß flinke schwarze Finger an dem Zauber beteiligt waren. Zwar war der wesentliche Teil der Reisekasse nun hin, einiges des Baren aber hatten wir an Bord versteckt. Da war es doch gut, daß wir in Arzew so reichlich gebunkert hatten. Und das Wichtigste: Die langen Griffel der fingerfertigen Halunken hatten nicht bis auf den Boden der Tasche gereicht, auf dem die Papiere lagen.

Peter, der nicht so poetisch und blumig wie der Phönizier redete, dessen knappe Anmerkungen aber immer den Punkt trafen, äußerte nur: „Selbst schuld. Mit deinen andauernden Räubergeschichten hast du Horuk und Cheireddin herbeigeredet."

Da mag was dran sein, nur war deren Format, das wissen wir, ein anderes. Wir aber erfüllten fortan die wesentlichen Voraussetzungen für den Eintritt in einen Mönchsorden von strenger Observanz. Für Armut hatten die Taschendiebe gesorgt, und mit dem Loswerfen der Leinen ergaben sich Sparsamkeit und Keuschheit von selbst. Die See, in die wir nun erneut keck hineinstachen, verzichtete diesmal auf das Zurückstechen.

Mit Hilfe von stetigen nordöstlichen Winden erreichten wir in knapp 30 Stunden die Gegenküste im Golf von Almeria und liefen dort mitten in eine Armada mit grellen Azetylenlampen Fische anlokkender Boote hinein. Wir beschlossen dann aber, auf eine Landung zu verzichten und ohne Aufenthalt zu unserer Boje unter dem San Antonio zurückzukehren. Das dauerte mehrere Tage, ohne Vorkommnisse, außer: Vor Cartagena rauschte es, und ein übendes U-Boot tauchte neben uns auf. Auf welche Distanz? Da passe ich. Mir erschien es zu nah.

Hier irgendwo fand auch das unser Tun für Jahre entscheidende Gespräch statt: „Findest du nicht, daß wir auf den Rückreisen zuviel Zeit vertrödeln?"

Das fand ich wohl auch. Nur, wie sollte es anders gehen?

„Könnte man nicht versuchen, das Boot am Ende der Reise zu belassen, wo es angekommen ist, und selbst nach Hause düsen?"

Blitzbursche der! Ei des Kolumbus. Von nun an hießen die Reisen nicht mehr nur so. Jetzt wurde auch der Bug nach Osten gerichtet. Auf die Stammlande: nach Phönizien!

Das 5. Kapitel

berichtet von der III. phönizischen Reise
und wie der weiße Schwan
seinen Namen bekam.
Noch ein Desperado wird vorgestellt:
Otto, der I. und Große.
In der punischen Totenstadt von Ibiza
begegnen wir reizendem Leben,
kreuzen die Insel auf dem Landweg und
gelangen heil zum Germanengrill.

... die mit ausgestrecktem
Zeigefinger zu fragen wagten:
„Was? Mit dem Vogel?"

War bisher die Rede von unserem knapp sieben Meter Länge messenden, aber viel Freude bescherenden Seegefährt, haben wir es zutreffend Boot genannt, liebevoller Kahn oder Galosch. Das war aber nicht abschätzig gemeint. Wie jene es taten, denen wir später an fernen Küsten begegneten und die mit ausgestrecktem Zeigefinger zu fragen wagten: „Was? Mit dem Vogel?“ Und Anstalten machten, sich zu bekreuzigen.

Als Mike von Michael hatten wir ihn übernommen. Mike war der Sohn vom Boß. Prächtiger Bursche. Aber jetzt waren wir mit Namensgebung gefordert. Da hatte der große Manager eine zündende Idee, jener, der seinen neuen Kahn auf der Jungfernfahrt vor Pujols in die Felsen gesteuert hatte. „Du hast doch“, tastete er sich vor, „eine knakkige, kühn segelnde Tochter?“

„In der Tat“, pflichtete ich bei, „die Frucht meiner Lenden ist wohlgeraten. Ein wackeres Kind.“

„Wenn“, fuhr er fort, „die Perle unter den Jungfrauen nun einen kurzen Namen oder Spitznamen hätte, dann...“

„Was?“

„Dann brauchtest du hinter den jetzt vorhandenen Namen nur einen Gedankenstrich zu kleben und den Namen der Maid anzufügen. Doppelnamen sind schick und kommen in Mode. Die Buchstaben kannst du wohlfeil erwerben.“

Da klappte ich meinen vor Staunen offenen Mund zu, denn so zusammenhängend und klug hatte ich den Menschen noch nie reden hören. Bei der Gelegenheit erwies sich, wie irrig die Auffassung der Kinder ist, Manager seien üble Profitgeier und zu nichts anderem als nur zur Ergebnismaximierung und schonungslosen Ausbeutung zu gebrauchen. Die können doch mehr.

„Tolle Idee!“ rief ich aus. „So wird es gemacht. Name gut. Tradition gewahrt.“

Als die Seetochter noch klein und etwas pummelig war, hänselten die bösen Geschwister sie so lange mit „Dickedull, Dickedull“, bis ihr der Geduldsfaden riß. Dann kratzte, biß und spuckte sie. Darauf strichen die geschwisterlichen Unholde wohlweislich die erste Silbe. Die zweite blieb kleben und haftet bis heute.

Wir beugten uns übers Heck, zogen die Folie von den Lettern, klebten die, so gerade wir konnten, drauf, betrachteten das Werk, wünschten dem Boot gute Fahrt, nahmen einen zur Brust und waren mit Mike-Dull zufrieden.

Als Seefahrer und Vagant habe ich dem vorzüglichen spanischen Bühnendichter Lope de Vega viel zu verdanken. Er ist der Schöpfer jener Figur, deren Verhalten in Not und Gefahr mir ein Vorbild gewesen ist, des „Ritters vom Mirakel". Als Peter mich hatte wissen lassen, er könne an der nächsten Reise nicht teilnehmen, und kurzfristig absagte, stand ich allein da. Kein Grund zur Panik. Lopes Hidalgo klatschte auch nur in die Hände. Schon mirakelte es.

Bei mir auch. Ohne Klatschen. Auf der Bühne der See steigt in das Requisit Boot Otto ein. Der I., denn später kam ein zweiter hinzu. Just als ein Mann fehlte, äußerte er leichtsinnig: „Ich möchte auch mal mitfahren."

„Das nenne ich ein gutes Wort", sprach ich. „Pack deine Siebensachen. Wir fahren gleich los."

Als Otto dann auf dem Kai stand und hinunter auf den Kahn blickte, der ihn über das Meer tragen sollte, schienen ihn Zweifel zu befallen: „Findest du nicht, daß er etwas klein aussieht?"

„Das finde ich überhaupt nicht. Du sollst mit deinen platten Füßen ja auch nicht auf ihm herumtanzen, sondern still auf deinem Hintern sitzen und die schöne Welt betrachten. Dafür reicht es."

Einem wie ihm muß allerdings zugebilligt werden, daß es ein großer Schritt war, den er getan hatte. Nach unten. Von den lichten Höhen, wo Wohlleben und Sicherheit war, hinab in die dunkle Enge des Bauches eines Bootes, das einem nicht näher bestimmten Ziel entgegenschaukelte und mit dem man das Schicksal herausforderte.

Wer Staudämme baut und jahrelang die auskömmlichen Spesen seiner Firma in Hotels der Luxusklasse verpraßt, der darf schon mal zusammenzucken, wenn er der MIKE-DULL ansichtig wird.

Da hört man mitunter von Schiffsführern, die so unkeusche Fragen an ihre Crew-Aspiranten richten wie: „Welche Scheine hast du? Auf welchen Booten bist du wie lange gefahren?" Und dann stechen sie den bereits vollkommen Verunsicherten kalt ab: „Und welche Knoten beherrschst du?"

Der Anwärter steht still auf, fummelt in der Garderobe unter all den Prinz-Heinrich-Mützen und Elbseglern seinen Hut hervor und geht. Und mit ihm geht vielleicht ein begnadetes Talent der Seefahrt verloren.

Anders bei uns. Wir nehmen uns der Talente an. Unser Fragenkatalog ist kurz und entstammt zwei Bereichen: 1. dem philosophischen, 2. dem gastronomischen. Die Fragen lauten: Bist du Fatalist genug, dich diesem Boot und seiner Führung anzuvertrauen? Ißt du Knoblauch?

Werden beide Fragen, ohne Wenn und Aber, aus reinem Herzen mit Ja beantwortet, hat der Bewerber die Bedingungen erfüllt. Dann kann er den Seesack ins Vorschiff, sich in die Koje und dem Walten des unerforschlichen Schicksals in die geöffneten Arme werfen. Vor solchen Leuten muß man den Hut ziehen und nicht lachen, wenn sie nach dem Großfall greifen und fragen: „Welcher Strick ist das?“

Von dem Kaliber waren die Kerle, die ganzen, mit denen wir uns umgaben. Otto war so einer. Überdies war er der erste sehr feine und verwöhnte Herr, der uns an Bord geriet. Später gesellten sich noch andere solchen Kalibers zu uns.

Otto hatte die Fragen beantwortet, die Prüfung bestanden. Jetzt saß er in seinem neuen Ölzeug im Boot, und wir wackelten munter der Hippie-Insel Ibiza entgegen.

Schon bläst es wieder. Ganz gewiß nicht so wie vor Algerien, aber doch so stark, daß sich die Plicht hin und wieder mit Wasser anfüllt. In dem steht nun mein feiner Otto, mit den weißen Strümpfen in den teuren Seeschuhen. Und tritt im Wasser herum.

Schon sehen wir an Backbord die Lichter des Flughafens, da wendet sich Otto I. mit der vergleichsweise einfachen Frage an die Bootsführung, wie er denn nun sein Wasser abschlagen solle. Denn die Hände benötige er, mit der gleichen Stufe der Dringlichkeit, um sich an Bord festzukrallen.

Es gibt Fälle, in denen guter Rat alles andere als teuer ist. „Du bist“, sprach nach einigem Nachdenken der Schiffer, „ein freier Seefahrer auf einem frei im Meer schwimmenden Boot. Als solchem, mein Freund, steht dir ganz nach Belieben die Wahl des Hosenbeines zu, durch welches du dein Leibwasser ablaufen läßt. Dafür scheint mir das rechte so gut wie das linke geeignet. Es wird, steht zu vermuten, sich mit der Brühe vermischen, in der wir waten. Nach einer Weile wird es durch die Lenzlöcher abziehen und sich draußen mit Neptuns wild wogendem Element verbinden.“

Kaum war der Fall geregelt, meinte mein neuer Offizier ein anderes Leid anmelden zu müssen. Das aber war nicht von so unmittelbarer Dringlichkeit wie das erste.

„Ich bekomme bestimmt eine Lungenentzündung!“ ließ er mich wissen.

„Nicht, wenn du dein Fußbad weiter auf Temperatur hältst.“

Als dann aber der Wind noch etwas zulegte und das Gehopse in der Flachwasserzone vor der Durchfahrt noch nasser wurde, weil wir am Wind liefen, mußte etwas geschehen. Wir drehten nach Süden ab, verließen damit das nasse Kopfsteinpflaster und durften uns bald der Deckung der Insel erfreuen. Wir liefen um sie herum, und als am Morgen die Sonne uns trocknete, war von der Lungenentzündung nicht mehr die Rede. Überhaupt war alles nur halb so wild gewesen. Das ist immer so. Wenn es finster ist, heult der Wind lauter, und der Seegang ist höher. Nach solchen Nächten in einen richtigen Hafen zu laufen, sich dort erholen zu können und das Gefühl der Aufgehobenheit zu genießen, gehört zu den angenehmen Seiten des Unternehmens.

Die Kleidung trocknete schnell. Am frühen Nachmittag legten wir in Ibizas altem Fischerhafen an. Da fühlten wir uns zu Hause.

In der Stadt sucht sich der inzwischen wieder fröhlich gewordene Seefahrer ein Fischlokal und läßt sich Gambas, Calamares und Schwertfisch kommen. Spült das alles mit preiswertem, sehr gutem Vino de Mesa hinunter und ist mit sich und der Welt zufrieden. Der Wechsel von Konzentration und Anspannung zu Ruhe und Gelassenheit, zu Freude und Genuß macht den Reiz des ersten Landganges aus und verleiht dem Essen Festcharakter.

Insel und Stadt Ibiza sind nicht nur für Blumenkinder schön. Der eigene Lebensstil der Stadt – Ausstieg, Kunst und Daseinsfreude, vermischt mit Dekadenz – hat ihr viele treue Freunde aus den Nationen Europas vermittelt. Ibiza hat was.

Aber außer dem oft genug gemalten Stadtbild und anderem Bekannten ist da auch noch der Puig des Molins, der Windmühlenberg. In das Massiv aus Kalkstein haben punische Ibizenker rechteckige Grabkammern geschlagen. Da haben sie vor rund zweieinhalbtausend Jahren ihre Toten bestattet. Was wir heute in den beiden Museen besichtigen können, stammt größtenteils aus der Nekropole. Schalen, Tonfiguren, Schmuck, Amulette sind solche Stücke, die den hier wie überall fleißig grabenden Räubern entgangen sind oder wegen des geringen Materialwertes verschmäht wurden.

Nachdem die Seehelden gut geruht und gefrühstückt hatten und sich beim neuen Partner auch nicht die geringsten Anzeichen einer Lungenentzündung bemerkbar machen wollten, brachen wir auf. Wir fühlten uns stark genug für die Begegnung mit der punischen Unterwelt, wo der Wissensdurst in bezug auf Grabkammern befriedigt werden sollte. Wir stiegen also hinab, strichen durch die Gänge mit den dunklen karthagischen Gräbern und steckten die Nasen in die leeren, muffig riechenden Sarkophage.

Doch was geschah nun? Da wurde es in der Stätte von Tod und Moder auf einmal licht und freundlich. Nicht, daß uns etwa ein Licht aufgegangen wäre. Nein, es fiel unvermittelt auf uns, indem es zierlichen Fußes und kleinen Schrittes über die ebenfalls nur wenig erhellten Steinstufen zu uns Dunkelmännern herabgestiegen kam. Doch reichte das geringe Licht aus, um zu sehen: Die dritte anwesende punisch-nekropolisch-archäologisch interessierte Person war ein angenehm anzuschauendes Persönchen. Das Kind war jung, duftete nach Chanel oder ähnlich gutem Teuren und hieß Gabriela.

Oho!

Im Angesicht des Todes braucht der Mensch nichts so sehr wie die Wärme eines anderen. Und wenn es sich auch nur um die seiner Stimme handelt. Vor den mahnenden Zeugen der Vergänglichkeit heißt es den Augenblick fliehenden Glanzes zu halten.

Das gelang uns, indem wir ein Auto mieteten und das Licht Gabriela aufforderten, uns auf der geplanten Inselrundfahrt zu leuchten. Die Dame hatte für den Tag wohl noch kein festes Programm gemacht. Jedenfalls waren wir wenig später auf der Insel unterwegs. Hierhin. Dahin. Dorthin. Zum Touristengewimmel des von Appartementhäusern überwucherten San Antonio zog es uns nicht. Doch die Gehöfte und Waldstücke, die wir dann von der gewundenen, über Santa Ines und San Miguel zur gleichnamigen Hafenbucht führenden Straße aus sahen, hatten sich noch etwas von der einstigen Ursprünglichkeit bewahrt. Erinnerungsfotos in der Bucht, vor Booten mit blätternder Farbe und nach Fischen riechenden, zum Trocknen aufgehängten Netzen.

Als die Sonne untergeht, sitzen wir auf einer Terrasse, von der wir auf Isla de Tagomago schauen. Ein bißchen auch ins Glas. Und natürlich auf Gabriela, die den Schalk im Nacken und eine flinke Zunge hat. Die Vermutung, daß bei ihr auch das Herz auf dem rechten Fleck sitzt, würde man gern durch Inaugenscheinnahme des äußeren Umfeldes bestätigt sehen. Das geht aber leider nicht.

Nicht zu glauben, wie aufgekratzt zwei alte Teufel sein können, fahren sie einen jungen Engel wie diesen an einem Sonnentag auf Ibiza spazieren. Oder liegt es wirklich auch an dem besonderen Klima der Insel?

Wir sitzen auf der menschenleeren Terrasse, erzählen, scherzen und albern und sehen zu, wie die Nacht den schwarzen Sack über Tagomago stülpt. Wo das Feuer herüberblinzelt, bleibt er offen.

Die Stimmung steigt. Ein Wort gibt das andere. Nach dem zweiten Brandy raspeln die alten Strolche nicht nur Süßholz. Sie machen auch konstruktive Vorschläge und gehen zum Shanghaien über: „Also, Gabriela, die Stellung des Schiffskochs ist seit langem vakant. Der Laden verkommt, wir auch. Sehen Sie uns an."

„Das könnte zutreffen. Ich habe auf Ibiza schon gepflegtere Bärte gesehen. Und weiter?"

„Ja, weiter kann es nur so gehen: Sie heuern an, bekommen eine blaue Uniform mit drei Ärmelstreifen und fünf Sternen auf jeder Schulter, beziehen die Luxuskabine im Vorschiff und werden unser Kapitän."

„Sehr ehrenvoll, aber ich dachte, ich sollte kochen. Oder nicht?"

„Na ja, ein bißchen wohl auch. Sehen Sie, auf unserem Dampfer sind die Aufgaben von Brücke und Kombüse verzahnt."

„Verzahnt? Wie?"

„Auf die natürlichste Weise: Einer macht beides. Rührt er im Topf, trägt er die Kochmütze. Schiebt er das Luk zurück und ruft: ‚Wahrschau!', setzt er den Dreispitz auf."

„Verstehe ich nicht. Wie kommt das Boot nach Polen?"

Und so weiter. Als wir den in der Nekropole über uns gekommenen Glanz schließlich wieder heil in der Stadt hatten und uns vor ihrer Pension verabschiedeten, sagte sie, sie wolle sich den Fall genau überlegen. Entscheidungen von solcher Tragweite pflege sie nicht aus dem Handgelenk zu treffen.

Dieses jedoch verwendete sie, dezent zwar, dennoch bestimmt, als der Schmerz des Abschieds durch einen Kuß gelindert werden sollte. Auf die Weise erfuhren wir, daß wir eine unmittelbar vor der Verehelichung stehende Braut zum Passagier gehabt hatten. Dem betreffenden Herrn Gemahl noch heute Ottos und meine Glückwünsche.

Wir, Otto und ich, legten ab. Verläßt man Ibiza am Nachmittag, sieht man, wenn der Wind die Segel füllt, in der Nacht bereits die Lichterkette Palmas oder ihren Widerschein in den Wolken. Doch das teure Palma mit den Super-Marinas ließen wir links liegen und hielten mehr auf die Mitte der Südküste zu. Wir kamen auch richtig irgendwo bei Cabo Blanco heraus, rutschten an der Küste entlang nach Osten und entschieden uns für Puerto de Campos.

Wir machten fest, klarschiff, Aufnahmen vom Boot und uns davon. Es war so viel Zeit, Otto ein seiner würdiges Lokal zu zeigen. Wir schlenderten die Prachtstraße hinunter, wo die in der Bucht ankernden Schiffe und Yachten sich in den Fenstern der Riesenhotels spiegelten, und landeten bald im Club de Mar. Wir setzten unsere hochmütigsten Mienen auf, strichen am Portier vorbei, warfen uns in die Fauteuils und bestellten, was weiter oben auf der Speisekarte stand. Das hier schien meinem verwöhnten Gefährten zu gefallen. Wein perlte, Ober flitzten. Der Fisch war frisch und vorzüglich.

Als Kaffee und Brandy dem Prachtgebäude unseres Mahls die letzte Giebelverzierung anfügten, machte der sonst stets über die Maßen beredte Otto eine einsilbige Bemerkung: „Ah!"

„Na", wollte ich es bestätigt haben, „war das gut?"

„Ja", antwortete mein Fahrensmann, „so macht die Seefahrt Freude."

Puerto de Campos hatten wir zur Station bestimmt, wo man die müden Pferde gegen frische auswechselt. Wie zu Postkutschenzeiten. Mit Peter Michael war vereinbart worden, wir würden ihm angeben, wo wir das Boot gelassen haben. Dort wollte er es dann, an die sechs bis acht Wochen später, mit seiner Frau abholen und es nach Menorca segeln. Den hier gefundenen Liegeplatz sollte er dann wieder mir angeben. Weitere Entscheidungen sollten später getroffen werden.

Der Schwachpunkt des Plans bestand darin, daß das vor Heckanker und Bugleinen in Campos verbleibende Boot fast zwei Monate unbewacht in einem frei zugänglichen Hafen zurückblieb. Es passierte aber nichts. Nachher erzählte Peter, das Wetter sei gut und die Fahrt ein Traum gewesen. Er belegte das mit einer großen Zahl bunter Bilder, die seine Frau und das Boot in Menorcas Felsenbuchten zeigten. Auch einen gelungenen Super-8-Film hatte er mitgebracht. Der zeigte die Süd- und die Ostküste und den von allen hier operierenden Kriegsflotten seit dem Altertum begehrten Naturhafen Mahón. Am Ende der Reise legten sie das Boot in der Bucht von Fornells an einen Steg. Da hatte noch niemand ahnen können, daß dies Peters letzte Reise auf der Mike-Dull gewesen sein sollte. Kurz danach brach er während einer Dienstbesprechung zusammen. Er wurde gleich an einem Gehirntumor operiert und verstarb ein Jahr darauf, keine 40 Jahre alt.

Seinesgleichen ward dann auch an Bord nicht mehr gesichtet. Noch Jahre später hing ein scheinbar nutzloses, armlanges Bändsel aus orangefarbenem, zerfasertem Kunststoff vom Achterstag. Wollte sich einer der späteren Mitfahrer daran vergreifen, wurde es verwehrt. Das hatte Peter in Algerien dort angebracht, um die Pinne zu sichern, wenn der Motorschacht geöffnet wurde. Daß er später auch ohne das Bändsel unsere Fahrten noch immer begleitet hat, versteht sich.

Im 6. Kapitel

gesellt sich noch ein Verwegener
der schon stattlichen Zahl der auf der
MIKE-DULL dienenden Tollkühnen hinzu.
Mit Horst beginnt die IV. phönizische Reise.
Sie führt über das große Wasser nach Sardinien.
Von dort nach Afrika,
wo die Besatzung in Karthago aus den
Bädern des Antonius geworfen wird.

Auch die Gefährten des Odysseus
hätten von den Sirenen ein
Lied singen können....

Die Bucht von Fornells ist ausgedehnt. Bläst es hart aus Nordost, kann es leicht geschehen, daß ein Boot gegen den Steg geschlagen wird und havariert. Als wir noch in demselben Sommer mit Horst eintrafen, war das gerade passiert.

Horst war auch eine Type besonderer Art. Gutmütig, hilfsbereit und erstaunlich risikofreudig, wenn man an seinen Beruf dachte. Er war Jurist. Dazu aber eine Frohnatur, die vom Wohlleben gezeichnet war. Gebildet, belesen, musikalisch. Alter Lateiner. Horst hatte bsondere Freude an allem Kartenmaterial und bezeichnete sich als „Kartenfetischisten". In Kreisen der Gesellschaft verstand er es vorzüglich, den Damen schöne Augen und vollmundige Komplimente zu machen.

Wir kannten uns vom Tennis und meinten, uns verstanden zu haben. Auch er hatte beide Examensfragen mit Ja beantwortet. Daß er, im Gegensatz zu seinen Vorgängern, zwei linke Hände hatte, was das Praktische betraf, machte er durch emsige Bemühung wett.

Wir standen beide auf dem Steg in Fornells und starrten ungläubig und mit ernsten Mienen aufs Boot. „Mannomann!" rief der Neue aus, „Bugkorb hin, Scheuerleiste weg, Rollfockeinrichtung zerdötscht! Das fängt ja gut an!"

So war es. Auch lief der Motor nicht mehr. Wir hatten vor dem Start also noch einiges zu tun und fingen gleich mit Reparieren an. Wir fanden sogar nach längeren Fußmärschen im Dorf einen Mechaniker, der sich unseres Honda annehmen wollte. Der Mann brachte den Motor halbwegs wieder zum Tuckern. Unterdessen hatten wir genug mit der Trümmerräumung am Bug zu tun.

Als wir meinten, den Zustand der Seeklarheit erreicht zu haben, warfen wir die Leinen los. Nun waren wir wirklich nach Sardinien unterwegs. Ganz schön verwegen. Wenn wir auf die Karte blickten, wogte da mächtig viel Wasser zwischen uns und den Sarden.

Wir hatten uns drei Tage für die Überfahrt errechnet, wenn alles gutging und wir weder zuviel noch zuwenig Wind bekommen sollten. Zunächst geschah letzteres. Das hauchte nur, säuselte dann und blieb schließlich ganz weg. So geht das hier zu. See wie Öl. Warten. Nachdem wir uns bis zum Abend in Geduld geübt hatten, war, zack!, plötzlich wieder Wind da. Er briste auf, aber nicht bösartig, und schob uns flott vor sich her.

Wir fingen an zu rechnen und Distanzen abzusetzen. Wir wollten nach Oristano. Das liegt schön in der Mitte des gleichnamigen Golfes und der Insel. Dem Vorbeilaufen erst gar keine Chance. Bereits beim

Passieren der gezackten Felsen der Ausfahrt hatte sich die Schiffsführung mit inniger Fürbitte an den mächtigen Hüter des Windbeutels gewandt: „Sei kein Frosch und laß deine üblen Scherze. Behalte vor allem deinen blöden Mistral im Sack.“

Von dem hatten wir genug Schlimmes gehört und gelesen. Auch waren uns selbst einige Proben der harmloseren Sorte um die Ohren geweht. Legt der Mistral erst richtig los, hört jeder Spaß auf, und man kämpft ums Überleben. Im Handbuch hatten wir uns die Hauptrichtung unseres möglichen Feindes genau angesehen. Sie krümmt sich vor Afrika wie ein Hockeyschläger nach Osten weg. Begreiflich, daß wir eine leichte Gänsehaut bekamen, wenn es aufbriste: Würde sich das noch steigern oder nicht?

Die erste Nacht brach herein. Wir machten flotte Fahrt. Jeder verzehrte seine Butterbrote. Verteilung der Wachen. Sportsfreund Horst, auch er Rom-hörig und mit der Poesie der Dichter Horaz und Ovid vertraut, verstand meinen Hinweis: „Du übst jetzt nicht das ius primae noctis, vielmehr primae vigiliae noctis aus. Hier ist die Thermosflasche mit heißem Kaffee, damit deine Klüsen offenbleiben. Hier ist die Stableuchte. Sollte was los sein, weckst du mich.“

So sprach der Kapitän den abendlichen Segen.

Dann machte ich mich auf den nur kurzen Weg zur Koje, ein Augenblick, auf den mein neuer Hochseefahrer gewartet hatte, um eines seiner zahllosen gefiederten Worte zu sprechen. Dies war nun eines, an das ich bis zum Ende meiner Tage werde denken müssen. Er sprach: „Du kannst mich doch hier nicht einfach so sitzen lassen!“

Nun war es an mir, den Mund zu öffnen. Geraume Weile blieb er offen, denn ich dachte nach. Was soll man dazu sagen? Nichts, natürlich. Aber das wäre falsch gewesen. Denn manchmal braucht auch die Seele einer rauhen Teerjacke ein paar Streicheleinheiten, wenn es Nacht und stockdunkel wird, man nichts mehr sieht, auch die Phosphornadel auf dem Kompaß nicht, und der Wind einem die Haube der Öljacke über die Augen schiebt.

Eigentlich war gar nichts Besonderes los. Es schaukelte ein wenig, spritzte auch schon mal. Aber: Everything under control. Trotzdem wandte ich mich an Horst, dem seine erste Seenacht bevorstand: „Zwar gehe ich jetzt schlafen, doch kehre ich alle zehn Minuten zurück, um dein kleines Patschhändchen zu streicheln.“

Ich nahm ein längeres Ende und tat das, was Jurist Horst mit seinen Mandanten zu tun pflegte: Ich wickelte ihn fest ein, daß er nur noch die Arme für die Pinne frei hatte. Dann verband ich das entstandene Paket mit Kopfschlägen fest mit den vier verfügbaren Klampen. So mußte sich jeder Versuch, in meiner Abwesenheit an Bord herumzuhüpfen, selbst im Keim ersticken. Ich habe dann tief und traumlos geschlafen. Derweil hatte mein Steuermann die Zeit sinnvoll genutzt und war ein Seemann geworden.

Wir zuckelten dahin, hatten uns bald eingespielt und aneinander gewöhnt. Wo nichts ablenkt und die Aufgabe verbindet, da geht das rasch. Wir hatten uns auch viel zu erzählen.

So konnte mein Partner gar nicht genug davon berichten, was er alles gehört haben wollte, als wir die eine Nacht bis zum Weiterflug nach Menorca in einem schon kaum mehr als zweifelhaft zu bezeichnenden Haus in Palma verbrachten. Das muß weniger ein Hotel als ein Etablissement gewesen sein. Ein solches, wo in der guten alten Zeit, als noch Zucht und Ordnung herrschten, eine davorhängende rote Laterne etwa aufkommende Zweifel über dessen Bestimmung zerstreute.

Als ich nämlich dem Taxifahrer am Flughafen unser Problem der fehlenden Unterkunft schilderte, hatte der, ein ruppiger Vertreter des für seine Ehrlichkeit und Hilfsbereitschaft sonst überall zu Recht gepriesenen Gewerbes, nur geantwortet: „Tengo mi propres problemas!" und uns stehenlassen. Endlich hatte der Kutscher einer Pferdedroschke gemeint, er hätte da wohl eine Adresse. Die war dann auch danach.

„Joi!" erzählte Horst, „die haben da mit ich weiß nicht wie vielen Mädchen Fangen gespielt. War das ein Laufen, Hopsen und Kreischen! Die müssen von den Kavalieren gekniffen worden sein. Jedenfalls haben sie dann gejauchzt, gequietscht und gegiekst. Und was dann noch alles in den Nebenzimmern los war – ich kann dir was erzählen."

„Was war denn los? Tu nicht so geheimnisvoll."

Es folgten längere Ausführungen, die beim Neuen auf rein wissenschaftliches Interesse an den dortigen Vorgängen, ein hohes Maß an Sensibilität und ein weit über dem Durchschnitt liegendes akustisches und seismographisches Wahrnehmungsvermögen schließen ließen. Einen der Höhepunkte der Reise hatte ich mal wieder glatt verschlafen. So geht das, hat man Wachs in den Ohren. Eine alte Übung in dieser Gegend. Auch die Gefährten des Odysseus hätten von den Sirenen ein Lied singen können. Aber die durften nicht. Ich hätte gedurft, konnte aber nicht wissen. Er, sagte Horst, habe die ganze Nacht kein Auge zugetan. Dafür war er, im Gegensatz zu mir, wissend geworden.

Es war am zweiten oder auch dritten Tag, da hatten wir ein Erlebnis, an das ich noch heute mit großem Vergnügen zurückdenke. Zu zweit auf so einem Bötchen, teilt man sich Wahrnehmungen mit und bespricht sie mit dem Partner. Ich zupfte Horst am Ärmel, wies weit über den Bug nach vorn und rief: „Na, da haben wir es ja bald geschafft!"

Angestrengt blickte der Angesprochene in die angegebene Richtung, wandte sich mir zu: „Wieso?"

„Das Gebirge, da hinten, ist doch deutlich zu sehen! Noch weit weg, aber ganz klar zu sehen!"

„Welches Gebirge?"

Das waren die Nachwirkungen seiner akustischen Lustnacht. Er sah nichts. Ich aber konnte ihm, so wahr ich auf dem Boot neben ihm hockte und mich vor Sardinien befand, den Verlauf der Bergkette und jede ihrer Einzelheiten genau beschreiben.

Nun gab er sich mehr Mühe, riß die Augen weit auf: „Richtig! Jetzt sehe ich es auch!"

Beim heiligen Melkart! Seefahrer gibt es, denen muß man alles dreimal zeigen und fünfmal erklären, sonst nehmen sie überhaupt nichts wahr.

Es war natürlich nichts dagewesen. Das heißt: zu sehen schon, nur dort nicht vorhanden, wo wir es gesehen hatten. Wir waren dem aufgesessen, was im Handbuch ausführlich als Luftspiegelung oder „superior mirage" behandelt wird. Eine Erscheinung, die auftreten kann, wenn warme Luftschichten von unten abgekühlt werden und dann den Horizont anheben. Weit entfernte, normalerweise unter der Kimm liegende Objekte werden sichtbar. Genau das war hier geschehen.

Als wir dann aber lange genug auf die Erscheinung zugelaufen waren und sie ja nun immer deutlicher hätte hervortreten müssen, geschah das Gegenteil: Sie löste sich auf und verschwand.

„Serab", weiß dazu das Handbuch, sagen die Araber Libyens. „Selah", sagen wir. Und verabschieden uns von der Fata Morgana der See.

Als Horst in der dritten Nacht die Wache übernahm, schärfte ich ihm ein, unter allen Umständen – und was immer er auch sehen möge

– den festgelegten Kurs beizubehalten. Schließlich will man ja nach all dem Malen in der Karte und nach glücklicher Landung wissen, ob man das Ziel getroffen hat oder nicht. Und wenn nicht, weshalb nicht. Hinterher ist nichts zu rekonstruieren, wenn jeder nach Lust und Laune in der Gegend herumkutschiert.

Als ich zur zweiten Wache herauskroch, hätte ich Horst den Hals umdrehen können. Doch lehrt uns die Lebenserfahrung, daß Juristen immer alles besser wissen. Der nun auch.

Er hatte ein Feuer gesehen. Das hatte bei ihm einen solchen Rausch der Freude und Erleichterung ausgelöst, daß er den alten Kurs verlassen hatte und stracks drauf zugelaufen war. Käse so was! Das x-malige Anlegen des Kursdreiecks, Notizen im Logbuch, alles für die Katz. Na, nicht ganz. Man kann ja rückrechnen. Mit angemessener Freundlichkeit wurde der Kurs-Sünder über die mißlichen Folgen seines Tuns belehrt und die alte Richtung wieder eingeschlagen.

Irgendwann liefen wir wieder auf ein Feuer zu. Der Weisung des klugen Kaisers Augustus folgend, „festina lente", was dem deutschen „Eile mit Weile" entsprechen dürfte, tasteten wir uns an die pechschwarz aus der Nacht herauswachsende Küste heran. War das ein Gefühl! Wir erblickten haargenau in Fahrtrichtung einen im Schein des Mondes wildromantisch auf hohem Felsen stehenden Turm. Dem näherten wir uns mit aller Vorsicht. Als wir ihn wohl auf zwei Fadenlängen vor der Nase hatten und das Ufer vor uns gen Himmel steilte, glaubten wir rechts von ihm eine sich nach innen, also landeinwärts hinziehende Mole zu entdecken. Sachte liefen wir auf sie zu.

Unsere Freude war nicht zu beschreiben, als wir am Molenende die Einfahrt zu einem kleinen Fischerhafen entdeckten. Wir hatten es geschafft! Vor unseren Augen lagen da, von Mond und Sternen ausreichend beleuchtet und von Kastell und Mole geschützt, wohl zwei Dutzend größere und kleinere Boote an ihren Bojen. Wir liefen mitten zwischen sie, feuerten den Anker über Bord und waren angekommen. Hier waren wir in Sicherheit.

Welches war denn nun der gastliche kleine Hafen, der das Boot gegen drei Uhr morgens so freundlich empfangen hatte? Er hieß Bosa Marina und sah am Tage um nichts schlechter aus als in der Nacht, wenn auch das Kastell im Mondschein und dessen mattem Silber auf dem Wasser in der Dunkelheit von stärkerer Wirkung gewesen war.

Bosa Marina also. Fischerhafen, Familienbadeort mit langem Sandstrand und etwas oberhalb der Mitte der sardischen Westküste gelegen, grob 20 Seemeilen nördlich Oristano, wo wir ursprünglich hinwollten. Die Versetzung war die Summe aus Strömung, falscher Schätzung der Geschwindigkeit und, versteht sich, den skurrilen Irr- und Lustfahrten, zu denen das rechtskundige Mitglied der Crew neigte, kaum daß es sich der wachsamen Beobachtung der Bootsführung entzogen hatte.

Wer einen italienischen Familienbadeort in der Zeit der Sommerferien noch nicht erlebt hat, der hat viel versäumt. Das ist so laut, quirlig, bunt, ungehemmt und von Leben strotzend, daß man sich nur ein schattiges Plätzchen unter dem Strohdach zu sichern braucht, um für den Rest des Tages an der ohne Pausen aufgeführten Vorstellung der opera buffa familiara italiana di mare teilzunehmen. Eine Vorstellung mit Musik, die den ohnehin vorhandenen Lärm noch aus drei Lautsprechern ergänzt und das anschwellende und abebbende Kreischen, Schwatzen, Rufen und Singen eindrucksvoll untermalt.

Hin und wieder schritt eine besonders kurvenreiche Schöne zum Wasser. Wenn sie sich nach dem Bad unter kunstvollen Verschlingungen der ansehnlichen Arme und Beine und Jonglieren mit Tüchern und Dessous des nassen Badezeugs zu entledigen suchte, um sich in Flatterig-Sommerliches zu hüllen, hörten die Männer im Umkreis von 30 bis 40 Metern auf zu singen oder mit den Kindern Ball zu spielen. Dann hatten sie Besseres zu tun und rissen die Augen auf. Dafür hatten wir mit unseren Biergläsern im Schatten viel Verständnis, obwohl wir doch weit gereist und abgeklärt waren und auch schon viel gesehen hatten.

Die Zeit in Bosa Marina verging wie im Fluge. Gleich hieß es wieder, an Proviant und Getränke zu denken. Das alles mußte in mühsamen Fußmärschen und in glühender Hitze herangeschleppt werden. Wir lösten die Leinen und schaukelten südwärts zum Felsen der Bauchschmerzen. Der heißt wirklich „Mal de Ventre". Ein leichter Nordwestwind gab dem Boot die für ein ruhiges Betrachten der Küste geeignete Geschwindigkeit. Wie immer, wenn wir die Küstenparade abnahmen, verschmähten wir Sherry Secco auch jetzt nicht. Bei jedem Hantieren mit der Flasche erinnerte Horst daran, der sei auch gut gegen Würmer.

Weil der Wind günstig, das Wetter gut war und das Boot so schön lief, konnten wir uns zu vernünftiger Zeit, am Spätnachmittag etwa, nicht entschließen, in eine der Buchten zu gehen und uns dort für die Nacht einzurichten.

Es wurde dunkel. Wir zogen weiter und rundeten dann, als der Mond gerade aufging und wir an die 40 Seemeilen gelaufen waren, die felsige Nase von Capo Pecora. Und siehe! Was war da und geschah? Da geschah Wunderbares. Die Mondgöttin Selene trat uns entgegen. Schon der Ithaker wußte genau, wann er die Götter auf seiner Seite oder die Unsterblichen gegen sich hatte. Das Empfinden dafür entwickelt sich in dieser Gegend überraschend schnell.

Der Mond war zum genau richtigen Zeitpunkt aufgegangen. Er stand nun auch an der einzig geeigneten Stelle am Himmel, um uns mühelos und ganz sicher auf seinem breit auf dem Wasser glänzenden Strahl bis dicht vor das Ufer im Scheitel der Bucht hinaufziehen zu lassen. Dort legten wir uns gemütlich vor Anker. Wir waren beide dankbar für diese uns im rechten Moment zuteil gewordene Himmelshilfe. Hafenfeuer, Beleuchtung, Scheinwerferhilfe und Segen! Alles auf einmal und nur für uns. Und da soll einer den alten Göttern die Ehrfurcht verweigern? Von der Einfahrt haben wir später noch oft gesprochen.

Als wir nach verdienter Ruhe morgens beim Kaffee saßen und Marmeladenbrote kauten, kam ein Italiener auf seinem schnellen Motorflitzer angebraust und legte sich längsseits: „Buon giorno, wollt ihr mit mir spazierenfahren?"

Der braungebrannte, blendend aussehende Signore wollte seinen zwei Stöpseln von Söhnen wohl zeigen, was für ein toller Bursche ihr Papi sei. Verwegene Abenteurer unseres Schlages lassen sich nicht bitten. Wir kletterten hinüber. Kaum saßen wir, schob der sardische Adonis die Hebel runter. Schon schoß die Rakete schäumend davon. Wir klammerten uns mit weißen Knöcheln irgendwo fest. Die Stöpsel duckten sich hinter die Windschutzscheibe.

Also, ich weiß nicht, woraus der Signore die höheren Wonnen gewinnt, wenn er mit Donnergetöse und auf die Wellen knallendem Bootsboden über das Wasser prescht. Alles Kinder. Reizender Kerl, aber ein Kind. Spielt mit der Geschwindigkeits- und Donnerkiste.

Na ja, keine vorschnellen Urteile. Denn wir auf dem Appelkahn spielen ein wenig die Odyssee nach. Große Philosophen haben sich eingehend mit dem Thema des spielenden Menschen befaßt. Dubium non est – es besteht kein Zweifel: Horst und ich sind homines ludentes, spielende Menschen.

Als wir zurückgekehrt sind und wieder atmen können, geben wir für alle eine Limonade aus. Schon aus Dankbarkeit, dem Ungeheuer von

Wasserfahrzeug lebendig entronnen zu sein. Und Signore wird die Freundlichkeit haben, die fälligen Telegramme nach Hause aufzugeben. Mille grazie.

Vor der Südwesthuk Sardiniens liegen zwei Inselchen: San Pietro und Sant' Antioco. Die erste hat einen alten und gut geschützten Hafen. Der heißt Carloforte. Das wird unser nächstes Nachtquartier. Wir landen zur richtigen Zeit – der abendliche Korso beginnt. Wir setzen uns unter die alten Platanen, trinken Wein und schauen zu. Für die Südländer kann man nicht Augen genug haben, ganz gleich, wo man hingeraten ist.

Wir stillen den Hunger mit frischem Gebäck und trinken einen kräftigen, aromatischen, aber zu warmen Wein dazu. Eine Viertelstunde später sind wir so entsetzlich blau, daß wir froh sind, beim Anbordgehen nicht in die Hafenjauche zu fallen.

Am Morgen sind Entscheidungen fällig. Wohin weiter? Die Frage zu beantworten, fällt nicht schwer. Reisen wir schon nach Art der Phönizier und Punier, dann suchen wir sie am besten auch gleich an ihren Stammsitzen auf. Da drüben, vielleicht nur zwei Tagesreisen entfernt, liegt Karthago. Mythisch und sagenumwoben. Stadt der Menschenopfer und Heimat des Hannibal aus dem Geschlecht der Barkas. Die Stadt, die Rom und Millionen späterer Gymnasiasten gar nicht zu schilderndes Kopfzerbrechen bereitet hat, die liegt nun vor uns. Ganz davon abgesehen, daß Tunis besser für den Rückflug ist als Carloforte. Wollen wir also? Keine Frage! Wir müssen!

War es nicht die ebenso schöne wie kluge Dido, die aus Phönizien gekommene Königin, die die Ochsenhaut in lange und ganz schmale Streifen geschnitten hatte, als die Ansässigen ihr so viel Land geben wollten, wie sie mit einer Haut umfassen konnte? Das erzählt jedenfalls die Sage.

In Wirklichkeit soll Karthago 814 v. Chr. von Tyrern gegründet worden sein, die von Assyrern aus ihrer Heimat verjagt worden waren. Da lag nichts näher, als einen ihrer Handelsplätze aufzuwerten und zur neuen Metropole zu machen. Ein Blick auf die Karte genügt, um zu erkennen, daß die ausgewanderten Tyrer sich den handelspolitisch günstigsten Platz der damaligen bekannten Welt ausgesucht hatten.

Quart-Hadascht, die „Neustadt“, wuchs schnell und wurde reich. Und sie wurde so stark, daß sie das stolze und über die beste Armee jener Zeit verfügende Rom fast in die Knie gezwungen hätte.

Während ich dies schreibe, blicke ich voll sentimentaler Rührung auf die sich an den Knickstellen auflösende und mit mancherlei Einzeichnungen, Kursen und Marginalien versehene Seekarte. Aus ihr entnehme ich, daß wir uns gegen neun Uhr abends auf Höhe der sardischen Kaps Teulada und Spartivento von Europa verabschiedeten.

Steuermann Horst, Kenner der Musik, wußte zu erläutern, daß das, was da so angenehm aus dem Kofferempfänger ans Ohr drang, ein Konzert Cimarosas war. Läuft das Boot beim Verlassen des alten Kontinents an einem milden Sommerabend an löcherigen Felsen vorbei ins offene Meer und wendet es den Bug nach Afrika, gibt es nichts Besseres als die Verbindung Cimarosa, Sherry und untergehende Sonne.

Wir benötigten fast drei Tage, um nach drüben und vor das Cap Blanc zu gelangen. Mangels Wind wurde das eine dümpelige Muckelfahrt. Die Lüftchen waren kaum spürbar und liefen dazu auch noch um.

In der letzten Nacht erblickten wir ein Feuer. Das war wohl Ras Enghela. Am Morgen standen wir vor der auch hier wieder recht hohen afrikanischen Küste. Als ein Fischer nah vorbeizog und ich hinüberrief: „Où est le Cap Blanc?“, da wollte sich Horst schier ausschütten vor Lachen. Dabei hatte ich einmal gelernt, den praktischen Wert von Auskünften eingeborener Fischer nicht gering zu schätzen. Die sind für einen verantwortungsbewußten Navigator oft wertvoller für die Standortbestimmung als die eigenen Künste. Zu dem Thema hat sich bereits Odysseus, das Ur- und Vorbild aller Herumtreiber auf See, wie folgt geäußert:

„Nichts ist nämlich für Menschen so schlimm
wie irrendes Schweifen.“
(XV, 343)

Der Fischer machte eine unbestimmte Handbewegung, die sowohl als der erbetene Hinweis als auch weniger schmeichelhaft gedeutet werden konnte. Bei dem Brocken, an dem wir gerade entlangrutschten, handelte es sich nämlich um Cap Blanc. Wir brauchten nur noch um die Ecke zu ziehen und waren schon in Anfahrt auf Bizerte begriffen. Was ich sage: Saubere Navigation ist mehr als das halbe Seeleben.

Wir liefen gerade an einem Strand mit kleinen Häusern entlang, da kam ein dunkler Jüngling angeschwommen, pustete ganz schrecklich und mußte sich dringend erholen. Schon saß er im Boot, erblickte die gerade angebrochene Rolle Kekse und aß sie ohne weitere Umstände auf. Die sollte noch für den Tag reichen. Für zwei. Dann hüpfte der Knabe über Bord und schwamm an Land.

„Siehst du", sagte ich, „Nordafrika hat uns wieder. Dies war sein erster Gruß. Gleich werden weitere folgen. So kenne und liebe ich es."

Dann kam die Bizerte-Einfahrt. Das hier war schon wieder ein Stück Afrika mehr als das, was wir in Algerien gesehen hatten. Minarette, reichlich Palmen und die Männer am Ufer in weißen, in der Seebrise wehenden Galabiahs.

An Steuerbord lag der Vorhafen. Dann kam so ein verfallen aussehendes Gebäude mit einem Steg davor. Das war, sollte sich bald herausstellen, der Club Nautique de Bizerte, den wir wegen seines wenig einladenden Äußeren aber zunächst verschmähten. Wir hatten auf der Karte gesehen, daß ein Kanal den Hafen mit dem etwa vier Seemeilen entfernten und vielleicht fünf Seemeilen langen wie breiten Lac de Bizerte verbindet.

„Aha", verständigten wir uns, „da erst werden die Sommervillen, die Clubs und die Häfen pour les bâteaux de plaisance sein." Denn Vergnügungsschiffe heißen hier Wassergefährte unserer Art.

Also hinein in den Kanal. Im Lac würden wir schon die passende Bleibe finden. Jetzt ging es ja darum, einen sicheren Liegeplatz zu suchen, denn nach der neuen Methode sollte das Boot hierbleiben, und wir würden von Tunis aus nach Hause düsen.

Wir durchfahren den Kanal und passen auf, daß uns die pausenlos verkehrenden Kettenfähren nicht erwischen. Hinein geht's in den Goulet du Lac. Das ist die Verbreiterung des Kanals zum See hin.

Wir sind noch nicht ganz im Lac drin, da fängt es an zu pfeifen. Ein Mistral-Ausläufer jagt uns mit mächtiger Bugwelle in einem Rutsch hinüber auf die andere Seite. Na, wenn der uns noch draußen und in der Nacht erwischt hätte, wäre das aber sehr ungemütlich geworden. Der Hafen auf der anderen Seite heißt Menzel Bourgiba. Daß an den anderen Ufern nichts zu machen war, hatten wir schon gesehen. Die sind flach, von Gärten, Plantagen und allerlei Vegetation bedeckt, aber sie sind keine Heimat für Boote.

Wir laufen ein, gehen rechts um die Ecke, wo uns die Pier am besten geeignet erscheint. Nicht ganz so geeignet für einen längeren Aufenthalt ist das über uns den tunesischen Himmel verdunkelnde Heck eines Frachters mittlerer Größe. Über ihm wehen Hammer und Sichel. Unter der Sowjet-Flagge lehnt ein Dutzend Genossen an der Reling und kommentiert sachverständig unser Anlegemanöver.

Das nicht geringe Handicap des Reisens mit Horst bestand darin, daß er von zu Hause strikte Weisung hatte, sich bei jeder Landberührung sofort und ohne Verzug telefonisch bei seiner Admiralität zu melden. Bei Allah und dem Barte des Propheten! Ähnliches an Zirkus hat ein Kapitän noch nie mit einem telefonierwütigen Besatzungsmitglied erlebt. Also wirklich!

Kaum hatten wir hier, in Menzel Bourgiba, die zwei Leinen irgendwo locker drübergeworfen, von Festmachen noch nicht zu reden, da hüpfte mein Begleiter mit seiner Edellederumhängetasche schon von Bord. „Nur mal eben telefonieren! Bin gleich zurück!“

Dann war er weg und blieb für die nächste Zeit verschollen. Man gewöhnt sich. Es hat eben jeder seine Eigenheiten, denen ein phönizischer Kapitän mit lächelndem Verständnis und duldsamer Nachsicht begegnen muß. Auf kleinen Booten geht es nicht anders.

Als er nach langer Zeit unverrichteter Dinge zurückkehrte, hatte er keine Verbindung zustande gebracht. Das verwunderte nicht, denn die Gegend machte einen öden Eindruck: verfallene Gebäude, Gerümpel und keine Spur von Leben wie in anderen Häfen.

Deshalb beschlossen wir, gegen den noch immer hart blasenden Wind zurückzukreuzen, um durch den Goulet und den Kanal dahin zu gelangen, wo wir schon gewesen waren: zum Yachtclub am alten Hafen. Das war leichter gesagt als getan. Erst kreuzten wir uns die Seelen aus dem Leib. Dann mußte das Motörchen alles geben, was es hatte. Es fauchte, pustete und spuckte, blieb aber willig. War ja auch ein Honda. Das muß mal gesagt werden, nicht als Schleichwerbung, sondern als Summe der einschlägigen Erfahrungen eines viel und lange geprüften Seefahrers. Ich möchte mal wirklich einen anderen Motor von 7,5 PS sehen, der sich das gefallen läßt, was wir dem unseren jahrelang zugemutet haben.

Am morschen Clubsteg empfängt uns eine altersgebeugte, turbanbedeckte Gestalt aus Karl-May-Büchern. Braunes, faltiges Gesicht, Beduinennase mit großporiger Haut, wache Augen, über denen schwere Lider hängen. Das ist Brahim Zaghouani, der Wächter, mit dem wir uns französisch gut verständigen können. Es sieht aus, als könnten wir bleiben. Aber die erste Inspektion des baufälligen

Gebäudes ergibt Düsteres: Brausen aus der Wand gebrochen, Toiletten zerstört, durch die zerbrochenen Fenster wachsen Sträucher.

Aber als Horst brausen will, kann ihm geholfen werden. Aus dem Fenster des letzten bewohnbaren Zimmers, in dem der Wächter haust, hängt ein Gummischlauch. Aus dem fließt ein dünnes Rinnsal. Geht man darunter in eine tiefe Hocke, wird man naß. Brausen wäre zuviel gesagt.

Die Nachricht von unserem Eintreffen verbreitete sich rasend schnell. Der Vorstand dieses sagenhaften Vereins, M. le Président, ließ uns zur Unterredung bitten. Er kam nicht etwa selbst zum Ort des von ihm verwalteten Verfalls, o nein. Am Ende des ausführlichen, orientalischen Bakschischgesprächs mit Kaffee war Einigkeit über die beträchtliche Anzahl von DM-Hundertern erzielt worden, die gleich den Besitzer wechseln sollten. Dafür sollte das Boot bis zum nächsten Frühjahr in der Obhut des Clubs verbleiben.

Beide Anker raus. Festmacher doppelt. Aber dann doch noch etwas vergessen: Wir hatten den Motor im Schacht gelassen.

Als die Expeditionsleitung das bemerkte, war sie von Zoll, Polizei, Hafenbehörde und M. le Président, wie auch von der Hitze und dem Gefummel mit dem Gepäck schon so aufgearbeitet worden, daß sie nur eins wollte: weg.

Doch da hatte Sportsfreund Horst schon einen Wunsch geäußert. Für die letzten Tage der Besichtigungen sollten wir ins „Hilton“ ziehen. Da war doch wohl die Frage berechtigt: Gehört der Kapitän eines levantinischen Seelenverkäufers dahin?

„Wohin willst du? Muß das sein?“

„Na, hör mal, hast du denn gar nicht das Bedürfnis, zu brausen und den Tee nachmittags am Pool zu nehmen?“

So geht es, wenn man der Hybris verfällt und sich mit feinen und verwöhnten Herren umgibt, die Luxus und süßes Leben weit jenseits der dem eigenen bescheidenen Stand gesetzten Grenzen zu genießen pflegen. Ich schlug ihm aus dem Touristenführer eine Herberge mit anderthalb Sternen vor. Als wir die Taxe entlassen und unsere Siebensachen die Steintreppe hinaufgeschleppt hatten, fanden wir das Gitter verschlossen.

„Gewonnen“, sagte Horst und rief die nächste Taxe. Deren Fahrer wies er an, uns zum Nobelhotel zu fahren. Dort quetschten wir uns nebst Säcken und Plastikbeuteln durch die Drehtür, was den Empfangschef die eine Braue deutlich heben ließ. Da er uns aber nur sah und nicht auch noch roch, warf er uns nicht hinaus, als wir unser Gelumpe durch die Hotelhalle schleiften.

Nun war noch der Rundhafen bei Karthago zu besichtigen. Phönizisch ist neben dem Rundhafen auch der Felsenbezirk, in dem die Römer die erstaunlichen Bäder des Antonius errichtet haben. Noch heute zeugen wuchtige Trümmer davon, daß große Volksmengen hier ihre Tage in den Bädern verbrachten. Die verließen sie nach Reinigung und fröhlichem Geplauder gesalbt, geölt und nach Essenzen duftend, um sich des Abends der Fleischeslust und den Gastmählern zu widmen.

Hier haben sie gebadet, die Römer. Nicht so simpel wie wir. Hinein, abgeschrubbt, Handtuch und fort. O nein, die nicht! Dies Bad und jenes und noch eines und ein viertes. Die wurden im caldarium warm, im tepidarium lau vom Wasser umschmeichelt. Und wurden vom Staat auf jede nur denkbare Weise bei Laune gehalten.

Das ging so lange gut, bis die Germanen kamen und dem vielen Baden ein Ende machten. Die Germanen rochen nicht so gut, packten aber zu und schütteten die Römer sozusagen mit dem Bade aus. Es soll gewiß niemand erschreckt werden, doch hatten die Römer bereits erkannt: vestigia terrent – die Spuren schrecken.

Wir kletterten mit unseren Super-8-Kameras über die Einfriedung der Bäder, deren imponierende Reste aus einer Senke gewaltigen Umfanges emporragten, und krochen durch die Gänge, in denen kluge römische Ingenieure unvorstellbare Wassermengen bewegt haben müssen. Wir filmten die rötlichen Mauerreste und trieben unsere amateurhaften Forschungen voran, bis uns eine der Wachen entdeckte, die hoch über uns Zeter und Mordio schrie. Wie das in Nordafrika die Übung ist, wuchsen gleich weitere Schreihälse aus dem steinigen Boden der Bäder und schrien auch. Da gaben wir Fersengeld.

Kaum vor den Wachen in Sicherheit, geschah uns weiteres Ungemach. Da draußen standen zwei lichtscheue Gesellen. Die warteten auf solche Tölpel wie uns. Denen kauften wir mehrere antike Münzen ab, die sie schworen, eigenhändig aus dem Schutt gegraben zu haben. Möge Allah sie mit dem Verfaulen der Schwurhand bestrafen! Die Münzen erwiesen sich sämtlich als Fälschungen und primitive Nachgüsse.

Es war ein heißer und mühevoller Tag gewesen, und der senkrecht über uns stehende Phöbus Apollon hatte uns das Gehirn verbrannt.

Nachdem wir uns zwei Tage im Restaurant, in der Halle, im Pool und an der Bar ganz unaussprechlich gelangweilt hatten, fuhren wir zum Flughafen und düsten nach Hause.

Das 7. Kapitel

berichtet von der V. phönizischen Reise,
auf der wir Kurs auf die Große Syrte nahmen
und an Pantelleria vorbeisegelten,
wohin wir eigentlich wollten.
In Groß-Griechenland auf Sizilien trank
Giovanni Galluzzo den Vulkanwein aus,
und auf Malta
entgingen wir nur um Haaresbreite
der nächsten, längst fälligen Verhaftung.

Die Phönizier mit ihren höchst
merkwürdigen
Schiffskonstruktionen

Immer ausgeprägter wurde im Laufe der Zeit der expeditionsähnliche Charakter der Unternehmungen. Die Vorbereitungen erinnerten schon bald an den Organisationsaufwand, der vor Antritt weit ausgreifender und lange währender Entdeckungs- und Forschungsreisen selbstverständlich ist.

Von Flugverbindungen, Bootsausstattung und anderen Harmlosigkeiten abgesehen, bedenke einer einmal, was an zusätzlicher, die Seefahrt nicht eben fördernder Logistik hinzukommt, wenn die Gemahlin des Partners der Gattin des Kapitäns den Floh ins Ohr setzt, es wäre eigentlich doch sehr hübsch, schon auf dem Felsen zu stehen und mit den Taschentüchern zu winken, wenn die Herren Seefahrer mit dem Segelboot um die Ecke von Malta biegen und auf sie zulaufen.

Was soll man dazu sagen? Nichts, natürlich! Das Sagen besorgten von Stund an die Marineleitungen. Wir brauchten nur für die Kosten der zusätzlichen Flüge und der beiden Appartements auf Malta aufzukommen. Mit den Kosten hätte man leicht drei Expeditionen nach Tyrus und zurück zu den Säulen des Herkules gebracht. Außerdem wurde uns eingeschärft, genauso schnell, so langsam oder wie auch immer zu segeln, um just beim Eintreffen der Damen in der Bucht aufzukreuzen, aufzuschießen und anzulegen. Ganz einfach, so was, nicht wahr? Jawohl! Nur, damit sie uns dann jauchzend in die Arme schließen können. Nun ja.

Die Damen entwickelten eine beängstigende, bienenhafte Emsigkeit. Sie flitzten von Reisebüro zu Reisebüro, gruben sich durch Prospektberge und buchten schließlich zwei Unterkünfte an dem einen Ende der St. Paul's Bay, wo auch wir nach pünktlichem Erreichen Maltas die müden Häupter niederlegen sollten.

Partner Horst und ich blickten umflorten Auges von den Checklisten zu den Sternen. Nicht nach oben, sondern zu denen auf der Kognakflasche. Mit deren Inhalt stärkten wir uns. Der Stärke nämlich, das wußten wir jetzt schon genau, würden wir auf der V. phönizischen Reise mehr als alles anderem bedürfen.

Jetzt hatten wir glücklich (!) zwei Expeditionen, die Malta auf getrennten Wegen erreichen und sich dort vereinigen sollten. „Also", gab mein Partner seiner unerschütterlichen Zuversicht beredten Ausdruck, „wenn das gutgeht, freß ich einen Besen."

„Mahlzeit!" erwiderte ich, denn ich empfand ähnlich.

Jurist Horst, befähigt, auch komplizierte Aufgaben zu lösen, packte fünf sorgfältig um und um mit Klebestreifen verstärkte und beschriftete Kartons in den Wagen und fuhr zur Luftfrachtannahme nach Düsseldorf. Dort gab er die Dinger nach Tunis auf. Sie enthielten, was man braucht, wenn die Reise an einer islamischen Küste beginnen soll. Viel Dosenbier, einige Flaschen Sherry, Bootszubehör, Konserven.

Wer nicht an Ahnungen glaubt, vor allem dann nicht, wenn diese sich auf leblose Gegenstände beziehen, wird schwer verständlich finden, was nun geschah:

Als die Vorbereitungen für die Reise begonnen hatten, konnte ich mich plötzlich nicht mehr von der Vorstellung befreien, es sei etwas mit dem Boot passiert. Nur auf dieses beunruhigende Gefühl hin schrieb ich an die Botschaft in Tunis und bat, ob nicht bei Gelegenheit ein Angehöriger des dortigen Personals nach dem Boot in Bizerte schauen könne. Die Antwort bestätigte in knappen Zeilen die böse Ahnung. „Boot hat infolge Sturmeinwirkung kopfgroßes Loch im Körper oberhalb Wasserlinie."

In Erfahrung gebracht werden mußten nun a) die genauen Abmessungen der Öffnung, b) wo, exakt, sie sich befand, c) wieviel Wasser im Boot war.

Da ich glaubte, die Diplomaten nicht noch einmal in Anspruch nehmen zu dürfen, mußte ein Mirakel her und helfen. Es half tatsächlich!

Mein guter Sportsfreund und langjähriger Doppelpartner, Ebur, dem ich mein Leid geklagt hatte, erwies sich als hilfsbereiter Retter mit erstaunlich weitreichenden Handelsverbindungen. Er schlug vor, ich solle den per Fernschreiben aufzugebenden Text der Anfrage in verständliches Französisch bringen und ihm den Zettel geben. Dann werde man weitersehen. Zwei Tage später sah man bereits, daß das Mirakel gewirkt hatte. Da stand: „20–25 cm, genau über Wasser an Bb-Heckkante, kein Wasser im Boot."

Aha! Also war nur der Schacht von der Havarie betroffen.

Da fiel uns beiden aber doch ein Stein vom Herzen. Wir würden Glasfaser-Reparaturzeug mitnehmen und dort schon irgendwie zurechtkommen.

Als wir dann drüben eintrafen, erwuchsen uns neue Schwierigkeiten, mit denen wir nicht gerechnet hatten. Denn an diesem schönen Küstenstrich haben die Beamten noch mehr Zeit als ihre Amtsbrüder bei uns.

„Wie?" sprachen die Zöllner, von denen das Alte Testament uns ja auch wenig Gutes zu berichten weiß, „eure Kartons wollt ihr haben?

Das ist gut. Da drüben stehen sie. Aber heute ist der Dienst zu Ende. Morgen ist Jour de la Liberté. Dann kommt der Feiertag Jour de la Jeunesse. Dann kommt der Sonntag. Wißt ihr was? Kommt am Montag wieder." Nordafrika, du Land meiner Träume!

Von Tunis nach Bizerte sind es 65 Kilometer Weg. Auf den machen wir uns ohne Kartons. In einer Louage. Das ist eine Taxe, die das Stadtgebiet verlassen darf. Als wir auf dem Steg stehen, das Unglück betrachten und uns am Kopf kratzen, ringt Wächter Brahim Zaghouani die alten, faltenreichen Hände und beteuert, nichts für den Schaden zu können. Der Sturm hat das Heck gegen das wie ein Spieß vorstehende Ende eines Stegträgers geschlagen.

Aufregen hilft nicht. Also fangen wir mal gleich mit der Reparatur an. Zum Glück befinden sich Matten und Reparatursets nicht in den Kartons. Die habe ich im Seesack.

Unter den Blicken der sich auf dem Steg drängenden Neugierigen machten wir uns an die Arbeit und hatten das Loch am Abend dicht. Dann kam die nächste Übung: der Motor.

Wo Horst den Mechaniker Mustafa aufgetrieben hatte, weiß ich nicht. Plötzlich war Mustafa da.

„Kannst du das auch wirklich, mon ami?"

„Oui, Monsieur."

„Wie lange wirst du brauchen, wenn du dich beeilst?"

„Deux jours."

„Was wird es kosten?"

Mustafa hob die Finger. Die signalisierten die deutschen Hunderter, um die er die Bordkasse zu erleichtern gedachte. Dann warf er den Motor auf die Schulter und verschwand in der Nacht.

Am Morgen war Horst schon früh mit der Louage zum Zoll nach Tunis aufgebrochen, während ich noch am Boot reparierte. Am Spätnachmittag war er mit den Kartons zurück. Käme der Motor noch, könnten wir morgen los. Nach Malta war es noch weit, und drei Tage hatten wir schon vertrödelt.

Wieder war es Nacht geworden, als Mustafa mit dem Motor ankam. Wir hängten ihn in den Schacht und warfen ihn im Schein der Stableuchten an. Er lief.

Nur weg hier!

Vorher aber hatten wir noch lange damit zu tun, des braven Brahims Kreuz-, Quer- und Längsgebändsel zu lösen, zu entwirren und durchzuschneiden.

Das abenteuerliche Geflecht hatte wohl gesteigerte Sicherheit vortäuschen und ihm als Alibi dienen sollen.

Wir wollten gleich nach Sizilien, nach Marsala oder Trapani, hinüber. Aber wir hatten den Wind auf der Nase. Mit Kreuzen wollten wir nicht gleich anfangen. Also erst bis Cap Bon und dann, wenn der Wind noch immer nicht günstiger wehen sollte, erst einmal Pantelleria besuchen, Vulkaninsel südwestlich von Sizilien, mit heißen Quellen und Wein.

Wir staunen die steile und scharfe Nase von Cap Bon hoch. Diese von der Natur in grauer Vorzeit an markanten Punkten aufgetürmten Kaps halten nicht nur das Auge fest. Auch die Gedanken kreisen um sie.

Es heißt zwar immer, Steine hätten kein Gedächtnis. Na, wer weiß? Dieser Klotz, der den Golf von Tunis begrenzt und auch den Weg nach Süden in den Golf von Hammamet und nach Sousse freigibt, hat viel gesehen.

Seit Odysseus mit seinen schwarzen Schiffen auf dem Weg von den Lotophagen zur Ziegeninsel und zu den Zyklopen hier vorbeigekommen ist, haben sich die Seefahrer aller Zeiten und Länder gegenseitig auf die Nase aufmerksam gemacht und in allen Sprachen gerufen: „Sieh einmal, wie weiß sie ist! Und wie hoch! Und was für eine scharfe Kante sie hat!“

Der Felsen, der jetzt Cap Bon heißt, blickte stumm auf all die Assyrer, Ägypter, Perser, Phönizier, Griechen, Römer mit ihren höchst merkwürdigen Schiffskonstruktionen hinunter, wenn sie im Auftrag ihrer Könige zu Seeschlachten oder ihrer Kontore eilig irgendwohin unterwegs waren.

Er sagte auch dann nichts, als er der technischen Wunderwerke der Sechsten Amerikanischen Flotte ansichtig wurde. Solche Gedanken über die großen Zusammenhänge, vielleicht auch der Sherry, müssen es gewesen sein, die mich von einfacher terrestrischer Navigation abhielten. Aus mir heute noch unverständlichen Gründen war ich auf die lustige Vorstellung verfallen, wir brauchten hinter Cap Bon nur noch eine kurze Weile nach Osten zu laufen, dann würde das hohe, felsige Pantelleria über die Kimm kriechen.

Der Tag verging. Der Abend kam. Kein Pantelleria.

Das nun wieder sorgfältige Anlegen des Dreiecks ergab, daß wir bei angeregten Gesprächen über dies und jenes, vielleicht auch über die wesentliche Frage, ob die Felsnasen prominenter Kaps mehr

Gedächtnis haben als einfache Steine, doch glatt an der Vulkaninsel vorbeigerauscht waren und uns nun in Anfahrt auf das libysche Tripolis befanden. Behielten wir den Kurs bei, konnten wir uns bei Oberst Gaddaffi schon in wenigen Tagen das „Grüne Buch" seiner Revolution abholen.

Dem Horst sagte ich aber nicht, daß unser Ziel bereits eine gute Strecke hinter uns lag. Indianer und Phönizier sind Weltmeister in der Kunst der Selbstbeherrschung. Wir unterhielten uns weiter, doch ging ich auf den anderen Bug. Irgendwo hatte ich gelesen, man müsse in solchen Fällen nur wenden und am Wind zurücklaufen. Wenn der produzierte nautische Mist nicht allzusehr stinke, habe man eine gute Chance, das verfehlte Ziel auf der Rückreise zu treffen.

Inzwischen wehte eine muntere Abendbrise. Wir flogen flott dahin. Schon richtete der Wind sich für die Nacht auf einen püsterigen Fünfer ein, da hatte ich freudige Veranlassung, meinen Partner auf eine sich deutlich von den Cumuli abhebende dunkle Linie hinzuweisen: Da tauchte doch wirklich im letzten Gegenlicht die begehrte Vulkaninsel auf.

Nun wäre ja alles gut und zugleich mit dem innigen Dank an den heiligen Navigatius auch ein kleines Bordfest fällig gewesen, hätte es nicht so sehr genächtet, geblasen und gespritzt. Wir ziehen deshalb nach der Annäherung die Leeküste vor und sehen, wie wolkige Dämpfe von den schwarzen Felsen der Insel zum Himmel steigen. Ein Schauspiel, das recht zu genießen man gern etwas mehr Ruhe und auch viel mehr Wärme hätte. Aber beides fehlt.

Schon jagt von irgendwoher ein Patrouillenboot heran, richtet den Scheinwerfer auf uns und erzählt über Lautsprecher Unverständliches auf italienisch. Wir heben die Arme mit den Handflächen nach oben: No capisco. Darauf drehen sie ab und verschwinden.

Wir erinnern uns, im Handbuch gelesen zu haben, daß man nicht ohne Erlaubnis einlaufen darf. Und dann heißt es da auch, daß bei schwerer See eine gefährliche Brandung in der Einfahrt steht. Es sei nicht ratsam, bei schlechtem Wetter oder nachts einzulaufen. Jetzt wissen wir es. Was tut man, wenn man dieses nicht darf und jenes nicht soll? Man fährt vor der Leeküste spazieren. Auf und ab und immer wieder. Bis die rosenfingerige Eos erscheint.

Die Morgenröte kommt aber nicht, sondern schickt einen mausgrauen Stellvertreter. Frierend und müde, doch ohne Schwierigkeiten, laufen wir ein und machen an der niedrigen Pier fest.

Wir frühstücken mit Genuß und schauen uns um. Alles sieht ein wenig zerblasen und angeknabbert aus. Die Häuser brauchen Farbe. Doch schaut der Neuankömmling sich so ein Hafenrund bei Tageslicht an, dann ist der Eindruck eher einladend und friedlich.

Noch mit vollen Backen kauend, bemerken wir, wie eine Gruppe vor unserem Kahn stehenbleibt und sich offensichtlich über ihn unterhält. Die sehen alle sehr nordisch aus. Die Herren groß, kernig und fest. Die Damen blond und hübsch.

Wer ist das? Das ist Mikko Hämälainen aus Helsinki, Skipper der IRENE, mit seiner Besatzung. Die IRENE ist ein schönes, großes, weißes Boot, in das unser Galosch leicht zweimal hineinpaßt. Da drüben liegt es, wo es tiefer ist.

Später besucht Mikko uns zum Bier. Wir verdanken ihm wertvolle Informationen über Malta. Er kommt aus Malta, wir wollen hin. Er schenkt uns eine Malta-Karte und nennt die Kontaktpersonen der Manoel Island Yacht Yard, Mr. Zelafa und Mr. Gatt. An die sollen wir uns wenden, falls wir beabsichtigen, das Boot über Winter dazulassen. Im „Miriam", dem Hotel gleich nebenan, mieten wir uns ein Badezimmer und veranstalten dort Wasserspiele römischen Ausmaßes. Wir kaufen Früchte, Brot, Gemüse und sechs Flaschen „Santoro", Vulkanwein secco, für je etwa zwei Mark. Der war so unglaublich gut, daß wir noch heute unsere Kniepigkeit beklagen. Nein, war das ein Wein! Mit dem hätten wir die Backskisten bis oben füllen sollen und die Hundekoje auch.

Zurück auf dem Boot, erleben wir unseren ersten Schirokko. Wenn der Blick sich nicht vom „Santoro" trübt, sondern vom feinen Wüstensand, der von Afrika herübergeweht wird, man ihn zwischen den Zähnen spürt, und Kopf, Gelenke und alle Zahnplomben schmerzen, dann ist Schirokko.

Eigentlich wollten wir ja noch etwas über die Insel fahren und den erloschenen Vulkan besuchen, dessen Trichter vom See Bagno dell' Acqua angefüllt ist. Wir wollten auch in den heißen Thermen baden. Aber wir hatten zu viel Zeit verloren. Denn da war ja noch die Sache mit der anderen Expedition, die wir auf Malta treffen sollten.

Also los und hinüber nach Sizilien. Aufs geschichtsträchtige, fruchtbare, vulkanische Sizilien, dem seit Sikulern und Sikanern bis hin zur Mafia geheimnisumwitterten Mittelpunkt des Mare Nostrum.

Sizilien: Trinakria (Dreispitz) ist der älteste, griechische Name der Insel. Sie war Weide der Rinder des Sonnengottes, die blühende Westkolonie der dorischen Griechen, die Unglücksstätte Karthagos, ein Zankapfel, eine Kornkammer durch Jahrtausende. Diese Insel sollte wohl einen Besuch wert sein.

Wir schaukeln bei milden Winden zwischen Terrible Bank und Adventure Bank über das Graham-Riff Trinakria entgegen. Nächtliches Einlaufen in fremde Häfen entwickelt sich zu unserer Spezialität. So auch in Sciacca. Wir legen das Boot an einen Steg und uns zur Ruhe.

Über die deutliche Sprache des Insel-Beschreibers Mr. Denham habe ich mich immer gefreut. Was er über Sciacca sagt, sollte einen veranlassen, die Leinen ohne Verzug zu kappen: „Alte und primitive Stadt, die einen seichten und überbelegten Fischerhafen beherrscht. Ungezogene Lümmel drängen sich auf den Kais, und rings um den Hafen stehen schmutzige Behausungen."

Der freundlich blickende alte Herr mit grauem Haar, der vor unserem Boot stehenblieb, saß bald bei uns an Bord. Giovanni Galluzzo hielt sich dort länger auf und an mehreren Gläsern „Santoro" fest.

Es währte nicht lange, da kam in einem Ruderboot Dottore vom Fischfang zurück. Dottore war ein Freund unseres Freundes Giovanni. Durch Zuruf in der Landessprache machte Giovanni den Dottore mit dem erfreulichen Umstand vertraut, daß ein deutscher Segler soeben mit einer Unzahl Flaschen besten Vulkanweines von Pantelleria eingelaufen sei. Der Wein, muß er wohl hinzugefügt haben, stehe im Rahmen sizilisch-germanischer Verbrüderung durstigen Inselbewohnern zur freien Verfügung. Zwei Minuten später hatte Dottore bei uns festgemacht und hielt feste mit. Dafür revanchierte er sich mit einem Gastgeschenk und übergab uns seine sieben Fischlein von je der Länge eines Zeigefingers.

Als das sizilische Hafenfest gen Mitternacht seinem Höhepunkt entgegen und der „Santoro" zur Neige ging, muß auch die solche Entwicklungen im allgemeinen klar überblickende Schiffsführung nicht mehr ganz bei Trost gewesen sein. Nur mit einem Handtuch bekleidet, kochte ich uns aus den sieben mitleiderregenden Flossenträgern eine Fischsuppe. Die geriet zwar etwas dünn, war aber dennoch von köstlichem Wohlgeschmack.

Beim Aufbruch wäre Giovanni fast vom Steg in die Jauche gepurzelt, wenn ihn Horst nicht an Arm und Kragen auf der Mole abgesetzt hätte.

Die Fischer-Zwillinge, die am nächsten Morgen in ihren langen Gummistiefeln neben uns im Wasser standen und ihr blitzblankes Boot, gleich nach der Rückkehr vom Fischfang, auch außen von vorn bis achtern schrubbten, kamen zu uns herübergewatet. Sie wackelten mißbilligend mit dem Kopf, zeigten auf die langen Algenbärte an unserem Boot und müssen sinngemäß gesagt haben: „Nein, so was aber auch! Schämt ihr euch denn gar nicht, mit solchen Schleppen das schöne Mittelmeer zu verunzieren?"

Das haben wir uns dann auch zu Herzen genommen und etwas von dem Bewuchs entfernt.

Mit der Taxe fuhren wir die wenigen Kilometer hinauf nach Selinunt. Für diese von den Karthagern geplünderte und zerstörte Griechenkolonie haben wir uns Zeit gelassen und sind lange zwischen den wiedererrichteten Säulen und auf dem unabsehbaren Trümmerfeld umhergeklettert. So gewaltig hatte ich mir die aufgetürmten Trümmer und so ausgedehnt die Anlage nicht vorgestellt. Sie war einmal für die Ewigkeit gebaut. Was die Erdbeben übrigließen, vollendeten die Kriege. Tonnenschwere Säulenteile in grotesken Häufungen, Geröll und Schutt und in den Kehlungen der Kannelluren sich sonnende Eidechsen.

In der flimmernden Hitze des Mittags dufteten Kräuter und Blumen. Welch eine Farbenpracht: violette Bougainvillea, rosa Oleander vor dem Grau zerfallener Tempel, dahinter das sich endlos breitende Blau des Meeres. Selinunt ist ein eigenartiger Ort von starker Wirkung.

Als wir uns am Nachmittag irgendwo für eine Erfrischung niederließen, hatten wir einen der Höhepunkte der Reise erlebt und waren uns einig: Der Glaube der griechischen Siedler an die Macht ihrer Götter war ungebrochen, und das Verhältnis zu ihnen war unverfälscht gewesen. In Selinunt hatten die Götter noch in das Leben der Menschen hineingewirkt. Die Menschen wußten es. Und sie verhielten sich danach und bauten entsprechend.

Noch erfüllt vom Leuchten der Eindrücke, erkundigten wir uns bei unserem Taxifahrer, wo wir gegen eine geringe Gebühr im Wasser der heißen, vulkanischen Quellen baden könnten. Dort sollten unsere von langer Wanderung ermüdeten Glieder gestreckt und erfrischt werden.

Nun, antwortete der kundige Cicerone, da wäre er wohl in der Lage, den Herren etwas Besseres bieten zu können. Und das ohne Gebühr.

Nach so erfreulicher Auskunft fuhr er uns ein kurzes Stück Weges aus der Stadt und hielt auf freier Strecke an.

„Hier sind eure Thermen."

„Wo?"

„Na, hier unter der Straße."

Tatsächlich! Am Ende eines schmalen Trampelpfads, der hinab in ein Gebüsch führte, gähnte eine dunkle Höhle, deren Eingang einen Durchmesser von etwa anderthalb Metern hatte. Innen erweiterte sich die Höhle. Im angenehm warm sprudelnden Quellwasser und im Halbdunkel der Höhle lagen, hockten, planschten und plauderten einige Badende beiderlei Geschlechts. Das war ein Wohlgefühl, als das warme Mineralwasser seine Wirkung tat und uns müde Tempelwanderer erfrischte!

Da, bei Sciacca und unter der Straße im Quellwasser, war es, wo wir uns den in warmen Thermen weichenden Römern zugesellten und sie verstanden hatten. Wirklich! Nichts geht über ein solches Warmbad inmitten fröhlicher Höhlenbewohner. Solche wollten wir auch bleiben. Fast hätte uns der Taxifahrer an den Ohren aus der Höhle ziehen müssen. Wir wollten sein Rufen überhaupt nicht hören.

Das hängt natürlich alles mit dem alten Hephaistos zusammen. Das ist der Schmied der Götter, der in dieser gesegneten Landschaft noch heute den Hammer schwingt, auf den Amboß drischt und den Blasebalg betätigt. Seine Werkstatt ist von beträchtlicher Ausdehnung. Sie zieht sich von der afrikanischen Küste über Pantelleria, Sizilien und Neapel weiter nach Dalmatien. Wer mit den Gelenken Schwierigkeiten hat, der soll die Verbindung zu Hephaistos suchen. Sie wird ihm gut bekommen.

Nächste Station: Porto Empèdocle. Handbuch: mittelgroßer Handelshafen; sicher, schmutzig, wenig anziehend; als Liegeplatz von Nutzen, wenn man die Tempel von Agrigent besuchen will. Wir wollen. Ansonsten untertreibt das Handbuch eher, denn in Teilen ist der Hafen wirklich ein Bild des Schreckens: verrostete Trossen, zersplitterte Fischkisten, Gerümpel, Unrat, wohin das Auge blickt. Wir liegen vor Bugleinen und Heckanker und greifen uns einen Taxifahrer: „Du, morgen früh, hier, sechs Uhr, Abfahrt Agrigent. Capito?"

Die frühe Stunde war gut gewählt. Wir allein sind für fast drei Stunden die unumschränkten Herren über den Tempelbezirk. Nur die Götter und wir, vielleicht noch die Bienen und die großen, bunten Schmetterlinge, die über intensiv duftende Kräuter hintaumeln.

Als die Busse ab zehn Uhr mit dem Entladen der Touristenfracht anfangen, ist der Zauber verflogen und hat dem üblichen Besichtigungsrummel Platz gemacht.

Rummel wollen wir nicht. Runter zum Boot. Unterwegs kaufen wir Brot, Früchte und Kartoffeln. Wir legen gegen Mittag ab und gehen die Küste hinauf nach Osten.

Die Sonne sticht, das Barometer fällt. Kein Wind. Muckeln in sengender Glut mit dem Außenborder voran. Was der verträgt, verdient unseren Respekt, aber stundenlange Dauerfahrt bei solchen Luft- und Wassertemperaturen scheint auch ihn zu überfordern. Er klopft, stottert und setzt aus.

Den Geist gibt er aber nicht auf. Während er abkühlt und uns die Strömung leicht in Fahrtrichtung versetzt, essen wir unser Abendbrot in wohltuender Stille. Als es dunkelt, funkeln die Lichter Gelas vor uns. Beim Näherkommen denke ich: Das ist aber eine lange und gut ausgeleuchtete Mole. Sie erweist sich jedoch als reine Ölverladeanlage der dahinter liegenden Raffinerie. Von den vielen Lichtern angezogen und geblendet, sind wir, den Motten gleich, närrischerweise erst dicht an sie heran und dann auf die andere Seite der Ölpier gelaufen. Der Hafen kann doch nicht einfach verschwunden sein!

Die Götter schicken uns einen nächtlichen Fischer zu Hilfe. Er lacht (was ja auch berechtigt ist), denn vor lauter Öllichtern haben wir das Hafenfeuer übersehen oder es nicht beachtet. Wieder um die Metallstelzen und meterdicken Ölrohre herum und zurück. Da liegt der Hafen denn auch.

Kaum drin, sitzen wir schon auf Versandung fest und blicken uns stumm an. Als wir mit Motorhilfe nicht freikommen, blicken wir uns wieder an, was in beredter nächtlicher Augensprache soviel heißt wie: Wer steigt nun ins Wasser und schiebt? Du oder ich?

Heute nacht bin ich dran. Ich lasse mich über die Bordwand gleiten und versinke im Schlamm der Jahrtausende. Während ich schiebe und den Kahn drehe, erhalte ich vom bequem und trocken hockenden Horst eine ganze Auswahl trefflicher Ratschläge, wie ich, bis zum Kinn in der Brühe, verfahren soll, um ihn und den Galosch flottzukriegen. Daß ich ihn nicht einfach über Bord gestoßen habe, als ich naß und kalt wieder oben war und der Kahn schwamm, spricht für den milden Sinn des Eigners.

Am nächsten Tag sollten wir für alle erlittene Unbill reichen Lohn erhalten. Da machten wir nämlich einen Ausflug. Per Anhalter. Wobei das fortwährende Betteln um Mitnahme meinem Partner sichtlich gegen den Strich ging. Nach einigem Winken und Abspreizen des Daumens waren wir endlich am Ziel: im Ort Piazza Armerina, in der Villa Casale.

Wie viele Sterne dieser unglaublich schöne und reich ausgestattete Landsitz im Baedeker hat, weiß ich nicht. Ich weiß aber, daß wir den Atem angehalten haben, als wir auf die Mosaiken hinunterblickten. Mit der bunten Pracht von Farbe und Bewegung konnte das nicht mithalten, was wir vorher in den afrikanischen Römerstädten gesehen hatten.

Die lange verschütteten, heute aber zu leuchtendem Leben wieder ans Licht gebrachten Darstellungen aus winzigen, farbigen Steinen nehmen einen vorderen Platz unter den zahllosen Sehenswürdigkeiten Siziliens ein.

Da wird es dem Besucher auch nicht leichtgemacht zu entscheiden, welche der Kompositionen die lebendigste ist oder welche den nachhaltigsten Eindruck hinterläßt: der Kampf der Titanen, die Beladung des Schiffes mit widerborstigen afrikanischen Beutetieren, die mit Gewalt die Gangway hinaufgezerrt und geschoben werden, die oft abgebildeten und überall auf Postkarten erhältlichen Bikini-Mädchen beim Ballspiel oder die kleinen erotischen Szenen.

Ist der Rundgang beendet, für den man sich viel Zeit nehmen soll, möchte man ihn am liebsten gleich noch einmal wiederholen. Genauer zu schildern ist das ohnehin nicht. Da muß man hinfahren. Das muß man sehen.

Wir verabschieden uns von der Südküste dieser mit den Sehenswürdigkeiten aller Zeitalter und Kulturen überreich ausgestatteten und dazu noch von der Natur verschwenderisch beschenkten Insel. Über deren Ostteil hängt, als wir das freie Meer gewonnen haben, der Abschiedsgruß. Da sehen wir einen dünnen, graublauen Rauchschwaden, den Hephaistos aus dem Krater des Ätna empor in den Himmel steigen läßt. Heute aber hat er seine zentrale Schmiede nur ein wenig angeheizt.

Nun schaukeln wir wieder auf dem offenen Meer und haben den Bug auf Malta gerichtet Das dürften von Gela aus so an die 60 Seemeilen sein. Macht der Wind mit und kann der Kahn anliegen, dann ist auch unser Winzling in einem Tag drüben.

Ist er aber nicht! Und warum nicht? Sehr einfach: weil entweder kein Wind da ist oder wenn, dann daher, wo wir hinwollen.

Der inzwischen auch auf diesem Meer fortwährenden Götter-Schabernacks und unerwarteter Peripetien (Umschwünge, entscheidende Wenden, ich habe mich vergewissert) nicht mehr ganz unerfahrene Schiffsführer wird den Fehler von Pantelleria nicht wiederholen und zeichnet alle paar Stunden spitz zulaufende Zacken in die Seekarte. Es währt auch nicht lange, dann hat er ein prachtvolles Alpenpanorama beieinander.

So dümpeln wir die zweite Nacht in der Malta-Straße dahin und nehmen an der Großschiffahrt teil. Das hier ist nämlich die Straße, auf der die großen, das Meer in Längsrichtung querenden Kollegen zahlreich und mit einer Affenfahrt dahinjagen. Die schauen wir uns an wie der Frosch den Eiffelturm.

Die zweite Nacht bricht herein. Kein Gozo. Kein Malta. Noch immer kein richtiger Wind. Schon haben wir in der Dämmerung den etwas verzweifelten Entschluß gefaßt zu wenden, um uns in der Nacht erneut an den weittragenden Feuern der sizilischen Küste zu orientieren.

Noch einmal jedoch wird der angehende Phönizier auf das nur leicht erhöhte Dach der Kajüte steigen, das Auge aufreißen und mit ihm die Nacht zu durchdringen suchen, um ein Feuer in Fahrtrichtung zu eräugen. Und was sieht er, nachdem er seine blühende Hoffnung schon geschändet wähnte? Na, was wohl? Sehr weit voraus, aber ganz deutlich zucken da die 7,5-Sekunden-Blitze des Gozo-Feuers durch die Nacht.

Lustig ist es zu erleben, wie es nur eines winzigen, kleinen Lichtscheines am Horizont bedarf, um Zweifel und Mißmut zu verjagen und an Bord wieder Fröhlichkeit ausbrechen zu lassen. Doch wurden wir auf dem langen Marsch nach Gozo in jener Nacht noch von mehreren seltsamen anderen Lichtern genarrt, deren Ursprung wir uns nicht erklären konnten. Ebensowenig war ich in der Lage, die mir von Horst um drei Uhr in der Finsternis vor Gozo abgegebene Erklärung zu deuten: „Paß auf, von hier nach drüben geht es auf dem Meer steil bergab!"

Ein starkes Stück! Er meinte es so zu sehen. Und er sagte es auch in vollem Ernst. Das kommt davon, wenn man zuviel antike Lügengeschichten liest.

Es kann aber auch von der kombinierten Wirkung seines angestrengten Starrens in die Nacht und dem das Dunkel vor uns noch mehr vertiefenden Gozo-Felsen hergerührt haben.

„Bergab“ also, auf eine in der orthodoxen Seefahrt kaum je angewandte Weise, gelangten wir endlich in die Melieha Bay. An deren Nordseite ankerten wir, als der Tag anbrach.

Hier lagen wir sicher und ruhig. Sogar den Terminplan hatten wir eingehalten. Am nächsten Morgen brauchten wir nur noch um die vor uns liegende Nase zu ziehen und waren am Ziel.

Denn an der St. Paul's Bay befand sich der vom Generalkommando bestimmte strategische Punkt, wo sich die beiden Expeditionen treffen sollten.

Jetzt war nur noch ein Sherry fällig. Und dann ein paar Stunden Schlaf. Auf dem Weg nach Phönizien aber hatten wir eine wichtige Etappe zurückgelegt. Die Pforte zum östlichen Mittelmeer war aufgestoßen. Auf der nächsten Reise würde unser Kiel es furchen.

Aus dem anfänglichen Traum und der erst nur vagen Vorstellung erhielt die Levante mit jeder nach Osten zurückgelegten weiteren Seemeile deutlichere Umrisse. Fast hatte sie die Gestalt eines erreichbaren Zieles angenommen.

Sonntagmorgen. Geweckt wurden wir vom Krach schneller Motorboote. Was in der Nacht eine einsame Bucht gewesen war, verwandelte sich im Nu in einen Tummelplatz. Das Getümmel aller denkbaren Boote und Geräte, die unter Segeln und mit Motorkraft bewegt werden konnten, sahen wir uns beim Frühstück an.

Wir klarten auf und gingen in die St. Paul's Bay. Dort fanden wir am gegenüberliegenden Ufer einen kleinen Bootshafen. Der hatte einen niedrigen, teils wellenüberspülten Betonsteg, der auch als Mole diente. Da machten wir fest. Und damit einen schweren Fehler.

Horst und die Seinen verbinden vorbildlich innige Familienbande. Einen Erkennungspfiff haben sie auch. Den pfiff er nun und flog zwitschernd davon. Als wie ein Vöglein im Walde. Des Götterboten Merkur geflügelte Sohle hätte ihn nicht wesentlich beschleunigt.

Es dauerte wirklich keine Viertelstunde, da kamen sie schon im Triumphzug anspaziert: er und die beiden Admiralitäten.

Das Schicksal nahm seinen Lauf, denn beim Wiedersehenstrunk auf dem Boot wurde der einen Dame gleich schlecht.

Es hatte angefangen zu blasen. Wellen überspülten die Mole und ergossen sich ein bißchen aufs Boot. Es riß an den Leinen und schaukelte.

Damit war die Feier beendet und die ohnehin unzulängliche Ehrung der Helden für ihre Großtat auf später vertagt.

Vielleicht sollte jemand unseren Damen ein Buch über Lady Hamilton schenken. Von der könnten sie gewiß noch viel lernen. Oder von der schönen Nymphe Kalypso!

„Brachten die Götter zur Insel Ogygia mich, wo mit schönen
Flechten Kalypso wohnt, die mächtige Göttin;
sie nahm mich auf, umsorgte mich lieb und pflegte mich,
sagend, sie wolle mich unsterblich machen,
nicht alternd alle die Tage."
(Odyssee, VII 254–57)

So ist die Begrüßung der Seefahrer heute eben auch nicht mehr das, was sie früher mal war.

Dennoch verleben wir drei fröhliche Tage mit Besichtigungen, Rundfahrt um den Grand Harbour, Ausflug nach Gozo und auch reichlichem Strand- und Badeleben.

Da fällt uns ein, daß wir dies alles ja eigentlich noch im Zustand schlimmster Illegalität treiben. Wie konnten wir überhaupt das Einklarieren vergessen? Diese Hauptaktion und Zeremonie, die keinem der an ihr Beteiligten was einträgt, auf die ein souveräner Staat aber großen Wert legt, weil er gewürdigt und respektiert werden will und weil er Law and Order auf seine Fahnen geschrieben hat.

Wir gondeln also los und werden dem Staat geben, worauf er Anspruch hat. Nach Mikkos hilfreicher Anweisung wird die Manoel Island Yacht Yard angesteuert. Dort melden wir uns bei Mr. Gatt. Der fragt: „Where is your boat?"

Als wir ihm unseren Nachen weisen und dabei beschämt zu Boden blicken, reagiert er wie erwartet: „Why, you call that thing a boat? That is no more than a bathtub!"

Ein Badezuber! Nun hatten wir damit eine Expertise von fachkundiger maltesischer Seite. Die wollten wir aber gar nicht, obwohl sie begreiflich war. Man brauchte nur an den langen, sauber ausgerichteten Reihen großer und teurer Yachten entlangzugehen, um Gatts spontanen Ausruf auch verständlich zu finden.

Gatt schickte uns zum Zoll. Der war gleich nebenan.

Dort wollten wir nicht schwindeln. Jedenfalls nicht mehr als unbedingt nötig. Wir erklärten also wahrheitsgemäß, wir wären vor einigen

Tagen da oben in St. Paul's angekommen. Das war der Fehler. Den Mißgriff erkannten wir, als alle im Büro anwesenden Beamten des maltesischen Zolls auf einmal hochsprangen. Bis unter die Decke. Da blieben sie eine Weile hängen. Als sie wieder heruntergekommen waren, stürzten sie sich mit Geheul auf uns.

Da hatten wir ja was angerichtet! Der Oberzöllner tobte und schrie. Die Untergebenen wollten ihm nicht nachstehen und kreischten wacker mit. Dann wurde der Oberzöllner blau im Gesicht, und es war davon die Rede, uns sofort und auf lange einzusperren. Das wiederholte Angebot von freier Kost und Logis machte der Friedfertigkeit des mehrerer Übertretungen bezichtigten Sünders ein jähes Ende.

Ich holte tief Luft und schrie den Schreihals nun meinerseits an, daß er das nur tun, mir aber vorher ein Gespräch mit dem deutschen Konsul verschaffen solle. Wir hätten vielleicht einen Fehler gemacht, schrie ich, aber wir seien weder Schmuggler noch Banditen. War es die Lautstärke? Oder die Kraft der Argumente? Jedenfalls wurden unsere Pässe gestempelt. Wir konnten verschwinden.

Malta und Gozo sind Inseln von ausgeprägter Eigenart mit hohen und steil sich ins Meer absenkenden Wänden; nur an wenigen Stellen werden sie von Stränden unterbrochen. An Maltas Felsen strandete das Schiff, auf dem der Apostel Paulus nach Rom gebracht werden sollte.

Als die Johanniter nach der Vertreibung von Rhodos durch die Türken im 16. Jahrhundert hier Zuflucht fanden und ihrem Orden den Namen der Insel gaben, war hier nichts außer windgepeitschtes Ödland. Nach der Abwehr der großen Türkenbelagerung von 1565 unter dem Großmeister Jean Parisot de la Valette wurde die zerstörte und nun neugegründete Stadt nach ihm benannt, eine Stadt mit dem schönsten Naturhafen Europas.

Malta, das ist eine Insel mit Luxushotels und über 5000 Jahre alten, aus gewaltigen Steinklötzen errichteten Tempeln einer unbekannten Urbevölkerung, die ein immer wiederkehrendes Motiv hinterlassen hat: kunstvolle Spiralreliefs. Und was ist mit den sich kreuz und quer über die Insel ziehenden, tief in das Gestein eingegrabenen Räderspuren?

Räderspuren können das keine sein! Schleifspuren sind es, von primitiven, von Tieren gezogenen Transportgeräten. Aber was war es, das dieUruralten hier bis dahin geschleift haben, wo der Fels vom Plateau

60 Meter tief ins Meer abstürzt? Wasser, sagen die einen. Gestein für Bauten, sagen die anderen. Das Meer der Alten erlaubt viele Deutungen. Seit Odysseus, dem hier einst die Nymphe Kalypso Unsterblichkeit versprach, wenn er auf immer bei ihr bliebe. Das tat er nicht. Er kehrte nach Hause zurück. Wie wir.

...Wie diese lustigen und eleganten Springer um das Boot jagen...

Das 8. Kapitel

ist hochdramatisch.
Es erzählt von der VI. phönizischen Reise.
An ihren haarsträubenden Ereignissen
sind beteiligt: Otto I., genannt der Große,
und Otto II., genannt der Flinke.
Es gliedert sich in die Abschnitte
1 – Otto I. ist machtlos
gegen den Zorn der Götter;
2 – Von der Insel der Nymphe Kalypso
zum italienischen Stiefel;
3 – Mit Otto II., dem Flinken,
zur Insel der Phäaken nach Korfu,
vor dessen Erreichen Poseidon den Seehelden
eine Begegnung der vierten Art verschafft.

Den Ereignissen um Otto sei ein Motto vorangestellt, das den Kern der Geschichte trifft:

„Ja, mach nur einen Plan und sei ein großes Licht,
und mach noch einen zweiten Plan –
gehn tun sie beide nicht."
(Brecht, Dreigroschenoper)

Der erste Plan datiert vom 21. Dezember 1979. Ottos Anschreiben lautet: „Unterbreite hiermit meinen neuen Zeit- und Kostenplan. Dein Steuermann." Auf dem Plan war alles zu finden, was einer für die Reise aufzeichnet, wenn er selbst weltläufig, gut unterrichtet, sachverständig, organisatorisch begabt, ingenieurtechnisch hochgebildet und dazu auch noch auf Preiswürdigkeit bedacht ist. Abflüge, Ankünfte, Zeiten, Preise. Sogar die Segeltage waren von Otto I., dem Großen, bis auf die Stunde genau errechnet und mit „12 Tage und 9^{h}" (sic!) ausgeworfen worden. Blickte man nur darauf, verschlug es einem schon den Atem. Es war das Werk eines Fachmannes, der gewohnt ist, mit Netzplänen zu hantieren wie unsereiner mit dem kleinen Einmaleins.

Der zweite Plan datiert vom 22. Januar 1980. In den Details ist er nicht so verfeinert wie der erste. Dafür ist er, bei den Terminen, mit der Buchung identisch. Ihm ist ferner ein Info-Blatt über das Hotel „Royal Santina" beigefügt. Es liegt nur 35 Kilometer vom römischen Flughafen Leonardo da Vinci entfernt, hat Damen- und Herrenfriseur im Haus. Klimatisiert, schallisoliert, Hunde nicht zugelassen. Pro Nacht und Nase: 22 700 Lire, zieht man dort zu zweit ein. Da verbietet es sich von selbst, von Preisen zu sprechen. Geschenke sind das, milde Gaben.

Als wir nur zwei Monate später mit dem Rest unserer Habe von einem römischen Taxi-Mafioso morgens gegen drei Uhr vor diesem Wunderhotel aus dem Auto gestoßen wurden, ergaben wir uns in unser Schicksal. Und das kam so.

Als ich Otto I. vorschlug, in den sauren Preisapfel zu beißen und mit Linienflug nach Malta zu düsen, erhob er Einwände. Er wisse da, sagte er, Besseres und Preiswerteres. Überdies wolle er, sagte er, unsere Unternehmung mit einem anschließenden Urlaub mit seiner Frau auf Ischia verbinden. Es sei alles ganz einfach, meinte er. Und es liege so nah beieinander. Es böte sich an. Doch damit auch das Einfache richtig liefe, wäre es wohl besser, die Planung in einer Hand, also bei ihm zu belassen. Aber gewiß doch! Welcher Kapitän, der genug mit dem nautischen Teil der Reise, mit Seekarten, Proviant und Bootsausstattung um die Ohren hat, bediente sich nicht gern der uneigennützigen Hilfe und Unterstützung seiner vorzüglichen Offiziere? Ich tat es bedenkenlos.

„Was ist los?" gab ich mir zu bedenken, als wir pünktlich um neun Uhr früh in Neapel gelandet waren, Otto sich mit seinen Sachen schon woanders befand und ich, auf meinen großen Koffer wartend, vor dem rotierenden Band stand. Als der endlich mit den letzten Gepäckstücken dieses Fluges auftauchte und ich ihn vom Band hob, hatte ich für einen Augenblick das Gefühl, er wäre während des Fluges etwas leichter geworden. „Unsinn!" sagte ich mir. Ich schnappte mir also meine Siebensachen und eilte hinter Otto I. her, der in dem Gebäude verschwunden war, wo die Inlandflüge abgewickelt werden.

Otto stand vor einem Alitalia-Schalter, an dem er und einige weitere Reisende beabsichtigten, sich für den Flug nach Rom, Flight Nr. BM 137, 11.00 Uhr ab Neapel, an Rom 11.50 Uhr, einchecken zu lassen.

Als ich, gebeugt von der Last meiner vier oder fünf Gepäckstücke, bei Otto eintraf, waren seine Wangen gerötet, seine sonst sonore Stimme war schrill und erhoben. Mit den Armen vollführte er abwechselnd rudernde und zuckende Bewegungen. „Was", fragte ich mich, „mag er nur haben?"

Das stellte sich gleich heraus. Der ingeniöse Netzplan-Reisekombinations- und sonstige Sachverständige war von einer einfachen Fluggesellschaft ausgetrickst worden. Auf ganz primitive Weise: Der Flug BM 137, 11.00 Uhr nach Rom, war gestrichen worden. Für so etwas gibt es viele Gründe: zu wenig Passagiere, Motorschaden, Flugkapitän mit der Stewardeß, auf die er schon immer ein Auge, usw.

Da stand nun mein Cicerone mit all seiner Weisheit. Mir hatte er versprochen, mich ein bißchen durch Rom zu führen, das er, der Vielgereiste, kannte wie seine Westentasche. Ganz besonders wolle er mir, hatte er gesagt, das Colosseum zeigen. Das müßte man gesehen haben, auch wenn man sich nur kurz in der Gegend aufhielte.

Was sich die Herren am Schalter gegenseitig zu erzählen hatten, entbehrte nicht der Monotonie. „Ich habe aber ein Flugticket!" pflegte Otto zu rufen und mit ihm vor der Nase des Schaltermenschen herumzufuchteln.

Der rief sinngemäß und auch sinnbildhaft mit leeren Händen die Luft zerteilend zurück: „Ihr Schreien nützt nichts. Wir haben kein Flugzeug."

Darauf Otto wieder: „Ich habe aber ein Ticket." Undsoweiter undsoweiter . . .

Nachdem die Herren sich so mit lebhafter Rede und Gegenrede ungefähr eine halbe Stunde die Zeit vertrieben hatten, hieß uns der Schaltermann verschwinden. Doch ehe er seine Luke dichtmachte, hatte er noch Hoffnung in unsere Herzen gepflanzt: Wir sollten um 18.00 Uhr wieder aufkreuzen. Bis dahin würde sich ermitteln lassen, ob der dann nach Parfum duftende Flugkapitän wieder da, der Motor repariert und die Fluggesellschaft als solche wieder in Operation wäre.

Wir brachten unser Gepäck unter und fuhren hinaus an den Strand. Wir besuchten und besichtigten hier und dort Säulen, Trümmer und Quellen. Wir aßen etwas und waren pünktlich um 18.00 Uhr wieder zur Stelle.

Jetzt machte man meinem Otto und den anderen mißmutig dreinblickenden Fluggästen klar, die Gesellschaft habe ihnen gegenüber nur eine Transportverpflichtung. Dieser gedenke sie auch alsbald nachzukommen. Die werde sie, sagte man, mittels eines Busses erfüllen. Die sehr geschätzten Flugpassagiere möchten doch, bitte, ihr Gepäck holen und es zum Verstauen an den Bus bringen.

Als Otto noch einmal den Hinweis anzubringen suchte, es handle sich bei seiner Person um einen Flug- und keinen Omnibus-Passagier, winkte man nur noch müde ab. „Wollen Sie nach Rom oder nicht?" Klare Frage. „Alle Wege führen dahin. Unserer auch."

Der Weg war lang, dunkel, ermüdend und holperig. Ob das Umleitungen oder Caesars Quadern waren, wird so dunkel bleiben, wie es die schwarze Nacht war, durch die der Bus rollte. In Rom trafen wir in den frühen Morgenstunden ein.

Als der Fahrer schneidig in die Kurve der Straße ging, die um das schön angestrahlte Colosseum herumführt, fiel mir der recht schwere Koffer des vor mir sitzenden Italieners aus dem Gepäcknetz auf den Kopf. Dieser Vorgang beendete schlagartig meine Besichtigung des Colosseums durch die Scheibe des an ihm vorbeijagenden Busses.

Doch kaum war der Akt mit dem Koffer zu Ende, da begann sogleich der nächste Akt. Das Theater fing erst richtig an. Wenn die Götter hier am Mittelmeer einmal zu Schabernack aufgelegt sind, dann machen sie auch ganze Arbeit. Denn als wir, nach viel zu vielen

Stunden Busfahrt, im Gebäude des großen und modernen Flughafens eingetroffen waren, geisterte mein Partner irgendwo herum, um die Verbindung nach Malta für den späteren Morgen des bereits angebrochenen Tages klarzubekommen.

Ich hing in einem der schwarzen Sessel und bewachte das Gepäck. Da blieb mein Auge am Koffer hängen. Der enthielt noch Bootsproviant aus Germania. Brot, Butter, Dauerwurst, Schinken! Wir hatten seit vielen Stunden nichts mehr gegessen. „Bis der Otto zurückkommt", sagte ich da zu mir, „mache ich uns ein paar ordentliche Schnitten. Otto wird auch Hunger haben."

Ich löse die Riemen, hebe den Kofferdeckel und pralle zurück. Ich erinnere mich des kurzen Zweifels in Neapel: Koffer hier leichter als in Deutschland? Das war keine Täuschung gewesen. Es war nicht mein Koffer.

Da hatte also ein lieber Mitmensch, der vor Jahren genauso ein Ding in einem bekannten Kaufhaus erworben hatte, meinen Koffer gegriffen und seinen dafür stehenlassen. Anders konnte es gar nicht gewesen sein.

Ab zu „Lost and Found". Also nicht ins Hotel, ins Fundbüro. Fragen beantworten, Formulare ausfüllen. Wohin der Koffer geschickt werden solle, falls er sich einfinde. Wir geben Flughafen Catania auf Sizilien an, denn wenn alles glattgeht, kommen wir da in einer Woche mit dem Boot vorbei.

Jetzt aber ab zum Hotel. Etwas Schlaf braucht der Mensch, wenn alles danebenläuft.

Als es hell geworden ist, wir aber noch nicht ganz wach sind, quetschen wir uns in einen überfüllten Bus zum Bahnhof. Von dort kommen wir mit dem Zubringerbus wieder zum Flughafen. Dort gleich wieder zu „Lost and Found". Otto jagt mit den anderen Sachen davon. Er hat sie auf einen Wagen geladen und ruft über die Schulter zurück: „Sehen uns an der Sperre!"

Als ich – erfolglos – das Fundbüro verlassen habe und an die erste Sperre komme, sagt die Stewardeß: „Malta? Ja der fliegt doch gleich ab! Drüben ist die Sperre schon geschlossen. Kommen Sie mit." Sie lotst mich durch einige Gänge. Ich lande in dem Raum, wo die Malta-Leute just aufstehen, um aufs Rollfeld hinauszugehen. Kein Otto weit und breit. Auch als ich mich für den Start anschnalle, ist von Otto nichts zu sehen. Warum muß der auch immer irgendwohin loswetzen? Das kommt davon. Auf Malta gelandet, erkundige ich mich nach dem nächsten Flugzeug aus Rom. Es landet am Spätnachmittag. Als ich den lieben Otto von der Terrasse aus auf das Flughafengebäude zumarschieren sehe und sich unsere Augen treffen, vermute ich ganz richtig, daß wir uns heute nicht mehr viel zu erzählen haben werden. Einsilbig fahren wir zur Manoel Island Yacht Yard.

Wir räumen im Licht unserer Stablampen das im engen Kajütraum liegende Gerät und Zubehör so weit beiseite, daß wir uns auf den Kojen langmachen können. Wir rollen in all dem Dreck und Staub, der sich ungeachtet dichter Schottbretter immer ansammelt, unsere Schlafsäcke aus und schließen die Augen. Es darf vermutet werden, daß jeder vor dem Einschlafen die Kette der Mißgeschicke und kleinen Katastrophen noch einmal hat Revue passieren lassen. Doch hatten wir ihr Ende noch nicht ganz erreicht. Da fehlte noch etwas. Das kam dann zwei Tage später. Oder auch einen. War auch egal.

Als ich während des Seeklarmachens kurz hintereinander an zwei oder drei Dingen Kritik übte, die Otto betrafen oder von ihm gemacht worden waren, was weiß ich, kriegte er einen Wutanfall und wurde noch viel lauter als in Neapel, wo wir nicht fliegen konnten. Nun flogen die Fetzen eines Einvernehmens, das in wenigen Jahren zur Freundschaft geführt hatte. Ohne mich vorher von dieser Entscheidung zu verständigen, zog Otto der I. und Große mit Sack und Pack in ein nahegelegenes Hotel. Dort wohnte er so lange, bis wir den Kahn fertig hatten und der Riesenkran der Yacht Yard ihn ins Wasser senkte. Allem gegenüber, was bis zu diesem Zeitpunkt geschehen war, erwies sich die Überfahrt nach Sizilien als Kinderspiel. Wir schafften es in einer Nacht bis in den kleinen Fischerhafen Marzamemi hinein. Anker raus. Schlafen.

Danach legten wir uns bei Avola in eine Bucht, wo noch einige andere Sportboote lagen. Es sah so aus, als hätten die launischen Götter aufgehört, uns zu zürnen. Aber sie hatten noch ein As im Ärmel. Das spielten sie einige Tage später aus.

Die Umgebung von Avola ist hübsch. Pinien, Zypressen, Fischerhäuschen, Sommervillen. In große Häfen wie den von Syrakus zieht es uns nicht. Sie sind verölt und voller Lärm.

Syrakus besuchen wir mit dem Bus. Wir laufen zu den Kirchen und gehen in das Archäologische Museum. Wir klettern in die Steinbrüche, die zu namenlosen Gräbern von Abertausenden von Gefangenen wurden, die hier bei Hitze und Durst und härtester Arbeit elend zugrunde gingen. Wir besuchen auch das Griechische Theater, 5. Jahrhundert, von dem behauptet wird, es sei das größte Bauwerk dieser Art des klassischen Altertums gewesen. Syrakus war in seiner Blütezeit eine der größten griechischen Städte. Es hieß Pentapolis, wegen seiner fünf Stadtteile: Ortygia, Achradina, Tiche, Neapolis und Epipolis. Ich notiere die Namen nur, weil sie so klangvoll sind, wenn man sie laut ausspricht.

Ich kaufe mir einige rohe Nachbildungen aus Ton. Darunter einen Kopf des Neptunus, den ich in der Kabine aufhänge. Die Angehörigen primitiver Stämme haben immer schon an die glückbringende und unheilabweisende Kraft von Amuletten, Figurinen und derlei Devotionalien geglaubt. Da muß was dran sein. Der alte göttliche Hohlkopf ist immer noch mit mir unterwegs.

Des Nachts vor Syrakus hat er uns bestimmt geholfen. Da nämlich begab sich Schlimmes. Hätte es nicht das Zusammenwirken des Neptunus aus Ton mit einem Mirakel gegeben, dann hätte die Angelegenheit wohl ins Auge und wir untergehen können. Und das kam so:

Bei unseren Stadtbesuchen hatten wir uns natürlich auch am Hafen umgesehen. Wir waren dabei auf ein kleines Hafenbecken gestoßen, in dem einige alte Fischerboote dümpelten. Die auf den nahen Felsen gebauten Häuser waren halb zerfallen. Das Ganze hatte den Charme, den Dekadenz und Verfall auszustrahlen pflegen. In diesen Hafen wollten wir nun und waren auch anfangs mit rauschender Bugwelle unterwegs. Dann hatten wir es aber mit der Strömung zu tun, mußten wohl auch ein wenig kreuzen, und – wie heißt es bei Homer? – „... vom Himmel hernieder brach Nacht ein“. Wir wußten, wo der kleine Hafen lag, hinter dem großen. Dessen Einfahrt, von der Breite vieler Scheunentore, hatten wir an Backbord passiert, waren ein gutes Stück weitergelaufen und suchten nun angestrengt nach der Befeuerung der richtigen Einfahrt. Aber wie wir auch guckten, wir sahen nichts. Was nur zum Teil stimmt. Lichter sahen wir wohl. Es waren die von den Häusern am Berg, aber kein Grün und Rot.

Und so gingen wir denn, um besser sehen zu können, unwillkürlich immer dichter an die Küste heran ... Krach! Bumm! Es knallte entsetzlich, und wir saßen voll auf den gischtenden Riffs. Die Felsen waren widerlich spitz und kantig. Heiliger Strohsack!

Interessanterweise gab es keine Panik, obwohl wir es geschafft hatten, uns mitten in einen kleinen Archipel schwarzdrohender Reißzähne zu setzen, die durchaus den Eindruck machten, als wären sie schon fröhlich dabei, sich einige schmackhafte Happen aus unserer

Glasfaser herauszuknabbern. Es krachte gewaltig, wenn eine Welle uns auf den Felsen stauchte.

Wir rissen das Schwert hoch. Kaum war es im Kasten, setzte schon die Wirkung des Mirakels ein: Die in der Nacht, bei abflauendem Wind, nicht sehr hohe Dünung hob uns unter wiederholtem Aufdonnern über die erste Barre und setzte uns, vor der nächsten, die nur wenige Meter entfernt erwartungsvoll die Zähne fletschte, für einen Augenblick in freies Wasser. Da hatte ich einen lichten Moment und erkannte die Chance. Ich griff die Reißleine des wundersamerweise nicht aus der Halterung im Schacht geboxten Honda. Der Motor sprang sofort an. Der Kahn setzte sich in Bewegung. Und so wahr der Ton-Neptun noch heute am Kopfende meiner Koje über dem von vielem und häufigem Angstschweiß getränkten Kissen hängt: Wir gelangten doch wirklich, zwischen all den von weißen Schaumkränzen umwogten Beißern hindurch, ins offene Wasser. Dort fielen wir uns in die Arme.

Als wir wieder zu Luft gekommen waren und uns beruhigt hatten, geschah nacheinander folgendes: Wir verfluchten unsere Unaufmerksamkeit, dann die Felsen, dann das Fehlen der Einfahrtfeuer am kleinen Hafen. Und dann machten wir drei Kreuze hinter die Sache und nahmen einen zur Brust, und zwar reichlich. Den passenden Trinkspruch entlieh ich mir bei Homer, von jenem größten der Sänger, der sich mit den Gefahren der See, aber auch mit den Gefühlen derer auskannte, die sie bestanden hatten.

> *„Freunde, wir sind ja bisher nicht unerfahren im Unglück; doch wir entkamen von dort durch meinen mutigen Ratschlag, so auch werden wir uns einst dieser Gefahren erinnern.“ (Odyssee, XII/208, 211, 212)*

Wir segeln an den Kaps S. Panagia und S. Croce vorbei und werden nach Runden von Capo Campolato reich beschenkt. Denn hebt der Seefahrer hier nur die Nase, hat er das gewaltige Massiv des Ätna vor sich. Zwar verhüllt sein Gipfel sich tagsüber mit Dunst, das ist richtig. Doch welch ein Klotz ist das. Keiner aus der unübersehbaren Schar der Kommentatoren und Deuter der Odyssee findet eine einleuchtende Erklärung dafür, daß der seebefahrene Odysseus diese Landmarke, unbemerkt und unreflektiert, wie der moderne Ausdruck in Neudeutsch lautet, dicht an Steuerbord gelassen haben soll. Auf seinem gefahrvollen Weg von der sechshälsigen, grausighäuptigen

Skylla, die ihm sechs Gefährten aus dem Boot schnappte, zur schönen Kalypso, Nymphe auf Ogygia. Von ihr war bereits die Rede.

Durchfährt man die Bucht nach Süden, taucht das Feuer von Brucoli auf weißem Türmchen mit roten Streifen auf. Dahinter erhebt sich das alte Kastell Regina Giovanna. Neben dem Türmchen öffnet sich die Einfahrt in die gleich von hohen Steilufern gesäumte Porcaria. Man muß nur ganz dicht am Ostufer bleiben. Auf der anderen Seite sitzt auch ein Flachläufer wie unsereins sofort auf Schiet. Nicht nur, daß man hier still und friedlich das Wonneplätzchen mit den wenigen Fischerbooten teilt. Da der Schutz der Böschungen bis zum Masttopp reicht, liegt man in Brucoli nun wirklich einmal wie in Abrahams vielzitiertem Schoß. Von hier aus machen wir uns auf den Weg nach Catania, auch, um auf dem Flughafen nachzufragen, ob der in Neapel vertauschte Koffer zur Abholung bereitstünde.

Wir erhielten vom Oberverwalter herrenlosen sizilischen Gepäcks trostreiche Kunde: Er wäre wohl dagewesen, der Koffer. Doch hätte man ihn nach einigen Tagen fruchtlosen Wartens auf den Weg in die Heimat, nach Germania, gebracht. Das ist nun mal was anderes, daß der Mensch nicht neben seinem Koffer her in der Fremde herumjökelt, sondern hinter ihm her nach Hause. Besser läßt man ihn, sorgfältig gepackt, bei der Abreise gleich dort und spart sich viel Schreiberei, Ärger und Umwege. Reisen bildet – in jeder Beziehung.

Nach den sehr unangenehmen und wechselvollen Ereignissen zu Beginn der Reise hatte deren zweiter Teil sich doch recht gut angelassen. Für die frühe Jahreszeit, März/April, war der Anteil an unangenehm starken Winden erfreulich gering gewesen. Als wir, nach kurzem Zwischenaufenthalt in Acitrezza, das Häfchen Taormina mit dem im Wasser stehenden Fels-Obelisk erreicht hatten und unsere Leinen um die dortigen Poller wanden, war auch Otto der I. und Große mit der Welt, der Seefahrt und sich ausgesöhnt. Womöglich sogar mit mir. Er zeigte mir hoch da droben auf dem Berge das griechische Theater, von dem man auf Bucht und Küste einen Blick hat, dessen Großartigkeit schon die Dichter zu Versen des Entzückens angeregt hat.

Steigt man von der luftigen Höhe und Erhabenheit des Tempels der Musen wieder hinab in die von Touristen aus aller Herren Ländern überflutete Stadt, hat man binnen einer halben Stunde schon genug von diesem Mekka der sizilischen Ostküste und möchte am liebsten sofort aufs Boot und weg von hier.

Am Abend lädt Otto mich zum Abschiedsessen ein. Am Morgen nimmt er seinen Seesack und mustert ab. Er wünscht mir im Hinblick auf die Felsenriffe vor Syrakus mehr als nur die Handbreit Wasser unter den Kiel und verschwindet.

Am Nachmittag desselben Tages meldet sich schon Otto der II. (und Flinke) zum Dienst an Bord und zur Weiterreise. So bemerkenswert pünktlich werden bei uns Termine und Verabredungen eingehalten, wenn nicht gerade Felsen auf dem Weg des Bootes liegen, Koffer verschwinden oder international bekannte Fluglinien einen wissen lassen, Flugmaschinen wären just nicht mehr am Lager, doch könne man gern auf eine Portion Omnibusse zurückgreifen.

Der II. Otto hüpfte leichtfüßig und mit einer Selbstverständlichkeit aufs Boot, daß es mein altes Phönizierherz wärmte. Bei den schon geschilderten auf diesem Kahn für die Auswahl der Besatzung zugrunde gelegten strengen Qualifikationsbedingungen versteht es sich fast von selbst, daß dieser Mensch seinen Hintern vorher noch nie auf ein Segelboot gehievt hatte. Seine sportiven Qualitäten hatte er in anderen Disziplinen mehr als bewiesen. Bei ihm handelte es sich nämlich um einen mehrfachen Deutschen Tennismeister im Einzel und Doppel, der das Rackett sogar gegen Cracks der Weltklasse geschwungen hatte. Jetzt war dieser Löwe der Centre Courts in die Jahre gekommen und spielte aus reiner Gutmütigkeit jeden Dienstag ein Lust-Doppel bei uns Meistern der mittleren gehobenen Vorstadtklasse mit. Bis er, nach dem Match und beim Bier, unvorsichtigerweise sagte: „Also gut, dann fahre ich mal bei dir mit."

Ich hatte diesem As des Filzballes vor der Abreise nur einen Zettel in die Hand gedrückt, auf dem Zeit, Ort, Ausrüstung und die von ihm mitzubringende Verpflegung standen. Als er auspackte, war alles vorhanden. Mit der Dauerwurst hätte man leicht einen Ochsen erschlagen können.

Ganz früh am nächsten Morgen legten wir ab. Im Licht der aufgehenden Sonne sahen wir über der von uns aufgeworfenen Heckwelle den Ätna. Die bekannte Dame Eos hatte mit rosigen Fingerchen den Gipfel eingefärbt. Das war ein Anblick! Wenn die Götter freundlich sind, dann mit derselben Konsequenz, die sie bei Verstimmtheit an den Tag legen. Wir hatten uns über das betörend schöne Bild des Vulkans noch nicht zu Ende gefreut, da fingen vor Kalabrien Tümmler an, mit dem schnell laufenden Boot zu spielen. Otto II. hatte noch nie erlebt, wie diese lustigen und eleganten Flitzer und Springer des Meeres um das Boot jagen und ihre Kunststücke vorführen. Er war begeistert. Als der Schwarm nach zehn Minuten verschwunden war, suchte Otto mich zu überzeugen, daß es delphinische Mutproben wären, wenn die Burschen auf 30 Zentimeter am Bug des in voller Fahrt befindlichen Bootes quer zur Fahrtrichtung vorbeizischten. Und dabei ein Auge zum Beobachter erhoben, als wollten sie fragen, ob man die Attraktion auch zu würdigen wisse. Daß sie zutraulich und leicht dressierbar sind, ist bekannt. Auch meint man zu wissen, daß sie länger am Boot spielen, wenn es eine Fahrt macht, die ihrer eigenen Reisegeschwindigkeit in etwa entspricht. Das leuchtet ein, weil es für die verspielten Kerle nicht so langweilig ist. Ob nun all die hübschen Geschichten über sie wahr sind, die seit dem Altertum erzählt, weitergegeben und durch immer neue ergänzt werden, ist schwer zu beurteilen. Delphin rettet Ertrinkenden. Delphin stößt Schlauchboot mit besinnungslosem Schiffbrüchigen an Land. Delphin bringt Kind in Sicherheit. So lauten die Schlagzeilen. Auch weiß man nichts Verläßliches darüber, ob die Sympathie von beiden Seiten so stark ist. Bei seefahrenden Menschen ist das keine Frage. Als jemand in einem Gespräch zugab, Tümmlerfleisch gegessen zu haben, das schmecke nicht schlecht, da wandten sich die anderen von ihm ab: so ein Kannibale.

Der erste Tag mit Otto II. läuft vorzüglich. Die Bootsbewegungen machen ihm nichts aus. Dem Naturell nach gesellig und freundlich, wird er erst dann bösartig, wenn er merkt, daß ihn einer an der Grundlinie behumsen will. Da wir keine haben, nur eine Grundrichtung, nämlich die italienische Stiefelsohle hinauf nach Catanzaro, ist alles gut und Otto am Abend schon ein Dreiviertel-Seemann. Was die Schiffsführung jedoch überrascht, sind die vielen, engbeschriebenen Bogen Papier, die er mit sich führt. Es stellt sich heraus, daß Otto auf seine alten Tage noch einen jener Cramming Courses in England belegt hat. Dabei sitzt man im Internat wie ein zu Hause nicht mehr geduldeter Pennäler, bekommt von morgens bis abends alles eingepaukt, was Englisch ist, und hat dann, nach drei Monaten Intensivkurs, alles vergessen, was Deutsch ist. Jetzt hat er Ferien, um zu sich zu kommen. Und ich muß in jeder freien Minute Vokabeln abhören. So, wie er auf dem Tennisplatz losdrischt, so geht Otto auch auf Englisch los: unerbittlich. Auch dem Kapitän gegenüber.

Mit englischen Sprachübungen vertrieben wir uns die Zeit, die auf einer Langfahrt ohnehin um vieles schneller verrinnt als im Büro oder zu Hause. Bald war es Nacht, aber der Meister des Englischen und ich, wir hatten noch immer kein Plätzchen, um uns und das Boot schlafenlegen zu können. Auch das Handbuch spendete keinen Trost: „Die Küste ist frei von besonderen Gefahren, bietet aber nirgends Schutz gegen auflandige Winde. Hafenanlagen sind nicht vorhanden."

„There you are", sprach ich zu meinem Engländer, „don't scold me."

„Well", fragte er mit dem kalten Blut, das Angehörige dieser Nation in Augenblicken der Gefahr stets ausgezeichnet hat, „what shall we do next?"

„Cross our fingers and go to sleep."

Was wir taten.

Vorher hatten wir uns so weit an die rauf und runter offene Küste herangepirscht, daß wir mit verlängerten Leinen ankern konnten, aber nicht das volle Geschaukel der zum Ufer auslaufenden Dünung mitmachen mußten. Der auflandige Wind ließ uns ganz munter hopsen. Und wieder sucht man im Handbuch vergeblich nach Zuspruch. Da steht deutlich: „Ankerplätze vor der Küste muß man bei den ersten Anzeichen frischer auflandiger Winde verlassen." Ein just erst gefundenes Heim zu verlassen, widerstrebt dem müden Seewanderer. Auch wenn es wackelt. So blieben wir noch bis zum ersten Licht, dann machten wir uns davon.

In der Gegend der Punta Stilo, die den Golfo di Squillace im Süden begrenzt, durften wir uns davon überzeugen, daß der April auch in Süditalien noch sehr kalte Schauer bereithält. Wir hockten wieder mit den Füßen im Wasser, die Ölkapuzen über die Nase gezogen, während der Regen rauschte und es so kalt wehte wie bei uns zu Hause auch.

Gegen Abend hatten wir endlich Catanzaro vor der Nase und schafften es, noch vor Einbruch der Dunkelheit in den Fischerhafen Marina die Catanzaro hineinzurutschen. Wir hatten gerade geankert, als ein freundlicher Bursche mit Namen Mimo herangerudert kam und uns an Land brachte. Wir liefen noch ein wenig beim abendlichen Korso mit, setzten uns zu einem schnellen Abendessen in ein Lokal und verholten uns bald wieder an Bord.

Besondere und aufwühlende Ereignisse auf See bereiten sich vor wie ein Gewitter. Lange passiert nichts. Es herrscht Stille. Es ist dies die Ruhe vor dem Sturm. Das war aber dann kein richtiger Sturm. Dieser fand mehr in den Gemütern der beiden Seefahrer statt. In aller Beschaulichkeit hatten wir die Kaps Rizzuto und Colonne passiert und liefen auf Nordostkurs vor dem Golfo di Taranto auf den Absatz des italienischen Stiefels zu. Dort befindet sich der Hafen Sta. Maria di Leuca. Da wollten wir hin, um uns ein wenig zu erholen und dann den Sprung hinüber nach Korfu zu machen. Wir waren ein bißchen müde; die Nacht hatten wir uns auf offener See um die Ohren geschlagen.

Am späten Nachmittag, bei leichter Brise, schön warm war es geworden, lag Sta. Maria di Leuca nur noch 20 bis 30 Seemeilen entfernt. Es war die Zeit, die Ruhe, die letzten Sonnenstrahlen zu genießen und an das Abendessen zu denken. Ich steige in die Kajüte, um es zu bereiten. Nach einer Weile höre ich den Ruf meines Rudergängers. „Komm sofort heraus! Hier ist eine Grube in der See!"

„In der See gibt es keine Gruben!" rufe ich wissend zurück. Als Otto aber dringlich wird, lege ich das Brett mit den Butterbroten zur Seite und krieche hinaus. Ich habe gerade Zeit, mich aufzurichten, da falle ich auch schon hintenüber auf die Ducht, bin keines Wortes und keiner Regung mehr fähig. Während eines meiner schreckgeweiteten Augen noch das wahrnimmt, was Otto ganz richtig als Kuhle oder Grube bezeichnet hat, bleibt das andere an dem Ungetüm hängen, daß sich da, keine 20 Meter vor mir, aus dem Wasser hebt. Dunkel, riesenhaft, im Licht der untergehenden Sonne von abtriefendem Wasser glänzend, steigt und steigt es höher und höher, verhält einen Augenblick, läßt sich dann wieder hinabsinken und hinterläßt schon wieder so ein unglaublich großes, unregelmäßig geformtes, trichterartiges Loch in der See.

Wir schauen uns an, ob wir träumen. Wir träumen nicht. Wie um seine mehr als nur wuchtige Wirklichkeit nicht in Zweifel ziehen zu lassen, taucht der Riesenwal gleich noch einigemal auf. Nun aber schon in größerer Entfernung. Wir hatten das Ruder, nach dem ersten Auftauchen des Wales, behutsam, aber bestimmt herumgenommen, um so schnell wie irgend möglich aus der Reichweite seiner Schwanzflosse zu verschwinden. Dabei sprachen wir sehr leise miteinander, um diesen schwarzen Riesenschreck in der Abendstunde möglichst nicht zu reizen. Den hätten wir doch um Haaresbreite erwischt! Die erste Kuhle befand sich nämlich unmittelbar neben dem Kahn. Gar nicht auszudenken, was hätte geschehen können, wenn der Wal nicht weggetaucht und das kleine Boot mit seinem Spielschwert ihm in den Speck gefahren wäre. Vermutlich hätte der uns mit einem Schlag seiner Schwanzflosse in die Luft befördert.

Was hat man nicht schon alles über Boote gelesen, die Wale gerammt haben und deren Besatzungen anschließend in die Rettungsinseln klettern mußten. Was bei uns schwierig gewesen wäre, weil keine da sind. Es fehlt Raum dafür. Otto behauptet heute noch, etwas weiter weg hätte sich auch die Familie des Wales befunden. Kann gut sein. Auf dem Film hatte ich das Monstrum erst, als wir schon an die 200 Meter weit weg waren. Es hat gedauert, bis wir uns so weit beruhigt hatten, daß wir wieder an unser Abendbrot denken konnten.

Unter den zahlreichen Erlebnissen, die wir auf unserer Umrundung als besonders bemerkenswert im Gedächtnis behalten haben, nimmt die Begegnung mit dem Wal vor Sta. Maria ganz gewiß einen der vorderen Plätze ein.

Mitten in der Nacht vor dem Hafen Sta. Maria de Leuca angekommen, kriegten wir uns, unausgeschlafen und noch nervös vom Wal, zum erstenmal in die Wolle. Für Otto II., den Meister schneller Aktionen am Netz, war mein betont langsames Heranpirschen an die Lichter, die auch hier beileibe keine Feuer waren, zu bedächtig und tüttelig. Er stand auf dem Bug, sah nichts und konnte mir auch keine Hinweise geben, wo ich uns da hätte hineinschwenken können. Dafür gab ich, der mir noch das Felsenreiten mit Otto I. vor Syrakus in den Knochen stak, ihm „a piece of my mind". Was er wohl verstanden haben muß, denn er blaffte zurück. Wie das so geht, wenn unausgeschlafene Seefahrer, deren Nerven gereizt sind, Konversation machen. Ein Wort gibt das andere. Das andere ist eigenartigerweise meist lauter als das vorhergehende. Obwohl keiner von beiden schwerhörig ist. Man kennt das.

Als wir endlich zwischen den wenigen Fischerbooten festmachen, ist das weniger ein Hafen als ein halbwegs geschützter Ankerplatz. Einige trübe Funzeln geben etwas Licht. Wir fallen in die Kojen.

Am Morgen, bei heißem Kaffee und Marmeladebroten, sieht sich die Szene sehr viel besser an, sogar fast romantisch.

Rechts von uns, zum Dorf, ist ein recht großer Dampfer mit seinem halben Bauch auf die Felsen gelaufen oder geworfen worden. Das sieht aus, als wolle er gleich auch noch das Dorf und die Kirche über den Haufen fahren.

Vor uns, auf der anderen Seite der kleinen, hafenartigen Bucht, werfen Fischer ihren nächtlichen Fang auf die Steine. Darunter Schwertfische und Katzenhaie. Links führt ein Fußweg hügelan zu einem Monument. Wer bis zum Sockel hinaufklettert, wird mit einem weiten Rundblick über Apuliens Stiefelabsatz, den Hafen und das Meer belohnt. Auf dem Sockel steht mit schwarzer, etwas ausgelaufener Farbe, aber in großen Buchstaben: VIVA IL DUCE, BENITO MUSSOLINI!

Dies ist Italiens äußerste Südostecke. Hinauf geht es ins Adriatische, hinunter ins Ionische Meer. Da wollen wir hin. Korfu, Kerkyra, das Scheria der Odyssee, ist das Etappenziel. Da soll das Boot überwintern. Die Insel, nach deren Erreichen die Leiden des göttlichen Dulders zu Ende sein sollten. Von Ogygia/Malta nach Scheria/Korfu benötigte Odysseus nach den Segelanweisungen der Kalypso 17 Tage. Ehe er die Taue löste, hatte die schöne Nymphe von „der Bärin, die auch mit dem Namen Wagen benannt wird“ gesprochen und ihm mit großer Bestimmtheit empfohlen, sich „zur Linken zu halten“, wenn er das Meer überquere. Wir hielten Kalabrien und Apulien zur Linken und reisten auf Umwegen phönizisch, er auf direktem Kurs kalypsisch. Wir ein wenig schneller, er langsamer. Als ich über die für große Abenteurer nur geringe Zeitspanne von dreitausend Jahren hinweg sein, Odysseus', und mein Logbuch verglich, hatten wir beide die gleiche Zeit gebraucht.

Noch war es aber nicht ganz soweit. Noch mußten wir die Straße von Otranto überqueren. Wenn man einen solchen Otto wie ich an Bord hat, lehrt ein Blick auf die Karte, daß sich auch die Ziele inzwischen auf ihn eingerichtet haben: Nisis Othonoi heißt die kleine im Nordwesten Korfus liegende Inselgruppe. Auf die wird Kurs abgesteckt, als wir uns an einem klaren Sonnenmorgen vom Stiefelabsatz aus auf den Weg nach Griechenland machen. Obwohl es dahin leicht über 40 Seemeilen sind, steht der Felsen nach wenigen Stunden Fahrt schon zum Greifen nah vor uns. Helligkeit und gute Sicht täuschen wie so oft über die noch verbleibende Distanz. Der Tag vergeht. Es wird Nacht. Othonoi macht sein Feuer an. Wir laufen bis gegen Mitternacht drauf zu.

Was macht man, wenn man in kohlpechrabenschwarzer Nacht bei einem sich irgendwo dicht vor einem aus dem Wasser reckenden Felsklotz ankommt? Man tastet. Otto mit seiner dicken Brille und Stableuchte hängt am Vorstag und ruft: „Noch geht es!“ Ich versuche, das Boot so vorsichtig wie möglich näher an das dunkle Massiv heranzubringen. Als der Anker Grund findet und hält, sind wir für die Nacht untergebracht.

Die Auswirkungen des Gesetzes der Serie erstaunen einen immer wieder. Erst klappt auf so einer Reise gar nichts. Und dann, selbst wenn die Umstände eher auf weitere Pannen zu weisen scheinen, läuft alles wie am Schnürchen. Am nächsten Morgen reiben wir uns noch einmal die Augen. Ein sechster Sinn hat uns offensichtlich durch die Nacht gelotst. Rechts Felsen, links Felsen, das Bötchen in der Mitten.

Als wir mit dem Duft der Pinien von Othonoi in der Nase um die Huk gehen, ist es, als habe sich ein Vorhang geöffnet und den Blick auf eine Märchenlandschaft freigegeben. Über das spiegelblanke Meer zieht ein Fischer und fächert achtern Kräuselwellen auf. Vor dem Bug Korfu, das Ziel der Reise. Der höchste Berg, der Pantokrator, ist deutlich zu sehen. Und daneben, weiter links, das albanische Festland mit seinen hohen, schneebedeckten Gipfeln. Für einen solchen Morgen mit solchen Bildern nimmt man schon gern einiges in Kauf.

Während wir auf Korfu zulaufen, wenden wir die Augen nicht von den Albaner Bergen. Nun brauchten auch wir nichts mehr zu tun, als nur dem Rat zu folgen, den Ino Leukóthea, die Dame „mit zierlichen Knöcheln“, dem Odysseus hatte zuteil werden lassen. Als der, unter sehr viel schlechteren Wetterbedingungen als wir, hier auf seinem Floß vorbeigerauscht kam, auf dem der arme und durchnäßte Teufel sich mit letzter Kraft festhielt, schlug sie vor:

„Zieh die Kleider jetzt aus und überlasse den Winden dein Fahrzeug!
Mögen sie's treiben – du hast ja die Hände zum Schwimmen!
Nach Heimkehr trachte! Ins Land der Phäaken;
denn Rettung ist dort dir beschieden.“ (Odyssee, V/343–345)

Da Otto und ich schon alle Kleider abgelegt hatten, brauchten wir uns nur noch mit des Rates zweitem Teil zu befassen. Was wir taten, indem wir in das an der Westküste Korfus schön gelegene Paläokastritsa einliefen. Das ist ein ganz entzückendes Nest an einer von größeren Felsen einigermaßen geschützten Bucht. Fischerboote, ein kurzer Steg, eine kurze Betonpier. Pinienwald zieht sich die Hänge hinauf. Zwei kleine Restaurants stehen am Wasser.

„Als er das sah, war froh der göttliche Dulder Odysseus.“
(Odyssee, V/486)

Wir auch. Wir machten fest, klarten ein wenig das Boot auf, säuberten uns und zogen in das nächstgelegene Strandrestaurant, um dort das glückliche Erreichen der grünen Insel festlich zu begehen.

Da unser Schwan des Meeres uns so schnell getragen hatte, konnten wir uns hier noch einige Tage tummeln. Wir badeten, sonnten, besprachen so naheliegende Themen wie das der Größe eines Walfischmaules und ob der Wal, hätte er es aufgerissen, uns gleich ganz oder aber nur bis zur Saling verschluckt hätte. Und wie das seinerzeit eigentlich mit dem Jonas aus der Bibel war, der ja auch reichlich Anlaß hatte, sich ernsthafte Gedanken über Wale zu machen.

Mit dem Hafenmeister verabredeten wir, gegen wieviel Gebühr wir das Boot bei ihm am Steg liegenlassen durften. Und wieviel er dafür erhalten sollte, daß er ab und an sein Auge auf Boot und Festmacher warf. Als diese Abmachungen, sauber in mehrere Absätze gegliedert, schriftlich aufgesetzt und von den Vertragsparteien ordnungsgemäß unterzeichnet waren, kam die griechische Marine und verjagte uns. Es stellte sich heraus, daß unser Freund das im kleineren Maßstab besaß, was die Herren Onassis, Niarchos und Mammonopolos im großen ausgezeichnet hatte: Sinn für das Geschäft mit einer schnellen Drachme. An der Pier, für die der Vertrag galt und wo das Boot überwintern sollte, hatte der Hafenmeister überhaupt nichts zu melden. Die Pier gehörte der Marine. Die blauen Jungs behaupteten, der Hafenmeister hätte wohl nicht alle Tassen im Schrank, und belegten das durch das international gültige Tippen des Zeigefingers an den Kopf. Auch möchten wir uns so schnell wie möglich davonmachen.

Am nächsten Tag wollten wir nach Hause düsen. Was tun? Rum um den Nordteil der Insel und wieder runter bis Korfu-Stadt. Da mußte doch gewiß etwas zu machen sein. In aller Hast die Leinen los und in das Meer hineingestochen. Wir stochen wacker und bei zunächst guten Wetter- und Seebedingungen die Insel hoch und fanden zur Nacht Unterschlupf in einer Bucht bei Kassiopi im Norden der Küste. Im ersten Licht ging's weiter. Einige Stunden vor Abflug kamen wir in Korfu an. Ein Niederländer, der dort auch Boote verchartert, gewährte uns gegen viele Drachmen über Winter einen Stellplatz für das Boot. Der junge Engländer, der uns bediente, merkte sehr schnell, daß es uns ein wenig pressierte. Er hielt uns ein Formular mit etlichem Kleingedruckten unter die Nase, welches ich frohgemut unterzeichnete. Ist das ein Glück. Wer hätte das gedacht, daß wir noch rechtzeitig zum Flughafen kommen! „We shall take care of everything“, ließ sich der Sohn Albions vernehmen. Musik in den Ohren dessen, der noch rasch seine Siebensachen zusammensuchen und sie, wie sie daherkommen, in den Seesack stopfen muß. Schnell noch eine Taxe suchen und ab zum Flughafen. Wenn einem so geholfen wird, erscheint es dem Geholfenen als ein geringer Schönheitsfehler, daß die stolzen Preise sämtlich im voraus zu entrichten sind. Spätestens vier Wochen nach Vertragsabschluß. Bei so viel Sorgfalt im juristischen und finanziellen Teil der Transaktion, sagte sich der eilig zum Flughafen strebende Kunde, wird es auch an der erforderlichen Zuverlässigkeit beim Aufslippen und Bewachen nicht mangeln.

Während Otto, der Tennis-Matador der schnellen Passierschläge und der tödlichen Vorhand, sein mathematisches Können bei der Lire-, Drachmen- und D-Mark-Abrechnung erprobt, um festzustellen, welcher der Seehelden beim anderen im Debet ist, kaufe ich noch Halwa ein. Das ist die aus Sesamsamen hergestellte, im ganzen Orient beliebte klebrig-süße grauweißbräunliche Näscherei. Der schreibt man zu, bei Herren Kraft und Stärke in wichtigen Bereichen zu bewirken. Den Damen verspricht Halwa, was man an gutem Wein schätzt: Fülle und Körper. Da in dieser Gegend ja mittlerweile alles olympisch ist, macht auch der Preis für Halwa keine Ausnahme. Dem Käufer bleibt die Hoffnung auf eine dem Preis angemessene Potenzierung der Wirkung.

Wie heißt die Fluglinie, mit der wir nach Hause düsen? Erraten. Olympic Airlines. Hier ist es das erstemal, daß der phönizische Seefahrer, in 10000 Meter Höhe, zunächst eine Speisekarte und dann erst das Mahl serviert bekommt. Anderes als was da aufgedruckt ist, gibt es nicht. Aber das gibt es. Und dazu noch mit Croutons.

Das 9. Kapitel

berichtet von der VII. phönizischen Reise
und belegt, daß wir manchem Schock
gewachsen sind,
das Ionische Meer durchfahren,
Odysseus zu Hause besuchen
und auf Kreta unseren Bug fast in
„Vassili's Tavern" hineinragen lassen.

... Einziger
überlebender Seemann
der Welt, der einen
im Meer befindlichen
Abhang hinabgesegelt
ist.

Selbst auf kurzen Törns ist es nicht gleichgültig, wen man an Bord hat. Um wieviel wichtiger ist deshalb die Zusammensetzung einer Mannschaft für eine drei oder vier Wochen dauernde Reise über eine für ein so kleines Boot recht anspruchsvolle Distanz. Dazu noch mit drei Mann, also unter beengten Verhältnissen.

Diesmal reibt sich der Kapitän vor lauter Vorfreude bereits um die Weihnachtszeit die Hände. Dazu besteht auch jeder Anlaß. Vom Christkind, vom Weihnachts- oder Klabautermann, von wem auch immer, ist ihm eine Crew – hier darf man nur diesen Ausdruck verwenden – geschenkt worden, bei der er, der Kapitän, sich fragen muß, ob er ihrer überhaupt würdig ist. Nach solchen Knaben würde sich jeder Admiral's-Cup-Renner alle zehn Finger lecken. Da nimmt es niemand wunder, wenn es mit der deutschen Wirtschaft wieder steil bergauf geht, wenn solche Knaben an ihren Hebeln spielen.

Da ist einmal Horst, el diablo del mar, der schon die Mistral-Zone durchfahren, bei Brahim in Bizerte in tiefer Kniebeuge mit drei Tropfen Wassers gebraust hat und vor Gozo, als einziger noch überlebender Seemann der Welt, einen im Meer befindlichen Abhang hinabsegelte.

Da ist zweitens Hermann, segelkundig und seebefahren. Ihn hat langjährige Berufspraxis gelehrt, nicht gleich aus den Pantinen zu kippen, wenn Zahlen und Kurse trotz angestrengten Nachdenkens am Ende doch nicht zur Deckung zu bringen sind.

Bezieht der Kapitän in seine vorbereitenden Betrachtungen noch das Revier ein, kann er das Frühjahr kaum erwarten. Da gibt es mehr zu sehen als nur den Sand von Apulien. Und wenn man sich nicht zu dusselig anstellt, findet man jede Nacht auch einen friedlichen Hafen.

Das ist die Stimmung, in der wir in Korfu vom Flughafen zum Hafen fahren und uns in einem nahegelegenen Hotel drei Betten sichern. Eine Nacht werden wir wohl noch an Land verbringen müssen. Am Schiff gehen uns die Augen über: Über Winter sind fast alle Yachten aufgebrochen worden. Die dem jungen Engländer übergebenen Schlüssel sind nicht auffindbar. Er selbst ist entlassen worden. Ein uns unbekannter Mensch versucht zu helfen. Aber auch er weiß nicht, wo sich Schlüssel, Motor, Tank und Polster befinden.

Das ganze Ausmaß dieser Katastrophe stellt sich aber erst heraus, als wir nacheinander durch das aufgebrochene und offengelassene Luk das Innenleben in Augenschein nehmen. Da sieht es fröhlich aus: Eine stinkende, schwarze Brühe, dem Geruch nach schon länger vorhanden, schwappt bis in die Kojen. Auf dem finsteren Binnengewässer schwimmen Tischbrett, leere Gasflasche, Verbandsmaterial, Klopapier und Sandalen. Pots und Pans ragen aus der Brühe oder schwimmen frei. In der Jauche hängen Kleider. In aufgebrochenen Konservendosen wimmeln seltene Käfer. Der ekelerregende Gestank läßt uns die Nase rümpfen.

Das Kleingedruckte des Vertrages regelt die Sache: Der Aufbewahrer haftet nicht für Einbruch und dessen Folgen.

Hermann ist der erste, der sich faßt.

Er spricht die geflügelten Worte:

„Es ist noch viel zu tun. Packen wir's an."

Wie die beiden von Hause aus feinen Herren auf den zum Himmel von Korfu stinkenden Zustand des Bootes reagierten, war echte Klasse. Es soll, nach Jahren, ausdrücklich erwähnt und auch gelobt werden.

Wir machten uns gleich nach dem Frühstück an die Arbeit. Sie dauerte bis zum Dunkelwerden. Dann gestatteten wir uns ein richtiges Essen in einem kleinen Speiselokal in der Nähe. Von dem geplanten Besichtigungsprogramm blieb nichts. Weder das Archäologische Museum noch die alte Festung, noch der Gorgo-Giebel oder die Kirchen. Nothing at all.

Des Textes aus dem Reiseprospekt erinnerten wir uns als blanken Hohns: „So kann heute, da es für jeden ein leichtes ist, diese Inseln zu besuchen, jeder die freudige Überraschung erleben, die sie mit den zahlreichen Variationen bieten."

Die Folgen der Überraschung mit Variationen hielten uns drei Tage in Atem.

Groß aber war unsere Freude, als wir den verstaubten Motor, den Tank und die Polster in den verschiedensten Winkeln eines Schuppens wiederfanden. Der Motor lief sogar noch.

Eigentlich waren wir nun seeklar. Jetzt mußte nur noch Proviant her. Hermann und Horst gingen los und kamen voller Ouzo wieder. Den hatte ihnen der Lebensmittelhändler am Hafen reichlich eingegossen, weil sie ihn in einer halben Stunde mit unseren Einkäufen zum reichen Mann gemacht hatten.

Nun muß man wissen, daß Ouzo in der Mittagszeit eines sommerlich heißen Tages auf Seefahrer unserer Zeit keine andere Wirkung ausübt, als es der Lotos damals bei den Gefährten des Odysseus getan hatte.

*„Wer von der honigsüßen Frucht des Lotos gegessen,
der bringt keine Kunde zurück und denkt nicht an Rückkehr,
sondern er möchte dort bei den Lotos essenden Männern
bleiben und Lotos pflücken und ganz vergessen die Heimkehr.“
(Odyssee, IX/94–97)*

Man setze nur Ouzo für Lotos. Weil durch ein Wunder weder der Proviant noch meine Lotos-Trinker über Bord gefallen waren, lösten wir die Leinen und stachen in See.

Das Meer war von angenehmer Friedfertigkeit. Ein sanfter Hauch schob uns auf der Innenseite der Korfu-Sichel hinunter. Gegen Abend erreichten wir, was nach einer Flußmündung aussah. Wir liefen in dem flachen Gewässer ein bißchen auf, zogen dann aber noch eine oder zwei Kabellängen aufwärts, fanden einen Steg und damit, kurz vor Sonnenuntergang, ein Heim für die Nacht. Das war ein Plätzchen! Umgeben von verwitterten Bootsrümpfen, an denen sich das wegtauchende Gestirn mit rötlichbraunen Farbspielen versuchte, kochten wir unser Abendsüppchen.

Mit dem ersten Licht ging es hinaus und weiter. Wir liefen zwischen Festland und den beiden Paxoi hindurch und erreichten rechtzeitig, vor Schwinden des Lichtes, Preveza, den ersten peloponnesischen Hafen. Der stellt sich leider als eine unruhige Angelegenheit heraus. Da kommen und gehen die Fähren. Der aufbrisende Wind steht in die Einfahrt. Der Kahn hopst an den Leinen. Der sensiblere der beiden Mitsegler beklagt sich laut: Hier könne er kein Auge schließen, geschweige denn schlafen. Wir verholen auf die andere Seite und ankern. So geht es besser.

In Preveza ist es, wo endgültig mit der Auffassung einiger bekannter Herren, auch meines Bosses, aufgeräumt werden muß, es ginge auf diesem Boot nicht nur navigatorisch, sondern auch mit Schiffspapieren locker, nicht mit rechten Dingen zu.

Das Gegenteil ist der Fall.

Hermann hat in seinem Laden eineinhalb Dutzend Crewlisten-Formulare ausfüllen und abziehen lassen. Auf ihnen fehlt nichts, an ihnen kann kein Zoll- oder Polizeimensch etwas aussetzen. Unser Transitlog war sowieso in Ordnung. Wenn ein Offizieller auftauchte, hielt ihm Horst gleich Transitlog, Crewliste und Pässe vor die Nase. Das machte während der ganzen Reise auf die Griechen einen so guten Eindruck, daß wir nirgendwo Schwierigkeiten hatten.

Noch immer zuckeln wir unter den denkbar besten Bedingungen auf den Levkas-Kanal zu. Eng, aber klar die Einfahrt. Gegenüber steht wie eine Wache die alte Festung. Schlenker nach rechts. Schlenker nach links. Schon hat man die Fähre vor der Nase. Wir warten, bis das Fährseil auf Tiefe abgesunken ist. Dann laufen wir unter Motor in den Kanal. Das ist aber gemütlich hier! Wir lassen die Augen über die Villen und Gärten des Kur- und Ausflugsortes Levkas wandern.

Bald haben wir den Kanal hinter uns und ziehen mit leisem Rauschen in die Traumlandschaft des sich trichterförmig ausweitenden, von hohen Ufern sattgrün gesäumten Ormos Drepanou.

Wohlgefühl hat sich unser bemächtigt. Es wird gleichermaßen von der Schönheit der Landschaft, der Harmonie an Bord, den schon weit zurückliegenden Anfangsschwierigkeiten und der Aussicht hervorgerufen, heute noch auf eigenem Kiel Ithaka anlaufen zu können. Eine Stunde später kommt die Onassis-Insel Skorpios an Backbord vorbei. Dann dauert es nicht mehr lange, bis einer der Höhepunkte dieser Reise vor uns liegt.

Wir nähern uns Ithaka. Die Nachmittagssonne scheint. Es ist leicht diesig. Die Insel bekommt dadurch weiche Konturen. Wir ziehen das Boot um zwei Landnasen, dann sehen wir Vathy, den Hafen von Ithaka. Horst und Hermann sind kaum zu bremsen. Ein über das andere Mal rufen sie: „Ithaka! Ithaka!“ Welche Kraft doch in einem alten mythischen Gedicht stecken muß, daß zwei so ausschließlich dem Rationalen verpflichtete Menschen wie meine Gefährten anfangen zu jubeln. Beide sind sie nicht mehr die allerjüngsten. Beruflich sind beide darauf eingerichtet, nur das gelten zu lassen, was sich beweisen, logisch aufbauen oder schlüssig rechnen läßt. Kalte Hunde das Jahr über.

„Mann“, sagt Horst, und es fehlt nicht viel, daß er es dem Papst nachtut, wenn der den ersten Schritt auf dem Boden des besuchten Landes macht, „daß ich das noch erlebe, und dazu noch auf einem Boot hier angekommen!“

So also sieht die Erfüllung von Träumen reifer Männer aus. Es ist nicht nur schön, es ist auch dies eine Steigerung des Erlebnisses, wenn jeder die Empfindungen des anderen teilt.

Der Abend ist Beispiel dafür, wie die eigenen Gefühle und der gläubige Enthusiasmus eine goldene Aura über eine Reihe kleiner Häuser, einige Läden und die schmuddeligen Kafeneions am Hafen breiten können. Denn mehr gibt der Hafen des Odysseus für das vom Lotos des klassischen Altertums nicht geblendete Auge des angekommenen Betrachters eigentlich nicht her.

Jubel macht durstig. Das war damals schon so, als der Wein von Ismaros noch im Krater mit Wasser vermischt wurde. Wir werfen uns am Hafen im nächsten Kafeneion in die freien Stühle und bestellen eine Erfrischung. Mit der Neige der zweiten Flasche und dem Schwinden der Sonne hinter den Bergen bestätigen wir uns gegenseitig, daß die Fortsetzung der Reise dies schwerlich wird übertreffen können.

Die älteren Knaben an den anderen Tischen erinnern in nichts an die von Homer geschilderten völlernden, saufenden, aber virilen Freier. Bei denen hier hätte Penelope zu keinen Listen Zuflucht zu nehmen brauchen. Die hätte sie nur ausgelacht. Oder sie mit dem Nudelholz in die Flucht geschlagen.

Beim Spaziergang läuft der Pope mit einigen Gemeindekindern vor uns her. Sein von einem Band zusammengehaltenes Zöpfchen wippt im Takt seiner Schritte. Dies alles zusammen macht es, daß wir die Frage, ob wir am nächsten Morgen schon wieder reisen sollen, gar nicht erst diskutieren. Hier bleiben wir noch. Wenn Tempo zugelegt werden muß, dann woanders. Auf Ithaka nicht. Als wir in die Kojen kriechen, steht fest: Morgen mieten wir uns ein Auto und fahren noch ein wenig landeinwärts.

Als Morpheus seine Arme breitet (und sich in dieser Kajüte die Ellenbogen stößt), umfängt er drei betagte Schelme, denen der fliehende Tag Augenblicke ungetrübten Glückes geschenkt hat – wenn das der Ausdruck für den Moment labilen Gleichgewichts zwischen des Menschen Sein und Empfinden ist.

Auf der Fahrt nach Stavros halten wir unterhalb der Höhle des Odysseus. So heißt sie. Darunter geht es nicht. Wir steigen keuchend den Berg hinan. Dann blicken wir in den feuchten Müll, der sich da unten in der Höhle reichlich angesammelt hat. Um den anschauen zu können, muß man sich durch einen schmalen Eingang zwängen. Als wir wieder draußen und in der Sonne stehen, sehen wir uns an. In wieviel Höhlen wie vieler Inseln wird der Mythos vermarktet? Besser als die mistige Höhle gefällt uns der Blick auf den Hafen. Der eröffnet sich, steigt man noch ein Stück den Berg hinauf. Wenig später, neben einem Friedhof, sein Denkmal. Der erste uns überlieferte Mann, der zu spät nach Hause gekommen ist. Sehr spät, allerdings. Zehn Jahre hat er gebraucht, um sich in der zu seiner Zeit bekannten, aber auch in Teilen der unbekannten, ja sogar in der Unterwelt umzusehen.

Da steht er vor uns und schaut uns mit seinen blinden Augen aus Stein prüfend an, uns, seine unbedeutenden, verspäteten Gefährten, deren Fragen an die Götter sich aber nicht wesentlich von den seinen unterscheiden. Wie wird sich das Meer, wie werden sich die Winde verhalten, wenn wir erst Zakynthos erreicht und die lange Distanz nach Kreta vor der Nase haben?

Am Nachmittag herrscht so früh im Jahr hier, im Kessel des Hafens, brütende Schwüle. Wir versuchen zu schlafen. Selbst das bloße Laken ist zuviel.

Am Abend begegnen wir dem uns vom Korso bekannten Popen in seiner Dorfkirche. Nun trägt er vollen Ornat. Andächtig singen die Gläubigen, und es duftet nach Weihrauch und Myrrhe. Wir bleiben bis zum Ende der Andacht. Horst beschließt den Tag für uns mit einem Klavierkonzert von Mozart aus dem Bordempfänger.

Der nächste Morgen sieht uns unterwegs nach Zakynthos. Erst geht es an der grünen Insel Kephallinia entlang, dann, von deren Südhuk aus, direkt auf den Hafen zu. Fior di Levante, Blume des Ostens, nennen die Bewohner ihre Insel. Wir wollen so rechtzeitig in Zakynthos sein, daß wir noch in eine Hafentaverne einkehren und einen Schlaftrunk nehmen können. Natürlich Retsina mit dem köstlichen Harz-Aroma.

Es gibt Griechenland-Besucher, die von sich sagen, es sei ihnen unmöglich, sich an den geharzten Wein zu gewöhnen. Mit solchen Schwierigkeiten hatten weder meine Begleiter noch ich je zu kämpfen. Im Gegenteil. Die Mannschaft hatte ganz schnell eine große Findigkeit im Bestimmen von Situationen entwickelt, die einen schnellen Griff in die Backskiste rechtfertigten, wo die handlichen Fläschchen geharzten Rebensaftes lagerten. „Da taucht die Insel auf!“ rief dann wohl einer. „Ich habe sie zuerst gesehen!“ der andere. „Das muß aber sofort gefeiert werden!“ der dritte. Kiste auf: Retsina!

Oder: Horst, derjenige von uns, dessen Bewegungen auf See bei ihm zu Hause mit Fähnchen und Stecknadeln mit bunten Köpfen auf Karten abgesteckt werden und der deshalb, wenn irgend machbar, zweimal täglich Standortmeldung absetzen muß, kommt vom Telefongespräch mit seiner Frau zurück und sagt, noch atemlos: „Soll grüßen. Sofort Verbindung gehabt.“ Man kann fast sicher sein, daß dann einer mit gesundem Instinkt für das jeweils Passende die sofortige Verbindung auch sofort begossen haben will. Um in solchen Fällen nicht erst umständlich baggern und kühlen zu müssen, hatte sich allmählich die wirksame Methode entwickelt, ein Weingefäß, in feuchte Lappen gehüllt, vor einem der Lenzlöcher in der Plicht aufzubewahren. Es wäre denn doch verwunderlich gewesen, wenn Leuten wie uns, die zum Vorausdenken und zu sorgfältiger Planung erzogen wurden, gerade auf diesem Gebiet nichts Sinnvolles eingefallen wäre.

Außerdem befanden wir uns mit unserer Liebe zum griechischen Wein in der besten Tradition der Odyssee:

„Sitzend in Reihen, von Brot und Fleisch die Tische daneben
überquellen, und Wein, aus dem Mischgefäße ihn schöpfend,
dann der Mundschenk bringt und in die Becher ihn einfüllt.
Das scheint mir das Schönste zu sein, wenn ich es bedenke."
(Odyssee, IX/8–11)

Wer, ist er noch bei Verstande, wird da widersprechen? Wir nicht. Und während wir abwechselnd mit der Zunge schnalzen, die Nase in die Sonne und in die Fahrtrichtung halten und dem Geplätscher der Bugwelle lauschen, bestätigt sich Odysseus' bei Alkinoos gegebener geographischer Hinweis:

„Viele Inseln liegen ringsum sehr nah beieinander,
Same, Dulichion und das waldbedeckte Zakynthos."
(Odyssee, IX/23, 24)

Genauso ist es. Das taucht jetzt am Abend vor uns auf. Wir brauchen beim Näherkommen nur noch die Einfahrt in den Hafen zu finden und sind wieder untergebracht. Horst jagt mit den Dokumenten los. Das Offizielle verbindet er immer gleich mit der Suche nach Brause und Telefon. Hermann und ich kümmern uns derweil um das Boot. Unser Telefonist teilt nach Rückkehr mit, was zu Hause und im Hafen los ist. Nicht mehr als in den anderen auch.

Wir beschließen den Tag mit Tintenfischen, auf römische Art zubereitet. Und, natürlich, der einem guten Schlaf zuträglichen Menge Retsina.

Über dem Abendessen wird beraten, wohin wir uns jetzt wenden sollen. Die Fahrt durch die Inselwelt des Ionischen Meeres ist zu Ende. So wie hier wird es nicht immer sein. Wetter, Landschaft, Stimmung:

Es paßte alles. So lange wir im Büro hocken oder die See befahren werden: Die ionische Woche bleibt unvergessen.

Das nächste Abenteuer lockt in Gestalt der Peloponnes. An der wollen wir uns entlangpirschen, um dann den Sprung nach Kreta zu machen. Als wir Zakynthos verlassen, verabschiedet sich auch die Sonne. Von irgendeinem Sender erfahren wir, daß ganz Griechenland im Gebiet einer Schlechtwetterzone liegt. Die Bestätigung folgt auf dem Fuße. Strömender Regen setzt ein und begleitet uns den Tag über und noch immer, als wir die Landnase von Katakolon erblicken. Wir umlaufen sie und mit ihr auch die dort die Einfahrt schützende Festung. Wir sind durchweicht und blaugefroren.

Es gibt Bilder, die sich über Jahre deutlich und unverändert im Gedächtnis halten. Und es gibt andere, die ohne ersichtlichen Grund daraus verschwinden und ohne daß man sagen könnte weshalb. Die Szene in der Taverne von Katakolon ist noch heute lebendig. Die Frauen am Webstuhl. Die umherhüpfenden Kinder. Die bunten Plakate und Bilder an den Wänden. Die klapperigen Einrichtungsgegenstände, über die wir unsere nassen Öljacken gehängt haben. Der wärmende Ofen vor und der heizende Ouzo in uns. Und dann haben wir da noch etwas gegessen. Und während wir uns erwärmten und froh waren, im Trockenen zu sitzen, konnten wir beobachten, wie der Regen auf Dach und Deck des Bootes prasselte. Das mit der Haltbarkeit im Gedächtnis mag daran liegen, daß eingefrorene Lebensgeister nach dem Auftauen besonders aufnahmefähig sind.

Die freundlichen Wirtsleute teilen uns die Nachrichten aus dem Fernsehen mit: morgen auch im ganzen Land Regen. Was macht der eingeregnete phönizische Seefahrer in Katakolon? Er verhandelt mit Kostas Solaris, der hier die einzige Taxe hat. Mit der fahren wir nach Olympia.

Als wir dort ankommen, ist der Regen zum Wolkenbruch geworden. Trotz langer Sätze und schneller Sprünge über die Pfützen sind wir schon wieder naß, als wir das schützende Dach des Museums erreichen. Nach zwei Stunden scheint wieder die Sonne. Wir gehen über die aufgeweichten Kampfstätten. Stadion, Trümmer, Mauern, Säulentrommeln. Dazwischen Oleander, Hibiskus, Bougainvillea.

Zurück zum Boot. Die Zeit drängt. Wir legen ab und ziehen in Richtung Kyparissia davon. Die Wolken haben sich verzogen, die Sonne kommt heraus. Die Rückkehr des Phöbus Apollon begehen wir mit Pfannkuchen, zu denen drei Sorten Marmelade nach Wunsch gereicht werden. Luxusdampfer. Meine beiden Mitsegler staunen, daß es mir wiederholt gelingt, die Pfannkuchen durch Hochwerfen mit der Pfanne in der Luft zu wenden, ohne daß sie am Kabinendach klebenbleiben oder mir die Augen bedecken. Navigation ist nicht alles. Von einem Kapitän darf man mehr verlangen.

Und weil die Nacht hereinbricht und über Pfannkuchen und munteren Scherzen mal wieder keiner richtig aufgepaßt hat, wo wir uns denn nun genau befinden, lesen wir schnell bei unserem Freund Denham nach, wo hier in der Gegend Quartier für uns bereitsteht. Wir erfahren, daß eine 300 Meter lange, unbeleuchtete Mole auf uns wartet. Nun suche einer mal so eine Mole, wenn es so duster ist, daß auch der neben einem Hockende wohl gehört, nicht aber gesehen werden kann. Nach den Lichtern der Häuser zu schließen, kann die Mole sich an wenigstens fünf verschiedenen Stellen befinden. Nach einer Weile beschließen wir, genug gesucht zu haben. Wir werfen den Anker über Bord und uns in die Kojen.

Um sechs weckt uns ein wildes Geschaukel. Rauhe Morgenbrise verbindet sich mit Dünung und Neerstrom zu nassem Katzenkopf-Pflaster. Bloß weg hier. Nach dem Frühstück haben wir kaum Zeit, uns schnell die Hände zu säubern und alles hervorzukramen, was an Film- und Fotokameras an Bord mitgeführt wird. Da kommen wir doch gleich am Kloster Filiatra vorbei, das auf der Touristenkarte mit vielen Sternen ausgezeichnet ist. Und das ist auch berechtigt. Ein so buntes und lustig aussehendes Kloster hat noch keiner von uns erblickt: Türmchen und Söller und Balkönchen und Verzierungen. Und all das farbig und in Keramik, daß einem das Herz lacht. Das müssen fröhliche Mönche sein, die da leben!

Gegen Mittag nähern wir uns der Bucht von Navarino. Die hat zwei Einfahrten: eine breite weiter südlich und eine zweite, sehr flache im Nordwesten. Die haben wir jetzt voraus an Backbord. Da wir bisher überall zurechtgekommen sind, wo Fischerboote durchliefen, versuchen wir es auch hier. Wir schrammen dabei fleißig am Grund entlang, mogeln uns an drohenden Steinen vorbei, wirbeln achtern Sand und Algen hoch und sind, aufatmend, in die weite, sich nach Süden ausdehnende Bucht eingefahren. Oben auf dem hohen Felsen die Festung Palaiokastron. Und damit wir diese friedliche Bucht auch recht zu würdigen wissen, zitiere ich aus dem Denham:

„Dies war der Ort, an dem Demosthenes sich von der nach Syrakus bestimmten athenischen Flotte trennte, um, nachdem er die Halbinsel mit Hilfe eines halben Dutzends Triremen in seine Gewalt gebracht hatte, während der Sommermonate den ihn belagernden Spartanern die Stirn zu bieten...

...gelangt man zu jener Tropfsteinhöhle, in der Hermes, wie die Sage erzählt, die dem Apollon gestohlenen Rinder verborgen gehalten haben soll...

...1827 lag hier eine türkisch-ägyptische Flotte mit 82 Kriegsschiffen. Am 20. Oktober lief eine Flotte der Alliierten (Engländer, Franzosen, Russen) unter Admiral Codrington mit 27 Kriegsschiffen ein. Als nun einige allzu kampfbegierige türkische Schiffe auf die Boote der alliierten Flotte zu schießen begannen, ließ Codrington das Feuer erwidern und versenkte binnen 24 Stunden 53 türkische Schiffe..."

Bei Windstille und klarem Wasser soll man die Wracks in 20 bis 30 Meter Tiefe liegen und rosten sehen. Als ich das Horst und Hermann sage, halten sie prompt die Nase über Bord und nach unten. Sie sehen aber nichts. Der Wasserspiegel kräuselt sich zu sehr.

In Pylos halten wir uns nicht auf. Wir ergänzen nur unsere Vorräte, weil es ungewiß ist, ob wir bis Kreta noch einmal einkaufen können. Aber nur wenige Stunden später halten wir schon wieder an. Da haben wir an Steuerbord die Insel Sapientza und an Backbord die ausgedehnten und hohen Wälle der venezianischen Festung Methoni. Nein, an so etwas darf man nicht vorbeilaufen, das muß man doch gesehen haben! Bei der Anfahrt auf die Nase vor der Methoni-Bucht nehmen die Bastionen gar kein Ende. Wie mächtig und reich muß dieser Stadtstaat gewesen sein, um an all diesen Küsten so gewaltige Monumente der Herrschaft aufrichten und unterhalten zu können!

Der Rest des Tages in der weiten und stillen Bucht ist nicht von dieser Welt. Daß wir keinen Einlaß in das Innere der Festung erhalten, stört uns nicht. Wir reden wenig. Baden, schauen, träumen. Als die Sonne im Meer eingetaucht ist, suchen wir uns ein kleines Lokal. Dort verspeisen wir einen armlangen Fisch mit ausgeprägtem Gebiß mit vielen scharfen Zähnen. Ein Zahnbarsch? Kann sein. Sehr schmackhaft jedenfalls und von griechischem Salat und Retsina begleitet. Vom Band tönt laute orientalische Musik. Der östliche Charakter dieses Teiles des Mittelmeeres wird immer stärker spürbar.

Am Morgen wird die knurrende Besatzung bei Sonnenaufgang aus den Federn und der Bucht gejagt. Ohne Frühstück. Das kann unterwegs nachgeholt werden. Nacheinander haken wir Sapientza, Schiza und Venetiko ab. Alles unter Motor. Der Wind hat uns vergessen. Kurs ist auf Kap Grosso abgesteckt. Wir laufen lange und stetig drei Knoten.

Am Nachmittag kommt endlich der erwünschte halbe Wind aus Westsüdwest auf, wie wir ihn bei den uns schon eine ganze Weile wohlgesonnenen Göttern bestellt haben. Wir laufen vor Genua mit Spibaum. Das rauscht nun wieder auf das allerschönste, und das Klatschen und Plätschern des die Wellen teilenden Buges versöhnt die Ohren nach dem vorausgegangenen Krach des Motors. So haben wir bei einbrechender Dunkelheit den Leuchtturm von Kap Tainaron in Sicht. Bei dem handelt es sich um den südlichsten Punkt des griechischen Festlandes und – fast – das südlichste Kap des europäischen Festlandes. Als es ganz dunkel geworden ist, erhalten wir die Bestätigung, daß wir uns auf der nördlichen der beiden Ost und West verbindenden Seestraßen befinden. Wohin man auch blickt: überall die Lichter kleinerer und größerer Schiffe. Nach Bergung des Spibaumes und stetigem Wind von drei bis vier Beaufort laufen wir auf der Straße der großen Kollegen einen munteren nächtlichen Slalom.

Als das Licht wiederkehrt, haben wir eine gute Ecke hinter uns gebracht und laufen in den Hafen Kapsalion ein. Der befindet sich auf der zwischen Peloponnes und Kreta liegenden Insel Kythira.

Das ist auch so ein bemerkenswertes Fleckchen auf der Karte. Es wird schon bei Homer erwähnt, als der Meltemi die Boote des Odysseus und seiner Gefährten erwischte und sie neun Tage vor sich her zu den Lotosessern blies:

„Aber als ich Maleia umfuhr, trieb Woge und Strömung
und der Nord mich ab und verschlug mich vorbei an Kythira.“
(Odyssee, IX/80, 81)

Die Insel ist der vom Meer nicht verschlungene Rest der einstigen Landverbindung zwischen den Kontinenten, Trittstufe seit undenklichen Zeiten. Auch hier wieder überblickt den Hafen ein venezianisches Kastell.

Die Bucht selbst ist zum Malen schön. Die meisten ziehen achtlos und viel zu schnell an diesem staunenswerten Inselchen vorbei. Auch wir machen es nicht viel besser. Eilig besorgen wir uns Postkarten, Benzin und Früchte und laufen gegen Mittag nach Kreta aus. Dies wird die letzte Distanz über offenes Wasser. Später wollen wir der kretischen Nordküste nach Osten folgen.

Wir passieren erst einen einsamen Felsen. Dann kommt Antikythira. Horst liest uns aus dem Denham vor. Der versorgt uns mit gleicher Zuverlässigkeit sowohl mit brauchbaren Hinweisen als auch mit Gänsehäuten. Beides abwechselnd und in schöner Regelmäßigkeit. Ein Edgar Wallace des Meeres. Es ist unmöglich, von Denham nicht gefesselt zu werden. Als Beispiel eine Schreckensmeldung aus dem Jahr 1807:

„Am 3. Januar scheiterte hier die Fregatte NAUTILUS. Einige der Mannschaft klammerten sich fünf Tage im Sturm an die glattgewaschenen Felsen, bis am sechsten Tag Fischer aus Potamos 64 Überlebende der 122köpfigen Mannschaft retten konnten."

Wir aber haben noch immer einen sehr lebhaften Westsüdwest um 5 und schießen mit Vollzeug auf Kreta zu. Und endlich, nach etlichem Spähen über den Bug, ist doch da vorne wirklich etwas Großes und Schwarzes. Es wird immer größer. Da klopft sich der spätphönizische Schiffer auf die navigatorische Schulter und spendiert einen Retsina. Dazu besteht auch wirklich Anlaß, denn das schwarze Ding ist Kretas Rodopou-Nase. Nach einigen Stunden und nachdem wir eine Mitternachtsparade der Lichter des Golfes von Chania von seinem einen bis zum anderen Ende abgenommen haben, laufen wir in den phönizisch-griechisch-römisch-venezianisch-türkischen Hafen von Chania ein. Dort legen wir uns ohne weitere Umstände an die Pier und in die Kojen.

Von Männerstimmen und Motorgeräuschen geweckt, schieben wir das Luk zurück. Über uns auf dem Kai eine Vollversammlung der Chanier. Alle schwatzen durcheinander. Wir: „Kalimera." Die: „Kalimera." Guten Morgen, guten Morgen. Pause. Damit hat sich der Gedankenaustausch aber schon erschöpft.

Hoch über der quirligen Stadt mit ihrem Basar und vielen Läden stehen die schneebedeckten Kuppen des Ida. Sie erfreuen das Auge, das unten am Hafen viel Schmuddeliges und Zerfall zu sehen bekommen hat. Aber auch den Basar, der sich hier schon deutlich levantinischer präsentiert. Es gibt jede Menge Schnickschnack, wiewohl auch geschmackvoll verarbeitetes Silber und Ledernes in allen Ausführungen und Preislagen. Bei einer ausladenden Reisetasche mit aufgesetzten Fächern und Trageriemen gebe ich meine Zurückhaltung gegenüber Basar-Einkäufen auf. Nach lustvollem Feilschen und mindestens zweimaligem Unterbrechen der Verhandlung und Verlassen der Bude erstehe ich preiswert das Glanzstück unter den Reisetaschen. Aus hellem Schweinsleder. Es war aber auch hohe Zeit, sich wenigstens in diesem Punkt dem Standard der Gefährten anzupassen.

Wie denn nun weiter? Geplant war, daß Hermann uns hier verlassen und von Iraklion aus nach Hause fliegen sollte. Eitel Freude kommt auf, als er uns nach Anruf in seinem Laden wissen läßt, er bliebe uns noch bis zum nächsten Hafen erhalten. Der heißt Rethymnon, soll mittelalterlich-malerisch aussehen und ist noch an die 40 bis 50 Seemeilen entfernt. Nicht mehr als eine gute Tagesreise um die nächste Kartoffelnase der Insel herum. Die heißt Akrotiri. „Bei der Mannschaft", so läßt sie selbst sich vernehmen, „da reiten wir das auf einer Backe herunter."

Das mag wohl potentiell so sein. Doch lehrt die herbe Erfahrung, daß Poseidon zuhört, wenn Seefahrer derartig auf den Putz hauen. Und je kecker die Absichtserklärungen, desto spitzer sein Ohr. Wie auch jetzt wieder. Als wir bei der zweiten Flasche Retsina in der Taverne saßen und uns noch stärker dünkten als nach der ersten, hatte der Herrscher über die See wohl unerkannt am Nebentisch Platz genommen und sein Notizbuch aufgeschlagen. Und je schneller wir beim dritten Retsina mit dem Maule schon in Rethymnon waren, desto eifriger schrieb er in sein Buch. Was da drin stand, zeigte er uns am Nachmittag des nächsten Tages.

Es wäre, so glaube ich, besser gewesen, wenn wir uns in dieser Sache an den Rat des trefflichen Thrasymedes gehalten hätten, der empfahl:

„Fremder, richte du nun ein Gebet an den Herrscher Poseidon."
(III/43)

Und statt uns in das Gefolge des Schutzheiligen der Aufschneider, St. Bramarbas, einzureihen, hätten wir gut daran getan, dem Gott mit dem Fischspieß ein paar Stiere zu schlachten. Wo das hätte stattfinden sollen, ist auch verzeichnet:

„... man opferte dort am Strande des Meeres
schwarze Stiere dem dunkelhaarigen Erdenerschütterer."
(III/5, 6)

Doch nichts davon! Leider! Statt schwarze Stiere zu suchen, gossen die Verblendeten sich noch eine Flasche Retsina in den Hals!

Der folgende Morgen war klar und hell. Der Schnee auf dem Ida leuchtete. Ein freundlicher Hauch füllte die Segel. Es ging ein bißchen langsam voran, weil wir uns zur Akrotiri-Huk vorkreuzen mußten. Doch dann, so meinten wir, würden wir mit raumer Brise, einem Kissen im Rücken und den Beinen auf der gegenüberliegenden Bank das Panorama Kretas auf uns wirken lassen, das an einem Frühjahrstag wie diesem selbst übersättigte Augen das Staunen lehrt.

Als wir die Huk erreichen, ist der Wind weg. An derlei hat man sich gewöhnt. Die Spiele, die der Äolos hier mit seinem Windsack treibt, durchschaut niemand. Was aber nichts Gutes ahnen läßt, das ist der im Handumdrehen sich verdunkelnde Himmel, der stellenweise blauschwarz geworden ist. Auf die nächsten Attraktionen braucht man nicht lange zu warten. Wenn Äolos am Windbeutel fingert, kommt selten Langeweile auf. Schon pfeift es recht ungemütlich im Rigg. Unsere Nußschale liegt voll auf der Seite. Sechs Hände klammern sich an Klampen, Schoten und am Niedergang fest. Welchen Wind hat der Gott entweichen lassen? Levante? Poniente? Meltemi? Nichts dergleichen! Abwechslung soll sein.

Wir hatten ja schon lange keinen Schirokko mehr genossen, den letzten auf Pantelleria. Um so reichlicher kriegen wir ihn jetzt auf die Mütze. Obwohl es noch Nachmittag ist, schlägt der Bug im Halbdunkel auf die anrollenden Brecher. Um von Akrotiri nach Rethymnon zu gelangen, müssen wir ziemlich genau Südost halten. Die Jauler und Heuler, die da schwarz und riffelig aus den Bergen auf uns zujagen und den Kahn umzuwerfen drohen, haben sich für die Grundrichtung Südsüdost entschieden. Da heißt es, die schneidigen Käppchen und Mützen zu bergen. Schon ist Hermanns Traditionsmütze davongeflogen. Da man die Böen zumeist daherkommen sieht, bleibt mitunter noch genug Zeit, „Festhalten!" zu rufen. Mehr reffen geht nicht, sonst können wir den Kurs auf Rethymnon zu nicht halten. Wir lassen unseren bärenstarken 7,5er Motor mitlaufen. Zum Glück haben wir in Chania noch einmal getankt. Zu weiterer Freude besteht im Augenblick kein Anlaß. Wir verbringen die Zeit mit Festhalten, Böen-Ausrufen, Kopfeinziehen vor überkommenden Duschen und fortwährenden Versuchen, hinter dem niedrigen Kajütdach und hintereinander Schutz vor Wasser und Wind zu finden.

So ziehen wir langsam unsere Bahn. Wir werden dabei recht stark umhergeworfen und sind auch bald naß und kalt – wiewohl der wieder feinen Sand tragende Wind warm ist. Als wir nach einigen

Stunden die Lichter unseres Zielhafens über der bewegten Wasserfläche ausmachen können und die sich mit zunehmender Annäherung in die Breite ziehen, werden die ernst dreinschauenden Seehelden von Hoffnung und frischem Lebensmut erfüllt. Einer wagt sogar schon wieder ein Scherzchen, obwohl er sich noch immer mit allen vieren verankern muß.

Erstaunlich, wie durchschlagend in solchen Lagen die Wirkung noch weit entfernter Lichtquellen auf die Psyche von Bootsbesatzungen zu sein pflegt. Es werden noch Stunden vergehen, bis man die Lichter erreichen wird. In der Zeit kann all das Schlimme durchaus noch eintreten, das man, ganz tief da drin und im Verborgenen, vielleicht doch ein wenig befürchtet hat. Nichts mehr davon. Kaum leuchtet es am Horizont, ist die Not nur noch halb so groß.

Irgendwie haben wir uns gegen Mitternacht hinter der hohen Mole von Rethymnon in Sicherheit gebracht. Nachdem das Boot in der hintersten Ecke, neben einem Wrack, provisorisch festgemacht war, klopften wir uns gegenseitig auf die nassen Ölzeugschultern, daß es laut klatschte. Es geht einfach nichts über das Einlaufen in einen bergenden Hafen, wenn es hinter einem noch immer heult und spritzt und die mächtigen Brecher, nur wenige Meter entfernt, an der Außenseite der Mole ihre dumpfen Trommeln hören lassen. Während Horst und ich noch ein wenig am Boot pusseln, kommt der schnelle Hermann mit der frohen Botschaft zurück, daß gleich um die Ecke im Innenhafen noch ein Restaurant geöffnet ist.

Das sind endlich Meldungen nach unserem Herzen. Ich ernenne Hermann spontan zum Oberoffizier mit zwei weiteren Ärmelstreifen. Wir verholen also um die Ecke, wo bei den Fischerbooten noch Licht ist, und finden doch just dort eine Lücke, wo gleich davor „Vassili's Tavern“ um diese Stunde ihre gastlichen Pforten noch geöffnet hat. Die Taverne liegt in dem Bogen, den der alte venezianische Hafen zur Stadt hin bildet. Der Hafen, den immer noch das Pflaster aus jener Zeit ziert, sieht besonders hübsch aus, wenn sich abends seine Lichter im Wasser spiegeln.

Wenn mir je in einer Hafentaverne zwei ausgesprochene Masken begegnet sind, dann waren dies ohne jeden Zweifel Vassili und sein Kellner Jannis. Der eine war ein Schlitzohr von hohen Graden, mit listigen Äuglein, Wuschelkopf und Popenbart. Er neigte zu Fülle, Albernheit und Scherzen. Der andere war wieselflink, ebenfalls lustig, oft ein Lied pfeifend oder trällernd. Gingen jüngere Touristinnen vorüber, verstand er es, hinter deren Rücken ein-, zwei- bis siebendeutige Pantomimen aufzuführen. Da hatte es zwei Kobolde und Satyrn in eine Hafenkneipe verschlagen. Preis und Lob sei beiden, die uns in jener Nacht noch gastlich aufgenommen und es uns nicht an Gesottenem und Gebratenem haben fehlen lassen.

Vorher dampfte die Fischsuppe. Und hinterher floß der Retsina. Denn bedauerlicherweise war dies nächtliche Freudenfest gleichzeitig auch die Schlußfeier für den lieben Hermann. Der mußte nun wirklich nach Hause zurück. Eine weitere Verlängerung war nicht mehr drin. Da stieg dann der Schiffer noch während des Mahles aufs Boot und wühlte aus seinem Seesack das heraus, was woanders der Halsorden mit Schärpe oder die Medaille für besondere Verdienste und Leistungen ist: ein T-Shirt mit einem über die ganze Brust flunkenden Anker und dem ehrenvollen Aufdruck „Crew member of MIKE-DULL."

Während Vassili und Jannis einmal sprachlos zusahen, Horst sich erhob, der Schiffer starke und dreifach geflügelte Worte an Hermann richtete, mußte dieser sich seiner Oberbekleidung entledigen. Darauf wurde ihm das T-Shirt über die haarige Brust gezogen. Ob er dann noch, zur höheren Weihe, mit Retsina begossen wurde, läßt sich heute nicht mehr exakt ermitteln. Gepaßt hätte es. Vielleicht weiß es Vassili noch. Jedenfalls war das eine der erhabensten Feiern, die der Hafen gesehen hat, seit die Venezianer ihre oben über ihm wuchtende Festung eingeweiht hatten. Kurz bevor die Hähne von Rethymnon zum Krähen Luft holten, kamen wir irgendwie in die Kojen.

Am nächsten Morgen packte Hermann seinen Seesack. Vassili holte eine Taxe. Und weil die nicht bis vor das Boot und die Taverne fahren konnte, begleiteten wir Hermann zu ihr. Als es dann ernst wurde mit dem Lebewohl und wir uns zum Abschied umarmten, da haben wir doch wirklich alle drei geschluckt.

Als Horst und ich wieder auf dem Boot waren, empfanden wir es als groß und leer. So etwas können drei Wochen bewirken, wenn die richtigen Leute zusammen sind. Schnell jedoch ließ Horst gefühlige Anwandlungen verfliegen: An einem harten Kanten biß er sich, der alte Gierschlung, einen vorderen Stiftzahn aus. Danach sah er wie die Hexe in Humperdincks Märchenoper aus. Da ihm das aber nicht zu gefallen schien, beschwor er Vassili, sich doch bitte bei einem Zahnarzt telefonisch vermittelnd einzusetzen. Das war am Samstagnachmittag vor Ostern. Am Ostersonntag mittags hatte Horst seinen Beißer bereits wieder drin. Für den Gegenwert von 35 Mark. Da war der Junge froh.

Der Osterspaziergang führt uns auf die Festung. Sie ist ein Labyrinth aus Mauern, Scharten, Wehrgängen und Türmen. Unbegrenzt schweift der Blick auf der einen Seite über die See, hinüber zum Gebirge auf der anderen. Wir bummeln noch durch die Altstadt, essen dort aus der Hand einen Fleischspieß vom Rost und erholen uns im großen Park. Hier stehen sehr alte subtropische Bäume. Früh im Jahr blüht und duftet es schon so, daß man nicht genug sehen und schnuppern kann.

Lustig und bequem am Liegeplatz unseres Bootes ist, daß der Bug fast in den Taverneneingang hineinragt. Wünschen wir etwas, dann rufen wir Vassili oder Jannis. Die reichen uns das Bestellte aufs Boot. Mehrmals lassen wir uns Yoghurt mit Honig bringen. Das ist ein Leben! Als Vassili hört, daß das Boot auf Kreta bleiben soll, wenn wir zurückfliegen, macht er mir einen anrüchigen Vorschlag: „Leave the boat here, ich werde aufpassen. Und dann werde ich mit den girls ein bißchen spazierenfahren.“

Der gastliche Satyr ist nur mit Mühe davon zu überzeugen, daß für uns das Boot ein Objekt zur Befriedigung der See- und nicht der Fleischeslust darstellt. Wir bleiben dennoch Freunde.

Viel Beifall bei den Gästen finden die beiden mit einer von Jannis getanzten Sirtaki-Parodie, die der geborene Clown mit gefüllten Tellern während des Servierens tanzt. Beim Schlußakkord schleicht Vassili von hinten an ihn heran und zerschmettert einen Porzellanteller auf seinem Kopf. Das war ein fröhliches Ostern bei den beiden!

Es hilft alles nichts, wir müssen weiter. Die Fahrt entlang der Küste, mit den schneebedeckten Bergen im Hintergrund, verläuft ohne besondere Ereignisse. Nach zehn Stunden laufen wir am späten Nachmittag in den alten Teil des Hafens von Iraklion ein. Wir legen uns in die Nähe der Cafeteria, gegenüber dem Turm.

Hier wollten wir das Boot lassen.

Nach einigen Gesprächen sieht es nicht gut aus damit. Deshalb wird beschlossen, nach Agios Nikolaos weiterzulaufen.

Dort wollen wir unser Heil noch einmal versuchen. Zuvor aber soll Knossos besichtigt werden. Das soll am nächsten Tag geschehen, gemeinsam mit der Skipper-Frau, die einen Aufenthalt in Malia gebucht hat.

Am Knossos-Morgen erwachen wir frohgestimmt und denken an nichts Böses. Da sind wir schon in Feindseligkeiten verwickelt und hätten fast ein griechisches Kriegsschiff versenkt. Das kam so:

Der Nachtplatz behagte uns nicht. Es sollte zwischen den Holländer JOHANN SEBASTIAN, der just aus dem Pazifik zurück war, und ein mit kleinen Kanönchen ausgerüstetes Schiff der griechischen Marine verholt werden. Ich hatte zuvor von Land aus die Lücke gepeilt und entschieden, daß es vielleicht quietschen, aber gehen würde. Doch nicht ausreichend wahrgenommen hatte ich den weiter oben befindlichen, kühn geschwungenen Bug des Schiffes der Marine.

Wir drücken uns nun etwas hastig in die Lücke. Unten paßt es zwar, aber oben schrammen wir mit der Saling am grauen Griechen entlang. Das Geräusch des Kratzens von Metall an Metall löst auf dem Deck über uns heftige Bewegung und lautes Schimpfen aus. Derweil kommt die abgescherte Saling an der Want nach unten gefahren. Die Sache wird ernst, als der Kapitän oder ein Offizier des Griechen sich über seine Reling beugt, sehr laut Unfreundliches äußert und dazu heftige Armbewegungen in die Richtung macht, aus der wir gerade gekommen sind. Die Lebenserfahrung lehrt: Wer mit der Saling Kriegsschiffe anbohren will, wird in aller Regel den kürzeren ziehen.

Und so verdrückten wir uns auf die andere Seite des Holländers. Der machte jetzt das Polster zwischen uns und dem Zorn des Kapitäns über die Schramme, die wir hinterlassen hatten.

Mit Hilfe des Holländers und eines Bootsmannstuhles wurde die Saling später repariert und die Want angeknallt.

Über Knossos und den von Sir Arthur Evans reichlich verwendeten Beton zur Rekonstruktion von etwas, das es so, nach Meinung der Fachleute, kaum gegeben haben kann, haben sich Archäologen, nicht Seefahrer zu äußern. Selbst dann nicht, wenn sie sich in Katastrophen dieser und jener Art gut auskennen. In einer solchen soll die minoische Kultur untergegangen sein.

Als wir beide viel zu früh wach werden, laufen wir noch bei Dunkelheit aus dem Hafen und machen uns auf den Weg nach Agios Nikolaos. Vorher haben wir noch schnell einen Dank an JOHANN SEBASTIAN gekritzelt und ihm den, mit einer Orange als Briefbeschwerer, aufs Deck gelegt. Er und seine See-Frau bleiben uns in allerbester Erinnerung.

Was noch von Iraklion zu erwähnen bleibt, ist weniger das von Hunderttausenden Schaulustiger abgelatschte angebliche erste Zentrum europäischer Kultur als vielmehr das vorzügliche und mehrere Besuche werte Archäologische Museum am Platia Eleftherias. Was dort an Exponaten versammelt ist, nachdem es als Zufallsfund beim Ackern oder aber nach mühevollem Schürfen an den Plätzen der alten Paläste aus dem heißen Boden dieser Insel gehoben wurde, das ist ohnegleichen. Gleichgültig, ob man sich da nun länger mit der Bemalung der Vasen, den Siegeln, den ungezählten Tonfiguren oder den Sarkophagen befaßt. Es müssen nicht einmal die Renommierstücke wie die „kleine Pariserin", der Stierkopf aus schwarzem Marmor oder die Schlangengöttin sein, um mehr als einmal hierher zu pilgern. Und mehr als einmal auch verhält der Betrachter still und staunend vor einem Stück: So Schönes haben die Bewohner der Insel zwischen den drei Kontinenten schon vor dreitausend Jahren hervorgebracht!

Gegen Mittag sind wir auf der Höhe von Malia, wo der zweite ausgegrabene Palast liegt. Der ist ein Bruder des Palastes von Knossos. Nach dem Runden von Kap Joannis brist es auf, und bei steifem Nordnordwest wetzen wir, an der Festungsinsel Spinalonga vorbei, auf Agios Nikolaos zu. Das soll nun wirklich die Endstation dieser Reise werden. Länger dürfen weder mein Partner noch ich die Geschichte dehnen. Horst, der mit seinem Sohn vor Jahren mal in dieser Gegend gewesen ist, erzählt unterwegs Wunderdinge von dem Reiz von Agios Nikolaos und von der Hochebene von Lassithi. Dort sollen sich, heißt es, zweitausend Windmühlen drehen, um Wasser auf die von der senkrecht herabsengenden Sonne ausgedörrten Felder zu pumpen.

Traurig blicken wir uns an, als der Anker gefaßt hat und die Leinen belegt sind. Horst hat nicht übertrieben. Das Hafenrund mit den Kafeneions. Die Buchten mit den Hotels. Das klare Wasser, in dem Fische schwimmen. Nach denen sticht mit einer Lanze ein auf schmalem Kahn balancierender Junge. Die kleine Brücke, die die dahinterliegende Lagune mit dem Hafen verbindet. Das alles streichelt das Auge. Und weil die Reise so schön gewesen ist und wir das Boot und uns heil an das Ostende Kretas herangebracht haben, werden wir dies festlich mit einem Schmaus und mit Retsina begehen.

Die nächste Phase des Abenteuers will nicht so recht als solches erscheinen. Nichts gegen Busse. Schon gar nichts gegen Touristen. Und überhaupt nichts gegen die Hochebene von Lassithi und die anderen Sehenswürdigkeiten, zu denen der Haufe, dem wir uns zugesellt haben, aus dem Bus gescheucht wird. Das hat alles seinen Sinn und seine Richtigkeit. Bei der Abrechnung vor allem. Auch ist nichts gegen Neapolis, Krassi und Psihro anzuführen. Die Kirchen nach Weihrauch duftend und, wie auch die Klöster, auf das bunteste und lieblichste mit bärtigen Heiligen und andächtig stimmenden Bildwerken reichlich und kunstvoll verziert. Und doch jammert es einen, hört man die berufsmäßigen Fremdenführer ihre angelernten Sprüchlein in mehreren Fremdsprachen herunterhaspeln. Den zu den Bussen zurückkehrenden also Belehrten sieht man es an, daß sie weder das Erzählte verstanden noch eine Vorstellung davon haben, wo sie sich gerade befinden.

Dies mag nach einem Anflug von Snobismus klingen. Dem zu verfallen kann aber wohl keiner ganz vermeiden, der längere Zeit auf eigenem Untersatz zu selbstbestimmten Zielen und mit Partnern unterwegs gewesen ist, die er sich selbst ausgesucht hat. Dabei spielt es überhaupt keine Rolle, daß der Untersatz ein Winzling ohne Stehhöhe ist, in dem man sich fortwährend den Kopf stößt, der häufig naß und kalt ist und es manchmal so kommt, daß man längere Zeit von trockenem Zwieback leben muß. Man ist sein eigener Herr und für den Massentourismus verloren. Diese Erkenntnis war die Frucht, die ich erntete, als ich im Schatten eines Baumes vor Dikteon Andron, der Tropfsteinhöhle des Zeus, lag und dem Gezwitscher der Vögel lauschte. Da hatte ich mich endlich geweigert, mich mit allen anderen Mitreisenden in die feuchte und kalte Höhle treiben zu lassen, in der des Zeus fürsorgliche Mutter Rhea das Knäblein in Sicherheit gebracht haben soll – vor Vater Chronos, sagt die Sage, dessen unbändiger Appetit vor dem eigenen Nachwuchs nicht haltmachte. Als die Busleute aus dem Orkus blinzelnd wieder hervortraten, wußte weder die Skipper-Frau noch Horst und auch sonst niemand etwas anderes zu melden, als daß es da unten dunkel, naß und glitschig sei.

Im Zielhafen, wo das Boot bleiben soll, bis die Reise im Herbst weitergeht, hat man mehr zu tun, als nur den Land-Tourismus zu beleben und Höhlen zu besichtigen.

Als ich die Treppe hinaufstieg und in das am Hafen gelegene Büro des Herrn Michail Ikonomakis trat, konnte ich noch nicht wissen, daß es mir diesmal nicht gelungen war, einer Höhle auszuweichen. Es war dies nämlich diejenige des göttlichen Minotaurus, des Hafenkapitäns. Hier hauste der und trieb sein Unwesen.

Als Reisender behält man zwei Gruppen von Menschen fest in Erinnerung, auch noch nach Jahren. Die einen, weil sie einem in Schwierigkeiten geholfen, die anderen, weil sie einen in Schwierigkeiten gebracht haben. Geschieht letzteres auch noch mit Hinterlist, behält man sie besonders gut in ganz besonders schlechter Erinnerung.

Es ist nicht zu viel behauptet: Dieser Mann wird unvergeßlich bleiben. Jetzt wollen wir von ihm nur wissen, wo wir das Boot hinlegen sollen, damit es den Fährverkehr nicht stört und halbwegs sicher ist. Das, meint der Offizielle, das seien Probleme. So einfach sei das nicht. Und ohne Aufsicht dürfe so ein Kahn schon überhaupt nicht bleiben. Da könne ja wer weiß was alles passieren. Schließlich empfiehlt er: „Da, hinter der nächsten Nase, in der Minos Bay, vor dem neuen Hotel ‚Minos', da liegen ein paar kleine Boote. Da legt euch dazu."

Die Frage der Bewachung wird zur beiderseitigen Zufriedenheit so geregelt: „I know a few fishermen over there. They will keep an eye on the boat."

Hervorragend! Wenn Fischer, die da ja täglich vorbeifahren, ein Auge auf das Boot halten, kann nicht viel passieren. Und das kann auch nicht viel kosten, denn es handelt sich da doch um eine freie Bucht.

So wird es gemacht. Am nächsten Tag, bei der Abmeldung, hinterlege ich beim Hafenkapitän auch noch das demontierte Brett mit Messinguhr und Barometer. Die Nächte sind dunkel, und zum gewaltsamen Öffnen der Luken bedarf es nicht mehr als eines Schraubendrehers. Man trennt sich freundschaftlich und mit guten Wünschen. Auf Wiedersehen im Herbst.

Konstantinos Lempidakis, ein freundlicher Taxifahrer, sammelt uns mit unseren Siebensachen auf. Das Boot schwojt sicher in der Mitte der Bucht am großen Anker. Da wird nicht so leicht etwas passieren. Da wir kein Schlauchboot an Bord haben, hatten wir erst unsere Seesäcke auf den Steg gelegt, dann das Boot versorgt und waren nun zurückgeschwommen.

Herr Lempidakis bringt uns nach Iraklion zum Flughafen. Der Anschluß nach Athen geht in Ordnung.

Nach einer langen, von Staus gebremsten und von Autoabgasen verseuchten Anfahrt haben wir endlich ein weiteres Mekka der kulturbeflissenen Menschheit erreicht: Akropolis, Athen. Wir haben Glück. Es ist noch früh im Jahr, und die sich in aller Welt zum Aufbruch hierher rüstenden Touristen sitzen noch über ihren Reiseprospekten und Hotelbuchungen.

Den Akropolis-Besuch hatten wir uns als den krönenden Abschluß der Reise vorgestellt. Nun stehen wir vor dem Wunderbauwerk und wissen nicht, woran es liegt, daß uns die Ergriffenheit nicht überkommen will. Liegt es daran, daß wir die Erinnerung an die grün aus den blauten Fluten des Ionischen Meeres auftauchenden Inseln nicht loswerden können? Fehlen uns die langen Rauschefahrten an der Peloponnes vorüber, mit all ihren Festungen, Klöstern und Buchten? Stören die vielen Menschen da unten in der lärmenden und stinkenden Stadt? Wir wissen keine Antwort.

Das sind die jungen Zeitgenossen,
die den Reiz des einfachen
Lebens und Reisens entdeckt
und zu einer virtuosen
Vollkommenheit
entwickelt haben
FREE
DOPE

Das 10. Kapitel

schildert die VIII. phönizische Reise.
Es ist die erste, die einhand gefahren wird.
Sie führt von den Schelmen
von Agios Nikolaos über Kasos
und Karpathos zu den Johannitern
nach Rhodos.

Nachdem mein Boß mir sorgfältiges Planen in vielen herben Jahren anerzogen und quasi zur zweiten Natur gemacht hat, fällt es mir nicht schwer, die im wirtschaftlichen Existenzkampf bewährten Grundsätze auf den Umgang mit der See zu übertragen. Das Prinzip ist so einfach wie einleuchtend: vorausdenken und die eigenen Tätigkeiten und Maßnahmen so ins Werk setzen, daß das Ziel erreicht, die Konkurrenz abgeblockt und die Kasse gefüllt wird. Klar? Klar!

Auf die Seefahrt übertragen: Wie komme ich schnell, preisgünstig und ohne Scherereien von hier nach dort? Hier: Ostkreta, Agios Nikolaos. Dort: Rhodos, vorletzter Stammsitz des Johanniterordens, nachdem er von den Türken von Zypern vertrieben und, vorher, aus dem Heiligen Land gejagt worden war.

Auch einfach: Charterflug nach Rhodos, mit dem Schiffchen ELLI von Rhodos nach Agios, mit dem Boot zurücksegeln nach Rhodos, von dort Charterflug nach Hause. Soweit der Plan. Glatt und simpel. Wirtschaft und See haben nicht nur Wellenbewegungen, sondern auch die Schwierigkeiten bei der Verwirklichung von Plänen gemeinsam.

Als ich Anfang Oktober auf Rhodos gelandet war, hatte ich ein paar Tage Zeit, mich auf der Insel umzusehen, ehe die ELLI nach Kreta auslief. Der Aufruf an die Mitglieder der Stammbesatzung von MIKE-DULL war diesmal wirkungslos verhallt. Einer hatte keinen Urlaub mehr, der andere wichtige Termine. Niemand konnte fort. Bei einer Distanz von nur rund 200 Seemeilen und Strecken über freien Seeraum, die nicht wesentlich über 30 Seemeilen hinausgingen, war die Gelegenheit gekommen: endlich den Versuch zu unternehmen, einhand zu segeln. Was sollte das Zögern denn noch?

Ich hatte kurz zuvor von einer Großmutter gelesen, die einhand über den Atlantik gekommen war. Als sie, irgendwo an der englischen Küste angelangt, von einem jugendlichen Reporter interviewt wurde und sich von dem die kecke Bemerkung angehört hatte:

„Na, Oma, da sind Sie aber heilfroh, daß Sie die Füße wieder auf festem Boden haben", da hatte die reife Lady ohne zu zögern geantwortet:

„Junger Mann, die Klugheit Ihrer Frage entspricht der Reife Ihres Alters. Ich sage Ihnen, was ich machen werde: mich ausschlafen und dann gleich wieder zurückfahren. Ganz toll war das!"

An die Großmutter hatte ich bei der Vorbereitung meines harmlosen Hopsers von Kreta nach Rhodos immer denken müssen. Die Dame hatte allerdings über die wesentliche technische Voraussetzung für

Solo-Operationen verfügt, nämlich eine Selbststeueranlage. Die besaß ich nicht.

Auch Rhodos ist eine wunderschöne Insel. Besonders dann, wenn man sie nicht in der Ferienzeit und zugleich mit den die Schnapsläden stürmenden Nachfahren der Wikinger besucht und sich in der Innenstadt und am Mandraki-Hafen aufhält. Da ist dann nicht nur ein Teufel los. Der Hafen ist immer überbelegt, aber reizvoll, mit Hirsch und Hirschkuh auf den Säulen der Einfahrt, den vielen teuren Luxusyachten, den Ausflugsschiffchen, deren Kapitäne einen mit sanfter Gewalt über die Gangway an Bord zu drängen suchen. Mit den Windmühlen auf der Mole, den vielen Kafeneions und Restaurants und, über allem Volk, das da schiebt, feilscht, drängelt und flaniert, die angeblich größte erhaltene europäische Festung des Mittelalters. Hat man Zeit, dann ist es sehr lohnend, sich das Wunderwerk der von den Italienern wiederhergestellten Verteidigungsanlage näher anzusehen. Es scheint zuzutreffen, daß man sieben Kilometer auf der breiten Krone der äußeren Mauer entlanglaufen kann, die steil in die Gräben abfällt.

Umfang und Stärke des Bauwerks lassen ahnen, wie groß und begründet der Respekt der Ritter vor der wilden Entschlossenheit und der Kampfkraft der Türken gewesen sein muß. Die saßen da drüben in Kleinasien, nur wenige Meilen entfernt, und schärften ihre Krummsäbel. Die gegenüberliegende Küste liegt im Dunst, die Berge aber sind deutlich zu sehen. Bis 1523 haben die Johanniter sich hier noch halten können. Dann sind sie von den Janitscharen nach Malta vertrieben worden.

Mit dem Bus fahre ich für einige Drachmen nach Ialysos und Kamiros. Mit dem Ausflugsboot geht es zur Insel Symi, deren gleichnamiger Ort nicht ohne Grund weit nach oben in die Berge gebaut worden ist. Die Küsten waren zu unsicher, weil schnellen Zugriffen ausgesetzt.

Dann besuche ich auch noch Lindos.

Zum einen wegen der vielgepriesenen Schönheit der Bucht. Zum anderen, weil man sich enge, unbekannte Einfahrten, in die man vielleicht im Dunkeln einlaufen muß, gern auch einmal vorher ansieht.

Der Tag ist warm, der Wind kaum spürbar. Der Blick von der Burg hinunter auf die in Blau und Türkis leuchtende Bucht, in deren Mitte ein Oldtimer ankert, ist einfach grandios.

Am nächsten Abend soll ELLI nach Kreta auslaufen.

Die nächtliche Pier, auf der die neue Wandervogel-Generation in Erwartung des verspäteten Schiffes lagert, singt, trinkt, schmaust und schmust, bietet einen so interessanten Anblick, daß einem die Zeit nicht lang wird. Das sind die sympathischen jungen Zeitgenossen, die den Reiz des einfachen Lebens und Reisens entdeckt und zu einer schon virtuosen Vollkommenheit entwickelt haben. Das reicht vom handgeschriebenen Zettel mit besonderen Tips als Reiseführer bis zu Zahnbürste und Schlafsack als einzigem Gepäck.

Als der Dampfer dann wirklich gegen drei Uhr morgens eintrifft und die Massen an Bord drängen, geschieht dies mit dem hier unvermeidlichen Geschrei, Gestikulieren und allgemeinen Chaos, dem erst im Frachtraum hinter der Gangway einige Besatzungsmitglieder gerade noch erkennbare Grenzen zu setzen suchen. Vom anstrengenden Schieben der Menschen in die jeweils gewünschte Richtung läuft diesen Bollwerken in der Brandung Schweiß übers Gesicht.

Nach ungefähr einer Stunde ist das Schlimmste überstanden. Jeder hat sich irgendwo eingenistet. Die Gänge sind mit kreuz und quer liegenden Schlafenden, Paketen, Koffern, Rucksäcken und weiß der Teufel was noch allem verstopft. Der Längsverkehr im Inneren des Schiffes ist zusammengebrochen. Damit sind, nach levantinischen Maßstäben, alle Voraussetzungen für den Beginn der Reise geschaffen. Es geht dann auch tatsächlich los. Und das ist das einzige, was an einen mitteleuropäischen Schiffstransport erinnert: daß der Dampfer ablegt und losfährt. Doch nimmt der Reisende dieses an sich erfreuliche Manöver mit wachsenden Bedenken wahr, je länger er sich die Korrosionsschichten unterschiedlicher Stärke ansieht, die in Verbindung mit dünn darübergestrichener Ölfarbe dazu dienen, das höchst bemerkenswerte Seegefährt noch bis zum nächsten Hafen zusammenzuhalten. Wer hier Dienst tut oder mitfährt, muß hoch versichert oder stark im Glauben sein.

Von den vielen Eindrücken aus der Zeit der Mike-Dullschen Odyssee haften die Fahrten mit den Levante-Steamern in mehr als einer Hinsicht besonders fest.

Da sind die Schiffe selbst. Dann die Besatzungen, häufig eine pittoreske Sammlung von Piratenköpfen aller angrenzenden Küsten.

Und schließlich die Passagiere.

Da bedarf es oft keiner Bücher oder Journale, um die Zeit totzuschlagen. Da braucht man nur zu sehen und zu hören. So bunt, aufregend und spannend ist das.

Die ELLI kämpft mit dem Meltemi. Das ist der häufig über die Ägäis und den Dodekanes herfallende Nordwind aus den kleinasiatischen Bergen. Er ist es, der aller Vegetation, die auf den Inseln höher als zwei Meter wächst, die ausgeprägte Neigung nach Süden aufzwingt. Als ich auf dem schlagenden und schaukelnden Schiff an Deck stehe, mich mit aller Kraft an der Reling halte und hinunter in das schäumende Wasser blicke, denke ich sorgenvoll an die in wenigen Tagen anstehende Rückreise mit dem Boot.

Nach kurzen Aufenthalten vor Karpathos und Kasos kommt Kreta in Sicht. Vor Kasos mußten die armen aussteigenden Passagiere mit all ihren Bündeln das Fallreep hinunter und in ein auf und nieder tanzendes Boot steigen. Man konnte es den Leuten ansehen, wie wenig wohl ihnen bei der Geschichte zumute war. Einlaufen ging wohl bei dem Wind nicht.

Am Spätnachmittag macht der Kapitän ein gekonntes Manöver. Er läßt das Schiff in Agios Nikolaos vor Buganker mit dem Heck sachte zur Pier ablaufen. Die Ladebrücke fällt. Nach einem halben Jahr Abwesenheit bin ich wieder bei dem Minotaurus angekommen.

Ich bin sehr erleichtert, daß es mir gelungen ist, meine sieben Säcke, Taschen und Bündel vollzählig bis hierher zu bringen. Hat man niemanden, der auf Flug- und in Seehäfen tragen hilft, bedeutet das immer mehrere Wege. Und wer sagt, daß ein Gepäckstück, aller Wachsamkeit ungeachtet, nicht doch plötzlich Beine bekommt?

In der das Schiff erwartenden Menge: mein alter Freund Lempidakis, der Taxifahrer. Den brauche ich gar nicht erst zu fragen. Er hat die Zeit meiner Abwesenheit damit zugebracht, auf mein Boot aufzupassen. Von den wenigen Augenblicken abgesehen, in denen er, zwecks Broterwerb, mit seiner Taxe unterwegs gewesen ist. Bedarf es noch weiterer Bestätigung, daß wir der Levante wieder einen Schritt nähergekommen sind? Versehen mit reichlichem Bakschisch, wird Lempidakis entlassen.

Es dämmert. Da liegt das Boot. Um mit den Sachen übersetzen zu können, muß das Schlauchboot aufgeblasen werden. Kaum habe ich damit begonnen, hält ein Wagen mit quietschenden Bremsen in einer Staubwolke hinter mir. Nein, die Freude aber auch! Michail Ikonomakis, der Hafenkapitän von Agios Nikolaos, nebst Adjutant! Und das, nachdem ich zehn Minuten hier bin! Das finde ich nun doch aufmerksam. Aber auch ein bißchen seltsam.

„Wie kommst du auf dein Boot?"

„Hier, mit dem Schlauchboot."
„Wann sehen wir uns?"
„Komme morgen oder übermorgen ins Büro."
„Don't forget it."
„Why should I?"

Damit steigen die beiden in den Wagen und fahren um die Bucht herum zurück in die Stadt. Während ich die Lichter der Scheinwerfer die Kurven des gegenüberliegenden Ufers ausleuchten sehe, kommen mir erste Bedenken. Ach was. First things first.

Die wesentlichen Dinge nehmen nun einige Zeit in Anspruch. Als ich mit meinen Sachen an Bord bin und mich dort mit Hilfe der Stableuchte umgesehen habe, steht zweierlei fest: Erstens: kein Einbruch. Die vom Sohn eines Freundes, der auf Kreta Urlaub gemacht hat, angebrachten Überwurfschlösser sind intakt. Zweitens: Der Anker, der an der unförmigen Leine hängen muß, die jetzt zusätzlich zu dem zum Boot gehörenden Geschirr über Bord hängt, wird vermutlich mit dem prompten Besuch des Hafenkapitäns zusammenhängen und noch zum Gegenstand interessanter Gespräche werden. Ahnungen werden zu Bedenken.

Diese finden sofort Bestätigung, als ich im Büro des Hafenkapitäns Platz genommen habe. „Es hat", sagt er, „mehrere schwere Stürme gegeben. Dein Boot wäre aufs offene Meer hinausgetrieben worden und verloren gewesen, hätten die mit der Bewachung beauftragten Fischer nicht nächtelang auf dem Boot zugebracht und unter Lebensgefahr mit dem Unwetter gekämpft, um dein Boot zu retten." So Ikonomakis an mich. Ohne mit der Wimper zu zucken.

Merke: Jenseits der Malta-Straße sind nicht nur die vom Meltemi aufgeworfenen Wellen höher. Je näher man der Levante kommt, desto größere Bären bekommt man auch aufgebunden. Mich beschleicht denn auch der bald an Gewißheit grenzende Verdacht, Ikonomakis versuche das gerade bei mir. Er blickt mich starr an. Ich starre zurück. High Noon! Wer oder was bringt die Sache auf den Punkt? Dafür hält der Apostel Paulus im Brief an Titus wenn schon nicht Rat, so doch zutreffende Beurteilung parat:

„Welchen man muß das Maul stopfen, die da ganze Häuser verkehren, und lehren, das nicht taugt, um schändlichen Gewinns willen…
Die Kreter sind immer Lügner, böse Tiere und faule Bäuche."
(I/11 und 12)

Und deshalb frage ich vorsichtig: „Was kostet hier der Kampf der Fischer mit dem Unwetter und das Ausbringen eines gänzlich überflüssigen Ankers?"

Das ist eine Frage nach dem Geschmack des Hafenkapitäns. Da braucht er auch gar nicht lange nachzudenken, um präzis zu antworten. Für die Vorbereitung dieses Teiles der Show haben er und seine Spießgesellen ein halbes Jahr Zeit gehabt. Er nennt eine Zahl in Drachmen, deren Umrechnung die runde und stattliche Summe von 2000 Mark ergibt.

Damit war die Katze aus dem Sack und zweierlei deutlich geworden. Von den Vermögensverhältnissen eines deutschen Angestellten hatten diese Kreter keine blasse Ahnung und lebten daher seit sechs Monaten in dem Glauben, sie hätten sich da mit dem alten Anker und der dicken Leine einen rechten Goldfisch geangelt. Nun galt es, dem Hafenkapitän ohne Wimpernzucken diesen Zahn zu ziehen. Das war ein harter Job.

„Erstens", sagte ich, „kenne ich die Preise, denn ich fahre schon länger auf Ihrem Meer spazieren.

Zweitens", fuhr ich fort, „liegt der Kahn in einer offenen Bucht und nicht in einer Marina.

Drittens war vereinbart, daß die Fischer im Vorbeilaufen ein Auge drauf-, doch keinen Anker auswerfen. Den sollen sie abholen. Der ist unnötig.

Und viertens" – das war mir noch eingefallen, weil er von dem ja auch gehört haben mußte – „bin ich nicht Aristoteles Onassis."

Er blickte finster und war erregt. Ich war es auch.

„I am afraid, there will be trouble", sagte er.

Ich sagte nichts, stand auf und verließ den Laden, in dem Punkt von der Wahrheit seiner Worte überzeugt.

Kaum war ich wieder auf dem Boot, da kam „trouble" auch schon in Gestalt zweier vierschrötiger Gesellen auf einem großen Fischerkahn angefahren. Wichtige Nachrichten werden hier schnell, zuverlässig und auf kurzen Wegen übermittelt.

Die beiden blickten noch finsterer als der Hafenkapitän und riefen Unverständliches. Dabei hielten sie mir aber die geöffneten Hände unter die Nase, was eine verständliche und international übliche Geste für das Eintreiben von Forderungen ist.

Ich parierte mit den Argumenten, die ich bereits ihrem Freund vorgetragen hatte. Aber die verstanden sie nicht und wollten sie auch gar nicht anhören. Auch ihr Ankergeschirr, das ich ihnen entgegenhielt, wollten sie nicht. Geld wollten sie und fuchtelten mit den Fäusten vor meinen Augen herum. Den angebotenen Gegenwert von 200 Mark wiesen sie verächtlich zurück. Die Burschen bedrohten und beschimpften mich noch eine Weile. Dann warfen sie den Motor an und zogen ohne ihren Anker ab. Ich schloß daraus, daß sie mich bald wieder beehren würden.

Wie man den Fall auch wendete, es gab nur zwei Optionen. Erstens: in der Nacht ankerauf und fort. Das hieße aber nicht nur Eingeständnis, im Unrecht zu sein. Das könnte Verfolgung durch die Fischer oder/und Benachrichtigung der nächsten Häfen bedeuten. Der Hafenkapitän hatte ja noch meine Uhr und das Barometer. Zweitens: gütliche Einigung. Richtig, aber wann und auf welcher Grundlage? Allmählich sollte es mit der Fahrt nach Rhodos ja losgehen.

Um die Sache kurzzumachen: Am nächsten Tag kamen die Burschen, um einen weiteren verstärkt, noch zweimal angefahren. Es ging beide Male hoch her, dauerte lange und war unangenehm. Schließlich kaufte ich mich mit 400 Mark los und erhielt daraufhin auch mein Brett mit Instrumenten wieder zurück. Über diesen Scharmützeln waren zwei Tage hingegangen. Als ich mich dann am dritten auf den Weg machen wollte, gab es die erste freudige Überraschung: Eine Kollegin, die mit ihrer Freundin in der Nähe von Iraklion Urlaub macht, hält eine sehr vage Verabredung ein. Plötzlich stehen die beiden am Ufer und rufen: „Hallo! Hallo!“

Die Damen werden an Bord genommen. Sie wollen bis zum nächsten Hafen mitfahren. Das ist Siteia. Bis dahin sind es 20 bis 25 Seemeilen, also eine halbe Tagestour, wenn der Wind durchsteht. Das wird eine richtig lustige Sache. Mal was anderes. Echter Pleasure-Törn, zur Abwechslung!

Kaum haben wir die Mitte der recht weiten Bucht von Agios Nikolaos erreicht, und ich berichte just von meinen Erlebnissen mit dem Hafenkapitän, da bläst der kleine Bruder vom großen Meltemi auch schon die Backen auf. Ich reffe, es schaukelt ein wenig stärker. Schon liegt die erste Dame seekrank darnieder in der Koje und umarmt hin- und hineingebungsvoll die ihr gereichte gelbe Mehrzweckpütz. Die andere ist seefest und auch anstellig. So kommen wir, wenn auch mit einem Patienten, gut voran und am Nachmittag in Siteia an.

Ich bedauerte, daß das Mädchen mit dem bleichen Gesicht in der Koje nichts von der Fahrt gehabt hatte. Doch kaum hatte die Dame wieder festen Boden unter den Füßen, war sie auch schon genesen. Dies ist die an der Seekrankheit nicht genug zu preisende Eigenschaft, die sie von allen anderen Leiden so angenehm unterscheidet: Auf See wähnt der sein Innerstes Offenbarende, das letzte Stündlein habe geschlagen. Kaum ist er wieder an Land, macht die Genesung rapide Fortschritte. Auch hier lassen Imbiß und Ouzo Not und Fährnis schnell vergessen. Dann großer Abschied an der Omnibushaltestelle.

Man ist doch recht allein, wenn man so durch den Abend zum Boot zurückwackelt und sieht, wie fröhlich die Menschen überall in den Kafeneions und Tavernen den milden Übergang zur Nacht genießen. Ich hocke dann noch fast drei Stunden auf dem Kajütdach im Licht der Pierlaternen und flicke den Riß, den mir Saling und eigene Dummheit heute ins Großsegel gefetzt haben.

Am Morgen ziehe ich los, jetzt nun wirklich allein. Die drei Stunden, die das Boot bis zum hohen Kap-Sideros-Leuchtturm an Kretas Nordosthuk braucht, vergehen schnell und machen Freude. Stetiger, nicht zu starker Wind bringt mich schnell um die Ecke. Gleich kommt hier der berühmte einzige natürliche Palmenwald Europas in Sicht. Da ist er schon: Vai, eines jener Ziele, die von den meisten sich im Norden Kretas umtreibenden Touristen aufgesucht werden. Ankert man, wie ich das mache, in der Bucht vor dem Hain, dann gibt er ein schönes Bild ab, wenn die Sonne hinter ihm untertaucht. Geht man aber an Land und hin, dann ist das kein gutes Bild. Da liegen Haufen von Abfällen und jede Menge Mist zwischen den herrlichen Palmen. Vielleicht gedeihen sie deshalb so gut, weil dort keine Toiletten sind, wo die Zelte der Touristen stehen.

In der Nacht kann ich nicht schlafen. Es ist Vollmond. Außerdem schaukelt es auch zu stark. Ich mache mich um drei Uhr wieder auf die Socken. Kaum bin ich draußen, laufen die Winde um oder bleiben ganz weg. Ich brauche den ganzen Tag, um bis Kasos zu kommen. Gerade noch vor Einbruch der Dunkelheit lande ich in Emporio, dem einzigen Hafen des einsamen Kasos. Ein Fischerjunge übernimmt die Leine.

Zum Abendessen verabrede ich mich mit einem jungen deutschen Paar, das just vorbeikommt. Beim Wein stellt sich heraus, daß er Flugleiter in Frankfurt ist und hier auf Kasos seine strapazierten Nerven regeneriert. Das steile und hohe Inselchen von wenigen Quadratkilometern macht wirklich den Eindruck, am Ende der Welt zu liegen. Hier herrscht Ruhe.

Auf dem Weg nach Karpathos gehe ich dicht an der Cholophonas-Klippe vorbei. Auf der sitzen zwei Fischreiher, die sich nicht stören lassen. Karpathos erstreckt sich genau in Nord-Süd-Richtung. Gleich die erste Bucht hat den richtigen Namen: Paleokastro (alte Burg). Da ankere ich. Schlauchboot raus, aufgeblasen, an Land und hinauf auf den Berg. Oben angelangt, vergesse ich, wozu ich die mühsame Kletterei auf mich genommen habe. Die Reste der alten Burg wollte ich suchen; sie ist sogar auf der britischen Seekarte eingezeichnet. Aber bei dem Blick von hier über See und Inseln ist das nicht mehr wichtig. Wo die Alten auch immer ihre Festungen und Burgen hingesetzt haben, da lohnt es, sich zunächst einmal gut nach allen Seiten umzuschauen. So auch hier.

Wo ich hergekommen bin, liegt der Kasos-Walfischrücken, zur Hälfte als von der Sonne beschienener dunkler Fels, die andere Hälfte in waberndem Dunst. Nach Norden die Buchten und Berge, die kleinen, grünen Waldstücke und ein paar winzige Ansiedlungen von Karpathos. Unter mir die Bucht, in der das Boot ankert. Das Schlauchboot als gelb-blauer Fleck am Ufer zwischen den Felsen. Da habe ich mich nur hingesetzt, geschaut und tief geatmet. So weit das Auge reicht kein Boot, außer meinem. Kein Mensch. Stille. Da habe ich lange gesessen.

Irgendwann habe ich mich aufgerafft, um nach den Resten der Burg zu suchen. Die habe ich nicht gefunden. Plötzlich hatte sich ein brisiger Wind erhoben, der mein an langer Leine liegendes Schlauchboot da unten als bunte Fledermaus zwischen den Felsen flattern ließ. Nach eiligem Abstieg und Rückkehr zum Boot stelle ich anhand der Karte fest, daß ich auf der Suche nach der Burg in die falsche Richtung gelaufen bin.

Als ich mich von der Bucht und aus ihrem Zauber lösen will, bekomme ich meinen Stockanker nicht hoch. Das ist der beste und schwerste, den ich habe. Auch der mit der längsten Kette. So ein Mist! Die Flunken haben sich unter die reichlich ausgestreuten Felsen gelegt. Da es windet und auch kühl geworden ist und der Anker in zehn bis zwölf Meter Tiefe liegen mag, verspüre ich keine Lust, an der Leine hinunterzugehen. Nach langem und ergebnislosem Zuppeln in alle Richtungen der Windrose nehme ich Zuflucht zur nackten Gewalt. Ich verlängere die Leine auf das Doppelte, belege am Heck und nehme mit volltourigem Motor längere Anläufe. Beim dritten oder vierten Mal gibt etwas nach. Was? Glück gehabt. Der Felsen hat die Beute freigegeben. Schweißgebadet verlasse ich die durch infernalischen Krach und Motorabgase entweihte Bucht. Auf Karpathos' Westseite laufe ich nach Norden.

Das aber ist wieder leichter gesagt als getan. Kaum bin ich draußen und auf Kurs, ist schon der Wind wieder weg. Obgleich die Gewaltmanöver zum Lichten des Ankers die Benzinvorräte haben schwinden lassen, bleibt nichts übrig, als den Motor gleich wieder anzuwerfen. Als es dunkelt, ist etwa die halbe Insel geschafft. Schnell hinein in den Naturhafen Lephkos, eine kleine, felsgeschützte Bucht. Drei Fischerboote vor Anker. Ein Steg, ein Haus. Kein Licht. Keine Menschenseele. Malerisch und melancholisch versinkt die Bucht in der rasch heraufziehenden und alles verhüllenden Dunkelheit.

Als ich mich im schwindenden Licht der Stableuchte ans Logbuch mache, klärt sich der Fall mit dem Anker: Heute ist der Dreizehnte.

Auch am nächsten Tag bleibt der Wind weg. Ich ömmele und mukkele mich den lieben langen Tag an der Insel hinauf und erreiche am Spätnachmittag ihren Ausläufer dort, wo sich gleich dahinter die kleine Insel Saros befindet.

Nur wenige Kabellängen südlich davon liegt die ersehnte Einfahrt in die Tristoma-Bucht mit ihren drei Eingängen. Die sind am Rande der englischen Seekarte als Silhouette dargestellt. Das sieht nicht nur gut aus, sondern ist auch hilfreich. Darunter steht: a) False entrance, b) True entrance, c) Boat passage.

Ich merke mir ganz genau „true" und gerate in ein dunkles und gebogenes Nadelöhr aus hohen Felsen, an denen es auch die leichte Dünung gischten läßt. Alles läuft gut, aber als ich durch und drin bin, sehe ich, wie weit die Bucht ist. Der flache Teil, wo ich ankern kann und die Häuser stehen, ist noch weit weg. Ich hebe den letzten Kanister an: Da ist kaum noch was drin. Widerwilliger Entschluß: Ich wende und fahre durch Boat Passage wieder hinaus. Da begegne ich, nach langer Einsamkeit, zwei dicht vorbeituckernden Fischern.

„Do you have gasoline?"

„No, only petrol!"

Bleibt also nichts übrig, als mit den letzten Benzintropfen im späten Licht durch die besonders schöne Durchfahrt zwischen Karpathos und Saros zu gehen.

Es ist sehr verlockend, unterhalb der bunten Felsen und in deren Schutz zu ankern. Wenn aber mein Sprit zu Ende geht, komme ich hier, in der vollkommenen Windabdeckung, ohne fremde Hilfe nicht wieder in Fahrt und hinaus. Ich muß also an die Ostseite der Inseln und dort einen Liegeplatz für die Nacht suchen.

Kaum bin ich auf offenem Wasser, fängt der Motor prompt an zu stottern. Blick nach links, Blick nach rechts. Hohe Felswände. Keinerlei Schutz in der Nähe. Alles steil und hoch. Keine Delle in den Zyklopenwänden. Nach einer Viertelstunde ist auch das letzte Licht weg.

Weil nichts anderes mehr geht und ich müde bin, lege ich das Boot vor die nächste Wand und vor zwei Anker, in die Mitte von einigen irgendwann von oben heruntergekommenen Bumlingen (ein Begriff aus der östlichen Heimat, will sagen: nicht eben ungefährliche Felsbrocken). Noch während ich mir meine Abendschnitte mache, schickt Äolus, der sich den Tag über ausgeschlafen hatte, einen Meltemi von mittlerer Größe.

An den das Boot umgebenden Felsen fängt es bald an, unangenehm zu klatschen und hohl zu donnern. Gischt spritzt, und der Wind heult. Die achtern steilende Wand verläuft in einem Winkel von etwa 45° zur Längsrichtung des an den Ankern zerrenden und springenden Bootes. Das ist Legerwall, so wahr wie die Nacht knallschwarz ist! Mir fällt Otto der I. und Große ein, der den Ausdruck oft scherzhaft im Munde geführt hatte.

Dies ist aber nicht die Zeit für heitere Erinnerungen. Mit Hilfe der Stableuchte peile ich in immer kürzeren Abständen die Entfernung zwischen Bootsheck und den Felsen, die beim Schwojen mal auf der einen, dann auf der anderen Seite zum Greifen nahe kommen. Doch die Anker halten.

Als der Morgen dieser üblen und schlaflosen Nacht ein Ende bereitet, heult und gischtet es noch immer. Jetzt, wo man wieder sehen kann, nehme ich mir die Zeit, jede Einzelheit des nun fälligen Manövers genau zu überlegen, mit dem das Boot von der Wand gelöst und ins offene Meer gebracht werden soll. Ich hocke mich in die Plicht und beobachte die Ausschläge, die das Boot seitlich beim Schwojen macht. Der Bug geht manchmal so weit rechts rüber, daß der Wind ihn von der Wand weg ins Freie drücken könnte, gelänge es, die Rollfock rechtzeitig handtuchbreit auszufahren. Und dann bräuchte ich sofort den Motor. Jetzt hängt alles davon ab, daß der noch einige Minuten mitspielt.

Ich träufele die Reste aus allen längst geleerten Kanistern in den Tank. Motor an. Ich eile zum Bug, lichte erst den leichten Anker und warte, bis der Bug ganz nach rechts rüberzieht. Dann reiße ich den schweren Anker an Deck, springe ans Heck, während der Bug sich von der Wand abdreht, lege den Gang ein, fasse die Pinne und bin Minuten später im offenen Wasser. Das achtern zurückbleibende Felsmassiv ist nur noch leere Drohung. Ich weiß noch genau, daß ich vor Freude über die gelungene Flucht aufgeschrien habe.

Der Hartwind, vor den Felsen noch gleichbedeutend mit Not und Gefahr, hat unter eingedrehten Reffs seine Schrecken verloren und treibt das Boot auf das über der Kimm erscheinende Rhodos zu.

Das ist wieder ein Gefühl! Das Boot läuft prächtig. Die Sonne scheint, und als sie höher steigt und die Reffbändsel gelöst werden können, ist die Zeit für das Frühstück und eine kleine Siegesfeier gekommen. Boot, Motor und ich haben Felswand, Bumlingen und Meltemi einen Streich gespielt und sind entwichen. Das werden wir alle zusammen festlich begehen. Kaffee, altes Brot mit Räucherspeck und „Jim Beam" zur Abrundung lassen die Müdigkeit weichen und die Drohungen der Nacht vergessen. Das macht Vergnügen, wenn man den Kompaß wegpacken und das Ziel aus dem Meer wachsen lassen kann! Es ist fast schade, daß ich Kap Prassonisi schon am frühen Nachmittag voraus habe. Bei solchen Bedingungen bleibt man gern auch länger unterwegs.

Ich habe mich auf meinen Kissen ausgestreckt und überlasse es dem Boot, mir die rhodische Küste zu zeigen. Es macht nichts, daß sie ebenso aussieht wie die anderen, an deren Nasen, Bergen, Buchten und mehr oder weniger üppiger Vegetation sich bisher schon das Auge hat erfreuen können. Und doch sieht einiges immer neu und anders aus, und vor jeder Nase, die am Wege liegt, fragt man sich, welche Überraschungen sich dahinter wohl noch offenbaren werden.

Am Kap Vigli wecken Fallböen mich aus der halben Siesta. Müdigkeit macht sich bemerkbar. Es wird Zeit, sich wieder nach einer Bleibe umzusehen. Einer besseren, mit mehr Sternen im Buchten-Führer als vorige Nacht. Und wirklich kommt hinter der nächsten Huk eine einladende Bucht mit Pinien und einem größeren Haus zum Vorschein. Das sieht gut aus. Anker, Schlauchboot, übersetzen.

Das Haus erweist sich als Ausflugslokal. Ich habe es gut getroffen, in jeder Weise. Während ich in aller Ruhe das Abendessen einnehme, fährt ein junger Holländer mit seinem deutschen Freund Oliver auf einer schnellen Yamaha landeinwärts, um Benzin für meinen Motor zu besorgen. Nachher wollen sie für diese Gefälligkeit nichts annehmen. Dafür kommt Oliver am Morgen angeschwommen, und weil ich gerade beim Frühstück sitze, nimmt er mit gutem Appetit daran teil.

Nachdem der Junge sich gesättigt hat, schwimmt er an Land. Ich habe jetzt viel Zeit und die nötige Ruhe, mich mit Nadel und Zwirn noch einmal über das Großsegel herzumachen. In acht Jahren, jene beim Vorbesitzer eingeschlossen, ist auch das Tuch aus Kunstfaser recht mürbe geworden. Viel hat dazu vermutlich die Zeit im Mittelmeer mit der starken UV-Strahlung beigesteuert. Es ratscht bei jeder Gelegenheit.

Nach der Putz- und Flickstunde darf wieder ans Reisen gedacht werden. Das beginnt gemütlich und auf die denkbar einfachste Weise: Anker lichten, Groß setzen, sich selbst hinsetzen oder auch -legen. Fertig. Schon blättert sich das Bilderbuch der rhodischen Küste weiter auf.

Als es schummerig wird, erreiche ich Kap Phoka. Nach den Vorinspektionen vom Ausflugsboot und von Lindos selbst aus bereitet das Einlaufen in die Bucht keine Schwierigkeiten, nimmt man sich ein wenig vor den an der Südseite liegenden Brocken in acht. Ich ankere mit ganz beträchtlich verlängerter Leine in der Nähe der Lichter einer großen Luxusyacht. Über mir liegt angestrahlt und sich vom nachtdunklen Himmel abhebend die Akropolis. Besser gesagt: deren karge Reste.

Mein festliches Nachtmahl zum Abschluß des ersten vollen rhodischen Reisetages bestand aus einer trefflichen Hühnersuppe aus der Dose. Diese Suppe muß es wohl gewesen sein, die mir in Verbindung mit den angestrahlten Säulen und dem noch vom schönen Segeln des Tages nachwirkenden Glücksgefühl vor dem Schlafengehen Verse eingegeben hat, die von mäßigem Ewigkeitswert sein mögen, doch meiner momentanen Zufriedenheit den mir gemäßen poetischen Ausdruck geben:

Nun ankert in der Lindos Bay mit mir die kleine Mike,
wo oben ich den Tempel seh aus Marmor und Antike.

Des fetten Mondes gelber Schein vergoldet Burg und Hafen.
Ich nehm noch einen Whisky ein als Medizin zum Schlafen.

Euch sage ich, damit ihr wißt, wie wir es stets getroffen:
Es ist der wahre Humanist see-, kunst- und schnapsbesoffen.

Die Bucht von Lindos wäre das vollkommene Geschenk der Götter, drängten sich auf dem Parkplatz nicht die Busse, die Staub aufwirbeln und ihre Touristenmengen den ganzen Tag lang heran- und wieder wegkarren. Und wenn nicht bis zum Einbruch der Dunkelheit die Wasserskiläufer hinter den leistungsstarken und lauten Zugbooten kreisten. Zwei Tage hält man das aus. Dann vermag schöne Optik sich nicht mehr gegen entsetzliche Akustik durchzusetzen. Darum fliehe ich aus der Bucht. Eigentlich wollte ich ja gleich ganz durch bis Rhodos-Stadt und -Hafen gehen. Ich nutze dann aber doch jede Gelegenheit, die Reise mit Zwischenstationen noch ein wenig in die Länge zu ziehen. Das scheint zu gelingen.

Ich bringe eine auf der Karte eingezeichnete antike Burg mit den Resten einer Befestigungsanlage zur Deckung, die sich jetzt voraus auf einem recht hohen Berg an Backbord befinden. Da sich am Fuß des Berges auch die Andeutung einer Bucht ausmachen läßt, beschließe ich einen Landausflug mit steilem Anstieg. Von unten sieht das alles ja immer näher und auch etwas niedriger aus. Der Ausflug erweist sich zwar als lohnend, kostet aber Mühe und auch den halben Tag. Von oben habe ich wieder den weiten Rundblick übers Meer und die Insel. Die Reste der Befestigungsanlage bestehen aus den von allen anderen Burgen her bekannten durch- und übereinandergefallenen großen Steinen, die zu bewegen den nachfolgenden Jahrhunderten zu lästig gewesen ist. Mauerreste. Niedergerissene Stacheldrahtzäune vor Steilabhängen.

Plötzlich Geräusche hinter mir im Gebüsch! Ich fahre herum. Mit runden Augen starrt mich ein pechschwarzer Ziegenbock an. Seine Ziegen finde ich wenig später unten, auf der anderen Seite des Hanges. Beim Abstieg fällt mir ein, daß es gut sein wird, die Füße vorsichtig zwischen das Geröll zu setzen. Mit einem gebrochenen Sprunggelenk kann hier einer lange rufen.

Später komme ich an die Stelle der Küste, wo man die Stadt Rhodos erblicken kann. Ich bringe es einfach nicht über mich, die letzten Meilen bis dahin zu laufen, wo das Besuchergetümmel wogt und aus wenigstens drei Lautsprechern gleichzeitig Sirtakis ertönen. Jeder für sich mag ein Ohrenschmaus sein. Alle gleichzeitig abgespielt und noch dazu von den Echos überlagert, sind aber ein Graus. Was mache ich also mit den zwei Tagen, die noch bis zum Abflug verbleiben? Ich lege mich in eine Badebucht vor der Stadt. Dort lerne ich ein paar Schweden kennen. Als sie feststellen, daß ich über ihr Land recht gut

Bescheid weiß, werde ich als halber Landsmann anerkannt und zu ihnen ins Hotel eingeladen. „We shall have a drink together", sagt der blonde Hüne.

„Ja-ha! Why not", denke ich bei mir. Als Skandinavien-Fan und halber Wikinger, als Schärenfahrer und Gotland-Kenner redet man sich da nicht mit windigen Ausflüchten heraus.

Rasiert und nach Aftershave duftend, tauche ich zur festgesetzten Abendstunde im Hotel auf. Ich finde es aber eigenartig, beim Empfang zu erfahren, daß „Mr. Svensson is expecting you upstairs in his room". Als ich den entere, schlägt mir viel Freundlichkeit, vermischt mit Alkoholdunst entgegen. Auf den zwei Betten liegen vier Wikinger mehr, als daß sie sitzen, und halten jeder ein mit Kognak halbgefülltes Zahnputzglas in der Hand. Ich bekomme auch eins und reichlich eingeschüttet. Bei näherem Hinsehen stellt sich der eine Nordmann als Wikingerin heraus. Bei gleichem Pegelstand mit den anderen. Die Feier scheint bereits seit geraumer Zeit im Gange zu sein, denn die Unterhaltung ist schon sehr angeregt. Jeder erzählt was. Keiner hört dem anderen zu. Um die Rhodos-Fahrt nicht mit Leberschaden im dortigen Hospital beschließen zu müssen, entweiche ich bei der ersten sich bietenden Gelegenheit. Schwankend zwar, aber noch bei Sinnen.

Erst als kein weiterer Aufschub mehr möglich ist, geht es hinauf zur Nereus-Werft. Dort erweist es sich bald, daß der Stamm der Beutelschneider weite Verbreitung erfahren hat: Zweimaliges Slippen eines 900-Kilogramm-Bootes kostet 350 Mark. Diesem Niveau entspricht auch die Kalkulation des übrigen Service. Die Levanteküste ist hier ja nicht mehr fern. Und die Handelslehren der Urväter werden von den Enkeln noch heute beherzigt und in Ehren gehalten.

Zu stolzen Preisen wird vereinbart, daß das Boot bis zum nächsten Frühjahr hierbleibt. Und ausdrücklich wird schriftlich festgehalten, daß sich der Motor-Fachmann der Werft der Maschine annehmen und eine gründliche Inspektion machen wird. Sorgfältiger kann man doch eigentlich nicht vorgehen. Ein schneller Rückflug mit der bewährten Charterlinie beendet das erste recht gut gelungene Solo-Unternehmen.

Das 11. Kapitel

erzählt von der IX. phönizischen
und ersten wirklichen Katastrophenreise,
die eindrucksvoll zeigt, was geschieht,
wenn die Götter böse werden.
Sie führt von Rhodos in den Meltemi
und nach Antalya.

Der heraufdämmernde Morgen bringt die ersten Fallböen aus dem Gebirge.
Das Boot fängt an zu tanzen und der Anker hält nicht mehr

Zu zweit segle ich doch lieber als allein: Hermann ist wieder mit von der Partie. Am Wechselschalter des Flughafens Rhodos habe ich schon Anlaß, den Kassierer darauf hinzuweisen, daß 1000 Drachmen fehlen. „O, sorry", sagt der und schiebt den fehlenden Schein nach.

Wir mieten uns im „Attiki" ein. Das ist ein kleines Hotel in der Altstadt, wo wir für 24 Mark pro Nacht gut untergebracht sind. Der besondere Vorzug besteht in der Lage. Wir brauchen nur vor die Tür zu treten und sind schon mitten unter den Teppich-, Blusen-, Schmuck-, Keramik- und den anderen Händlern, die hier dicht an dicht sitzen. Das ist in der Gegend des Platzes an der ansteigenden Basar-Straße, wo der ausladende, schattenspendende Baum steht, der wie eine Dorflinde aussieht. Darunter das Kafeneion.

In unserer Werft erfahren wir Näheres über Datum und Dauer des griechisch-orthodoxen Osterfestes. Für uns bedeutet das: Finden wir auf der Werft niemanden, der das Boot noch jetzt gleich slippt, verlieren wir vier Tage. Dann hätten wir reichlich Gelegenheit, an allen Prozessionen teilzunehmen. Nach längeren Diskussionen läßt man unser Boot aber noch rasch zu Wasser. Der Motor läuft, wenn auch stotternd. Außerdem hören wir ein fremdes, dumpfes Geräusch heraus. Na, vielleicht läuft sich das noch ein.

Es stellen sich noch weitere Probleme ein. Das Ausklarieren macht Schwierigkeiten. Zöllner Achilles eröffnet uns, daß der griechische Fiskus für Boote, die über ein Jahr in diesen Gewässern Algen angesetzt haben, 15 US-Dollar pro Fuß Bootslänge verlangt. Wir wollen zähneknirschend die etwa 700 Mark bezahlen und auslaufen. Das geht aber nicht, weil die Kasse nicht besetzt ist. Wir sollen am nächsten Tag wiederkommen. Bis dahin ertränken wir unseren Grimm im „Sokrates" in Retsina.

Am nächsten Morgen treffen wir beim Hafenkommandanten auf Achilles, Atheneos Gigeroglou, Emilios Makedos und noch einen, aber die kennen sich mit Währungen und Scheckkarten nicht aus. Sie wissen nur, daß wir zahlen sollen. Telefonisch wird endlich Aphrodite herbestellt. Die heißt wirklich so, arbeitet in einer Bank und bestätigt die Echtheit unserer Zahlungsmittel.

Dieser ganze Zirkus hat uns zwei Tage gekostet.

So ging das schon mal los. Das war aber nur der Auftakt. Das Leitthema dieser Reise wurde vom Motor angeschlagen. Der schlug nämlich wirklich. Und als er uns am Abend mit Mühe und Not und viel blauem Qualm aus dem Hafen gebracht hatte, blieb er einfach stehen.

In die Werft zurücklaufen und reklamieren? Da war jetzt niemand mehr. Vier Tage lang. Hier ist Ostern wirklich noch ein Fest.

What shall's? – wie mein Partner zu sagen pflegte, als er noch guter Dinge war. Vorn spielt die türkische Musik, da drüben in Kleinasien, dessen Berge im Sonnenuntergang rot zu uns herüberleuchten. Diskussionen führen jetzt nicht weiter. Laufen wir zurück und feiern orthodoxe Ostern, dann können wir die Fahrt begraben. Sind wir nun ein Segelboot? Ja oder nein?

Am frühen Morgen sind wir in Kleinasien. Durch mein nachlässiges Navigieren verfranzen wir uns drüben zu weit nach Westen, sind dann aber doch bald vor Fethiye. Es gelingt uns, Fischer auf uns aufmerksam zu machen. Die schleppen uns ein, da der Wind genau aus Richtung des Hafens bläst.

Das sieht hier aber wirklich gut aus! Auf der anderen Seite steigen Berge hoch. Die im Hintergrund tragen in der Sonne leuchtende Schneehauben. Vor uns liegt die Bucht.

Der Wärter des Yachthafens sagt, wir müßten zum Zoll, zum Hafenkommandanten und zur Gesundheitsbehörde. Was sein muß, muß sein! Also los. O Freiheit der Meere! Der Wärter vermittelt uns auch einen Mechaniker. Der repariert zwei Tage am Motor. Dann steht der endgültig.

Die berühmten lykischen Felsgräber sehen wir nur von weitem. Behörden und Motor halten uns in Trab.

Nach dem Auslaufen werden wir noch in der Bucht von einem Wachboot angehalten, dessen Kapitän unsere Pässe und Bootspapiere sehen will.

Wir ziehen dann noch ein paar Nasen weiter und legen uns, als es dunkelt, in eine recht offene Bucht. Eine geschützte gibt es hier nicht.

Der heraufdämmernde Morgen bringt die ersten Fallböen aus dem Gebirge. Das Boot fängt an zu tanzen, und der Anker hält nicht mehr. Wir verlassen die Bucht. Da draußen ist einiges los. Obwohl wir die Fock fast ganz wegreffen und das Groß zunächst nur fieren, liegen wir immer häufiger ganz flach auf dem aufgeregten Wasser. Wieder das häßliche Jaulen und Sausen im Rigg. Spibaum und Bootshaken haben sich schnell verabschiedet. Deren besondere Sicherung hatte ich für nicht erforderlich gehalten. So schlimm, dachte ich, werde es denn doch nicht kommen. Es kam aber so. Also herum und wieder dahin zurück, woher wir gekommen waren. Dabei beobachten wir mit ernster Miene zwei sich vom Achterliek der Fock langsam, aber stetig nach vorn erweiternde Risse. Nein, das sieht nicht gut aus. Sollte die Fock wegfliegen, kann unter diesen Verhältnissen niemand aufs Vorschiff, um die Sturmfock zu setzen. Da hat uns doch tatsächlich ein richtiger Meltemi voll erwischt!

Wir gelangen dennoch mittags heil in unsere alte Bucht und legen uns vor zwei Anker. Vorerst halten die, und bis zum Abend geht es gut.

Um Deckung von Wald und Bergen zu erhalten, haben wir uns eng an den schmalen Sandstrand geklemmt, in der Hoffnung, daß der harte Besen der Fallböen zum größten Teil über uns hinwegfegen würde. Das sieht zunächst auch ganz danach aus. Das Heck zeigt Richtung Buchtöffnung. Die Anker, mit den Flunken tief im Sand vergraben, haben ihre Verantwortung begriffen. Sie und die Leinen leisten das Erwartete, auch wenn das Boot an ihnen wahre Veitstänze vollführt. Alles ist noch gut unter Kontrolle.

Da geschieht im Laufe des Spätnachmittages unerwartet Seltsames: Der Wind dreht, ohne an Stärke einzubüßen, immer weiter nach rechts. Am Abend bläst er aus Richtung Buchtöffnung. Er hat eine Drehung von fast 180° vollzogen. Es fehlt nicht viel, daß unser Bootsheck auf die Kiesel vor dem Sandstreifen des Ufers schlägt. Das muß, noch vor Einbruch der Dunkelheit, unter allen Umständen vermieden werden. Dazu müssen wir etwa 20 Meter hinaus in die Bucht, soviel ist klar. Die Frage lautet nur: Wie?

Der von der Werft in Rhodos ganz und gar vermurkste Motor hat seine Zuverlässigkeit eingebüßt. Mit so verständnisvoller Hilfe, wie er sie vor Saros an der Steilwand geleistet hat, ist nicht mehr zu rechnen. Mal hustet er ein wenig. Dann läßt er es wieder sein. Je nachdem. „What shall's“, sagt Hermann.

„Okay“, pflichte ich ihm bei, „jetzt kommt Äktschen! Subito!“

Hermann bekommt die erforderlichen Instruktionen.

„Wenn ich glaube, daß der Hundesohn von Motor einige Minuten durchhalten wird, gebe ich dir ein Zeichen. Das sieht so aus. (Ich stoße die Faust über meinem Kopf in die Luft.) Dann hievst du erst den leichten und dann, ohne Pause, gleich auch den schweren Anker an Bord. Ich, wenn Boot frei, Gang rein, Gas, dir wieder Zeichen. Darauf feuerst du die Dinger wieder über Bord.“

Hermann, der nun wirklich ein tüchtiger und hochintelligenter Mensch ist, der keiner zusätzlichen Erläuterungen bedarf, nickt „Roger!“, hangelt sich aufs Vorschiff, sichert sich und greift, zum äußersten entschlossen, die richtige Leine.

Was nun folgt, stellt unter den vielen Höhepunkten der nautischen Karriere dieses Bootes und seines Kapitäns in des Mare Nostrum klassischen Gewässern ganz ohne Zweifel einen der höchsten dar. Für die Filmversion dieses Ereignisses wären Pat und Patachon eine treffliche Besetzung gewesen. Doch auch Ben Turpin als Skipper hätte sich gut gemacht. Zur Sache: Der Motor hustet. Ich stoße die Faust in die Luft. Hermann hievt hastig den haltenden Hort des schwimmenden Schwanes aufs schwankende Bord. Dann packt er, verabredungsgemäß, die Leine des anderen Ankers, zuppelt dran, findet keinen Widerstand und... hält mit klagendem Blick das zerfaserte Ende einer gebrochenen Ankerleine in die Luft. Mein Blick ist starr und ungläubig auf Hermann und den Tampen gerichtet. Der hebt das Ding nur immer noch höher, damit ich auch nur ja zur Kenntnis nehme, was das bedeutet. Ich weiß das zwar, nicht aber der Motor. Der setzt, als Hermanns Arm mit dem im Winde wehenden Rest der Ankerleine nicht mehr höher in den Himmel reichen will, unvermittelt aus und gibt keinen Mucks mehr von sich.

„Hermann“, rufe ich, „festhalten! Fertigmachen zur Strandung!“

An dieser Stelle sei zwei Betrachtungen Raum gegeben. Die eine handelt von der Psyche des Seefahrers, die andere vom Gewicht eines Bootes.

Die Ruhe, die einen erfüllt, wenn eine mutmaßliche Katastrophe nicht mehr abwendbar ist, hat mich seit je erstaunt. Wenn man vermeintlich alles Erdenkliche getan hat, der Katastrophe vorzubeugen oder ihr zu entgehen und die Götter ziehen einen dann doch hinein, dann trägt man die bitteren Folgen mit Fassung. Der denkbare Vorwurf, wir hätten noch vor Beginn des fatalen Manövers das Ankergeschirr kontrollieren sollen, trifft nicht ganz. Für uns haben die an der Wasseroberfläche sichtbaren Teile der Leinen ganz gleich ausgesehen. Da hatte es keinen Verdacht auf Bruch gegeben.

Unser leichtes, in sich aber stabiles Kleinboot verhält sich, zumal auf bewegtem Wasser, wie ein schwimmender Korken. Was ihm in rauher See an Steifigkeit abgeht, gewinnt es an Weichheit, wenn es von Brechern angehoben und auf den Strand gespült wird. Auch dies war ein erstaunliches Erlebnis, wenn auch kein völlig neues.

Wir hatten schon früher auf Mallorca einen Kursus in unbeabsichtigten Strandlandungen mit großem Erfolg absolviert.

Jetzt lief alles ganz schnell ab: Ein Brecher packte uns und ließ uns querschlagen. Ein weiterer hob uns hoch. Der dritte oder vierte setzte uns mit der Backbordseite sanft auf den Sand. Es war also nicht so, daß die Brecher uns an den Strand schmetterten, schlugen oder warfen. O nein! Sie setzten unser Boot in aller Sanftmut und Milde ab, obwohl es noch immer pfiff und rauschte. In zehn Minuten waren wir so weit oben, daß wir trockenen Fußes aussteigen konnten.

„Hermann“, sprach ich, „wir sind angekommen. Aussteigen.“

Das war eine Bucht wie aus dem Bilderbuch! Hinter dem Strand stieg, teilweise felsenübersät, eine von der Brandung ausgewaschene Böschung auf. Die ging in dichten Wald über, der bis hoch in die Berge hinaufreichte. Das Ganze bildete einen zu drei Vierteln geschlossenen Kessel mit der Bucht als offener Seite. Als wir uns unsere Umgebung näher ansahen, waren wir recht zufrieden. Das Boot lag fast ganz im weichen Sand. Da war nur eine Stelle, die leicht auf einem Stein ruhte. Die schabte ein wenig. Mast und Rigg waren unversehrt geblieben. Auch das Ruder war heil. Zu Bruch gegangen war lediglich der Motor, uns zwar dessen Schaft. Na ja, der Motor war ohnehin, nach Rhodos, nichts mehr wert gewesen.

Nun ist es an der Zeit, einen Mann vorzustellen, der schon am Strand aufgetaucht war, als das Boot noch in der Brandung tanzte. Das war Zekerye Kiliç, ein wahrer Freund und Helfer in der Not. Der hatte mit den Armen fortwährend Bewegungen zur westlichen Seite der Bucht hin gemacht. Was er sagen wollte, war klar: Wir sollten uns dahin verziehen. Dort sei mehr Deckung. Warum das nicht möglich war, konnten wir ihm über die Distanz nicht verständlich machen, ganz abgesehen davon, daß wir kein Türkisch können.

Zekerye war alt, wesentlich älter als wir. Er war klein von Wuchs, hielt sich aber kerzengerade. Sein Haar war zwar grau und sein Gesicht wie altes Narbenleder, aber das Blitzen seiner hellen Augen hätte einem Zwanzigjährigen gut angestanden. Er lief nun mit uns um das Boot herum und wackelte mit dem Kopf. Da hatte unser neuer Freund aber zweifellos recht. Nach solchen Manövern bleibt nichts anderes übrig, als traurig den Kopf zu schütteln. Innerlich taten wir das ja auch. Äußerlich hatten wir uns voll in der Gewalt und taten so, als wäre fortwährendes Auf-den-Strand-Setzen von Booten unser eigentliches Geschäft. Nachdem Zekerye alles ausgiebig betrachtet hatte und hier im Augenblick weitere Sensationen nicht zu erwarten waren, machte er sich in die Berge davon.

Da es bald dunkel wurde, hatten wir noch zu tun. Wir sicherten das Boot. Nur so, aus Gewohnheit. Das Meer tat ihm nichts mehr. Und wegtragen würde es wohl niemand in dieser Wildnis. Das Problem lag woanders. Hermanns Koje lag tief. Der konnte sich da einrollen. Die meine hing schräg in der Luft und so, daß ich da nicht schlafen konnte. Also mußte die Seite zur Bootsmitte so ausgestopft und unterfüttert werden, daß der Meisterkapitän des gestrandeten Schiffes sich nicht noch in der Nacht beim Herausküseln aus der Koje das Genick brach. Es erforderte eine reife ingenieurtechnische Leistung, meine Koje so herzurichten, daß ich in den drei folgenden Nächten in der Bucht ein wenig Schlaf finden konnte.

Das Werk war kaum gediehen, da spielte sich vor dem Boot am Strand eine Szene ab, die ich auch nicht vergessen werde. Vater Kiliç war zurückgekehrt und hatte einen seiner Söhne aus den Bergen mitgebracht. Das war Nihat, ein brav aussehender Junge von Anfang zwanzig. Die beiden hielten etwas in den Händen. Sie näherten sich dem Boot, verhielten einige Schritte davor, neigten den Oberkörper und reichten den Gästen ihre Geschenke. Die stellten sich als Lebensmittel heraus, gedacht, den Gestrandeten das Überleben an dieser vom Land her ziemlich unzugänglichen Küste zu ermöglichen. Von unseren auf etwa eine Woche bemessenen Vorräten konnten die beiden ja nichts wissen. Wir bedankten uns mit Verbeugungen, die erwidert wurden. Dann kletterte ich von Bord und zog dem Alten eine Jacke über, die ihm recht gut paßte. Erneut Verbeugung hier, Verbeugung dort. Dann gingen sie in die Nacht hinein und den Berg hinauf.

Wir Gestrandeten waren also nach einem vermutlich uralten Zeremoniell freundschaftlich begrüßt und als Gäste in der Bucht aufgenommen worden. Das hat uns das Herz gerührt. Nicht nur. Auch die natürliche Würde des Alten hatte uns beeindruckt. Wir faßten spontan den Entschluß, ein Bordfest zu feiern. Dessen erster Teil bestand im Auspacken der Gaben. Das waren: Fladenbrot, Butter, Eier, Honig. Alles reichlich und von vorzüglicher Qualität.

Als wir dann noch feststellten, daß der Tag der Strandung mit dem Geburtstag von Hermanns Vater und dem meiner Tochter Dull zusammengefallen war, brachten wir nacheinander Toasts auf das Boot, die Geburtstagskinder, unsere türkischen Wohltäter und auf unser Glück aus, das uns gerade hier ans Ufer geworfen hatte. Es könnten ja, fiel uns nach dem dritten Toast ein, schon in der nächsten Bucht Menschenfresser hausen.

So heiteren wie auch angeheiterten Sinnes gingen wir schlafen.

Der Morgen brachte weitere, nicht unangenehme Überraschungen. Bei den Hirten in den Bergen hatte sich die Nachricht von unserer Strandung sehr schnell und auf höchst wundersame Weise verbreitet. Aus allen Richtungen traten sie aus dem Wald, um uns zu bestaunen. Sie brachten ihre Ziegenherden mit, so daß das Ufer um unser Boot gegen Mittag voll dieser nützlichen Milchtiere mit den lustigen Teufelsgesichtern war. Wir erhielten noch mehr Eier, Honig und Fladenbrot. Und als die Hirten sich niederließen, Feuer machten und Tee kochten, wurden wir dazu eingeladen. Wir ließen sie auch mal in den Kahn steigen und einen Blick in dessen Inneres werfen. So verlebten wir den ersten Tag an unserer Legerwallküste in freundschaftlichem Einvernehmen mit den Hirten und in Saus und Braus. An Viktualien fehlte es uns in gar keiner Weise, und der Nachschub rollte aus den Bergen. Es pfiff und heulte noch immer. Die See ging hoch.

Am zweiten Tag lädt uns der Alte mit einer freundlichen Geste ein, ihm in die Berge zu folgen. Nach längerer Kletterei steil hinauf erreichen wir eine aus dem Wald vorspringende Felskanzel, von der aus man die Bucht und die Küste überblickt. Unser armes Boot ist nur ein kleiner, weißer Fleck am Strand. Unterwegs stoßen wir auf lange Reihen von Bienenstöcken. Aus Steinen aufgeschichtete Wälle begrenzen kleine Ackerflächen, auf denen Weizen wächst. Nach weiterem Klettern stehen wir unterhalb eines Plateaus, auf dem sich ein Gehöft befindet. Rechts und links von uns sind Gemüsebeete angelegt mit Bohnen, Erbsen, Porree und Tomaten. Oben, bei den roh zusammengefügten Steinhäusern, steht noch eine uralte Mühle zum Pressen von Öl aus Oliven. Der Platz vor dem Haus besteht aus festgetretenem, sauber gekehrtem Lehm. Aus dem Haus tritt eine lächelnde Frau mit ähnlich gegerbtem Gesicht wie dem des Alten: Frau Kiliç. Stühle werden herausgereicht, dann Schalen mit Honig, dann Tee. Wir setzen uns, schlürfen das starke, erfrischende Getränk und loben es, in der Art aller sprachlosen Barbaren, durch Schmatzen, Kopfnicken und Ausrufe wie „aha!“ und „oho!“.

Hinzu gesellt sich der zweite Sohn von Kiliç. Der heißt Sezgin. Wer ins Haus tritt, das sauber mit Matten ausgelegt ist, streift draußen seine Schuhe ab. Nach einigen Aufnahmen vom Gehöft und seinen liebenswürdigen Bewohnern zeigt uns Frau Kiliç ein gewaltiges Schießgewehr. Wir heben die Schultern, wir ahnungslosen Städter. Wozu das denn? Alle legen den Kopf in den Nacken und stoßen ein Geheul aus, das wie „uuuhuuuh“ klingt und das ich zuletzt im Film

„Dracula im Karpathenschloß“ gehört habe. Wölfe also, ganz klar. Bei den vielen Zicklein, dem dichten Wald und den unzugänglichen Schluchten ist das hier wahrlich ein ideales Revier für die grauen Räuber.

Frau Kiliç sieht ganz so aus, als hätte sie die Donnerbüchse nicht nur einmal auf Wölfe angelegt. Und nicht nur zum Spaß.

Dann bedanken wir uns und machen uns auf den Weg. Der Abstieg ist auch hier schwerer als der Aufstieg. Vater Kiliç führt und turnt vor uns mit der Behendigkeit einer Gemse um die Felsen herum und über sie hinweg. Wieder trägt er etwas in den Händen. Nihat und Sezgin begleiten uns.

Unten angekommen bemerken wir, daß die Dünung sich beruhigt und der Wind nachgelassen hat. Es gelingt uns, Vater Kiliç, der ganz wach und blitzgescheit ist, durch Zeichen verständlich zu machen, daß wir am nächsten Morgen ab acht Uhr versuchen wollen, das Boot ins Wasser zu wuchten. Ferner erklären wir ihm, daß das nur gelingen kann, wenn seine Söhne und noch vier oder fünf weitere Hirten helfen. Er nickt mit dem Kopf und hat verstanden. Bevor er geht, legt er das mitgebrachte Päckchen in das Boot. Wir danken ihm. Als er fort ist, schlagen wir das Tuch des Bündels auseinander: Fladenbrot und Ziegenkäse. Beides frisch und wohlschmeckend.

Der Morgen kommt und beschert uns ein weiteres Mirakel. Es sind acht Hirten versammelt, von denen einige wieder ihre Herden mitgebracht haben. Sie legen auch gleich noch Bäume zum Wuchten neben das Boot. Es bedarf nur einer kurzen Einweisung und eines Beispieles mit Stöcken: Erst den Bug zum Wasser heben und eine Bohle drunter. Dann das Heck, dann den Bug, dann wieder das Heck. Jeder Ruck bringt 20 bis 30 Zentimeter, manchmal auch mehr. Immer einen Baum unter den langen Hebel, den sechs oder sieben Männer hochstemmen. Und den Widerlager-Baum im Sand so hinlegen, daß das belastete Ende des zum Heben verwendeten Baumes nicht abrutscht.

Mittags, als wir zwölf oder 13 Meter geschafft hatten und der Kahn bis an das Wasser herangeruckelt worden war, da waren die Hirten und wir schon geschafft. Drei Mann verließen das Launching-team, fingen ihre Ziegen ein und zogen ab in die Berge. Der Rest machte Mittagspause, kochte Tee und sammelte neue Kräfte. Der Alte hatte feste mitgemacht. Er war nicht nur unumstrittener Chef des Hirtenvereins, sondern er machte auch den Dolmetscher, wenn wir meinten, der Hauruckaktion durch Ansetzen des Baumes an einer bestimmten Stelle einen höheren Wirkungsgrad verleihen zu können.

Den kaputten Motor hatten wir aus dem Schacht gelöst und ihn oberhalb der ausgespülten Böschung vorsichtig auf den weichen Waldboden gebettet. Wie oft hatte der schon kritische Augenblicke entschärft oder tagelang das Boot geschoben. Nicht zu reden von den Hunderten von Hafenmanövern, die er zu harmlosen Spielereien gemacht hatte. Jetzt lag er da, mit gebrochenem Schaft. Aus dem lief feuchter Sand, und an ihm hingen noch einige Algen. Wie Kränze.

Besser, wir gehen wieder an die Arbeit.

Da war nämlich noch mächtig zu tun, und das bei schwindendem Personal. Als die Stunde schlug, zu der nicht nur die feinen Herrschaften im Westen, sondern auch die Hirten des Taurus ihren Nachmittagstee zu nehmen pflegen, hatten wir das Boot so weit im Wasser, daß es sich aufrichtete und schwamm. Da waren aber auch nur noch die Kiliçs übrig, Hermann und ich.

Nun hatten wir aber keinen ablandigen Wind. Das wäre einfach gewesen, mit dem aus der Bucht zu rutschen. Was wir hatten, war ein in die Bucht hauchender, säuseliger Zephyr aus der für das Auslaufen ungünstigsten Richtung. Da sich aber auch Kieselsteine zwischen Kastenwände und Schwert geklemmt hatten, blieb das dort, wo man im allgemeinen gern den Deuwel aufbewahrt.

Die Idee war, daß Hermann und die Kiliç-Brüder das Boot ins Tiefe schieben und er per Badeleiter an Bord steigen sollte, sobald der Kahn frei war. Das war auch so etwas. Zwei- oder dreimal drückte die leichte, aber hartnäckige Dünung das Boot wieder auf den Sand. Der Säusel-Zephyr machte dabei munter mit. Hermann und die Kiliçs standen blaugefroren, mit roten Nasen, bis zu den Lippen im Wasser. Als das vorletzte Freikreuzmanöver gescheitert war und der Kahn sich wieder obstinat dem Sand näherte, machte Hermann eine wütend-resignierende Handbewegung, die ich auch heute noch nachts sehen kann, wenn ich schweißgebadet aus Alpträumen aufschrecke. Dann waren wir plötzlich doch frei, und Hermann sprang auf den auslaufenden Dampfer auf.

Was ich sah, als wir, mit unglaublich großer Abdrift, die Bucht des düsteren Kismet und der schwarzen Ziegen verließen, waren die mittlerweile violett angelaufenen Hirten-Brüder, die am Strand, wo das Boot gelegen hatte, um ein loderndes Feuer saßen und so versuchten, ihre aufgeweichten und halberfrorenen Gliedmaßen aufzutauen. Als wir uns anschickten, um die Landnase zu gehen, winkten wir. Sie winkten zurück. Müde.

In der Bucht der schwarzen Ziegen waren zurückgelassen worden: Hermanns superschickes, teures Sporthemd, der kaputte Motor, meine Sandalen, Hermanns Glaube an den Kapitän und ferner seine wovon auch immer bisher genährte Vorstellung, daß Segeln stets Freude bereitet. Eine stattliche Liste teils gewichtiger Einbußen.

Nun sind wir draußen, wieder unterwegs. Aber wohin soll es jetzt gehen? Hermann ist mehr für Abbruch des Unternehmens und Rückkehr. Da das Wetter fürs erste zu halten scheint, meine ich, wir sollten zumindest versuchen, noch bis nach Antalya zu kommen, das im Scheitel des gleichnamigen großen Golfes liegt. Hermann willigt ein, wiewohl seine Gegenargumente einleuchten: kein Motor, kein Schwert. Doch er erkennt wenn auch widerstrebend an, daß die alten Phönizier auch nicht derlei neumodisches Zeug hatten, als sie schon vor dreitausend Jahren alle diese Küsten im Linienverkehr befuhren.

Also weiter nach Osten. Ich bin Hermann dankbar, daß er mitmacht. Es ist aber klar zu erkennen, daß auch mehrere gemeinsame und erfolgreiche Langfahrten durchaus unterschiedliche Auffassungen darüber bestehen lassen, wo die Grenzen des kalkulierbaren Risikos abzustecken sind. Da haben sich zwischen Hermann und mir einige Diskrepanzen verfestigt.

Von unserer Strandung sind aber auch andere, wertvolle Erinnerungen geblieben. Da ist die aufopfernde und selbstverständliche Hilfsbereitschaft und die rührende Gastfreundschaft der Hirten. Wie ich den Fall wende und betrachte: Das erlebt zu haben, ist mir die Strandung wert gewesen.

Wir laufen den Tag durch. Am Abend befinden wir uns auf der Höhe von Kaş und suchen uns eine Bucht für die Nacht. Die muß aber so beschaffen sein, daß wir auch ohne Motor wieder aus ihr herauskönnen. Als wir meinen, so etwas gefunden zu haben, ankern wir.

Am Morgen klopft ein Felsen sachte ans Heck: Aufstehen! Der Wind hat gedreht, und das Auslaufen geht glatt. Dann zieht eine Regenfront herauf, die uns den Tag benieselt. Am Nachmittag sind wir bei Finike. Von da an steht uns der Wind auf die Nase. Wir versuchen, mit langen Schlägen aufzukreuzen. Ohne Schwert und auch gegen die Strömung wird das ein hartes Brot. Da, vor uns, hinter der Halbinsel Taşlik Burnu, beginnt der weite Antalya-Golf, unser Ziel. Als wir nach stundenlangem Kreuzen feststellen, daß wir doch nicht weiterkommen, wollen wir nach Finike hinein. Dort gehen gerade die ersten Lichter an. Der Schnee auf den höchsten Gipfeln der Berge dahinter ist noch zu sehen.

Nur wenige Viertelstunden danach finden wir uns damit ab, daß uns auch dieser Abend den erhofften Hammelbraten vorenthalten wird. Wo immer wir die Bootsnase hindrehen, da richtet sich der Wind auf sie ein und verpaßt ihr einen Stüber. Also versuchen wir energisch, statt nach Finike hinein doch noch um die nächste Huk zu kommen. Gegen Mitternacht sieht es schon danach aus, als hätten wir es geschafft.

Als die Nacht ganz schwarz geworden ist, hören wir aus nächster Nähe die Geräusche eines schweren Dieselmotors. Da fährt ein Schiff ohne Licht! Wir knipsen unsere Funzel an. Darauf ein unverständlicher Anruf. Wir rufen zurück: „German boat MIKE-DULL from Fethiye to Antalya!“

Damit ist der nächtliche Rufer zufrieden und verschwindet ohne Licht, wie er gekommen ist.

Gegen Mittag sind wir im Antalya-Golf, vor den Küçük-Höhlen. Dann brist es ein wenig auf, und wir können bald den Leuchtturm von Kemer abhaken. Der Wind wird stärker. Wir jagen förmlich dahin. Hermann, der an der Pinne sitzt, macht wieder einen zufriedenen Eindruck.

Als die Sonne gesunken ist, versuchen wir, in den Hafen von Antalya zu kreuzen. Nach mehreren vergeblichen Anläufen aus immer neuen Winkeln kommt ein Fischerboot aus dem Hafen und schleppt uns ein. Wir legen uns unmittelbar vor ein Küstenwachboot. Dessen Besatzung begrüßt uns wie alte Freunde: „Ihr seid also die Leute von dem Boot vor Taşlik, das wir in der Nacht getroffen haben!“

„Sure“, sagen wir, „und ihr seid die, die da in der Nacht ohne Licht spazierenfahren.“

Darauf nehmen wir in der Messe Platz, wärmen uns auf und bekommen Zigaretten angeboten und süßen, starken Tee eingeschenkt. Auch ein Zollmensch taucht auf und will irgendein Formular sehen, das wir nicht besitzen. Wir einigen uns auf den nächsten Tag. Dann wird man weitersehen.

So ist es. Der Zoll stellt fest, daß die Bootspapiere einen derzeit nicht an Bord befindlichen Honda-Außenborder mit 7,5 PS ausweisen. Wo der ist? Tja, das sind so Fragen, die der Zoll stellt. Natürlich beantworten wir sie nach bestem Wissen und Gewissen. Der Rat vom

Kapitän des Wachschiffes, am besten hätten wir den Motor schon vor Erreichen der türkischen Küste verloren, hilft uns da auch nicht mehr weiter. Im Gegenteil. Nach längerer Einvernahme und gewaltigem Umstand, der zu vermeiden gewesen wäre, wenn wir den havarierten Motor mitgenommen hätten, trifft der Zoll eine klare und, von seinem Standpunkt aus, auch verständliche Entscheidung:

Kaputt oder nicht, bei den schwarzen Ziegen und Hirten oder nicht, egal. Bis der Motor oder seine Einzelteile beim Zoll von Antalya vorgewiesen werden, bleibt unser Boot hier und rührt sich nicht vom Fleck. Der Motor könnte ja auch gewinnbringend im Lande verkauft worden sein. Unser Vorschlag, die Angelegenheit dem Zoll von Fethiye telefonisch mitzuteilen und ihn zu bitten, sich mit den Hirten in der dritten bis vierten Bucht von Fethiye nach Osten in Verbindung zu setzen, findet keine Billigung.

Es bleibt nichts anderes übrig: zurück und in den Bergen einen Motor suchen, der noch vor wenigen Tagen, in der Bucht der schwarzen Ziegen, unter den Bäumen auf dem Waldboden gelegen hatte.

Mit Hermanns Kreditkarte nehmen wir uns ein Auto. Mit dem sind wir am Abend in Ölü Deniz. Das ist das Prunkstück dieses Teiles der türkischen Küste und bunt auf allen Prospekten abgebildet. Auf denen steht: „Ölü Deniz – Calm Sea". Solche Bezeichnungen treffen bekanntlich aber nicht immer zu. Vor dem Motel „Meri" finden wir einen Fischer, der sich bereit erklärt, uns gegen angemessene Entlohnung zur Bucht der schwarzen Ziegen zu bringen. Wir sind noch nicht ganz mit den Vereinbarungen zu Ende, da heult auch schon der Meltemi wieder aus den Bergen auf uns herunter. Der Fischer zeigt aufs Wasser und auf den Himmel. Recht hat er. Auf der Calm Sea gischten weiße Kämme. Am Himmel jagen dunkle Wolkenfetzen dahin. Der Fischer will sich am nächsten Vormittag wieder mit uns treffen. Wir gehen ins Motel zum Abendbrot.

Während wir das einnehmen, dürfen wir am Fenster sitzend beobachten, wie der Meltemi sich an Land ausnimmt. Auf dem Wasser haben wir ihn bereits kennengelernt. Mit Kleinigkeiten wie Staubaufwirbeln und Blätterkehren hält er sich nicht auf. Ehe wir das Abendessen beendet haben, sind einige Dächer abgedeckt, Zäune umgeblasen und in der Nähe stehenden alten Bäumen die etwas morscheren Arme amputiert worden. Als wir das Mahl mit einem Kaffee abschließen, erfahren wir, daß der Zwölf-Meter-Kreuzer zweier junger Franzosen mitsamt seinen Ankern und der sich an Bord befindenden Besatzung auf das Ufer gefeuert worden ist. „Siehst du, Hermann“, lenke ich die Aufmerksamkeit meines Gefährten auf die Gewalt der Elemente, „ob knapp sieben Meter wie bei uns oder zwölf wie hier, Ölü Deniz heißt Calm Sea.“

Wir quartieren uns für die Nacht ein und gehen schlafen. Am Morgen kommt der Fischer mit seinem Boot. Die See hat sich beruhigt, wir können los. Es begleitet uns noch ein Angestellter des Motels als Dolmetscher.

Nach etwa zwei Stunden erreichen wir die Bucht. Kamil Korkmar, der Fischer, legt die Hände an den Mund und heult die Hänge hoch. Ähnlich haben wir das auch schon bei den Hirten beobachtet, wenn sie ihren Kollegen in den Bergen etwas mitzuteilen hatten. Der erste, der ankommt, ist uns unbekannt. Dann aber erscheint von der anderen Seite Nihat Kiliç, einer der kräftigen Söhne des Ober-Ziegenhirten. Der Dolmetscher, der eingeweiht ist und weiß, daß wir zurückgekommen sind, um im Auftrag des türkischen Zolls nach dem Verbleib des Motors zu forschen, wechselt einige Worte mit Nihat. Dann wendet er sich an uns und sagt: „Der Motor ist da!“

Wie man gut verstehen wird, sind Hermann und ich ganz entzückt.

„Und wo genau?“

Wo wird er schon sein? Wo sich hier alles befindet, die Ziegen, die Wölfe, die Hirten, die Bienenstöcke: „In den Bergen.“

Das reicht uns aber noch nicht. Wir bohren nach: „Wo und bei wem?“

Die Antwort hätten wir uns fast schon selbst geben können: „Ganz oben bei Kiliçs, im Schuppen.“

Da die mit uns und dem Flottmachen des Bootes verbundenen Mühen vor allem von dieser Familie getragen worden waren, eine naheliegende Lösung. Was nun? Sehr einfach; raus aus dem Fischerboot und hinauf in die Berge. Dort den armen Hirten ihren relativ hochwertigen Fund wieder abnehmen. Dann mühsam wieder hinunter zur Bucht, was nicht so einfach sein wird, weil man bei der Kletterei manchmal beide Hände zum Festhalten braucht. Zuletzt nur noch den Motor ins Boot und ab nach Ölü Deniz.

Als wir, nach längerem Aufstieg, schwitzend und schnaufend im Adlerhorst derer von Kiliç anlangen und die Augen nach dem Motor offenhalten, da werden erst wieder die Stühle herausgetragen. Da wird erst wieder der köstliche Honig in kleinen Schalen serviert. Da wird erst wieder der gute, starke, schwarze Tee gekocht und nach draußen zu uns gebracht und serviert. Da werden wir den erst wieder trinken und loben: „Mmm! Oho!“ Und das alles, obwohl der unten in der Bucht mit seinem Kahn auf uns wartende und Kreise fahrende Korkmar schon dreimal gerufen hat, daß wir uns beeilen sollen. So was geht aber nicht bei Vater Kiliç. Hier oben in den Bergen legt man, wie hastig die Dinge sich auch entwickeln mögen, darauf Wert, daß Form und Würde gewahrt bleiben.

Dann folgten wir Vater und Sohn zum Schuppen. Da lag auf einem Brett, gereinigt und von Sand und Algen befreit, das gute Stück. Da wird der Zoll aber mit uns zufrieden sein!

Als Hermann und ich uns bereitmachten, den Motor zu packen und jeder an einem Ende anfassen wollte, wurden wir von Nihat sanft zur Seite geschoben. Der rollte den dicken Segelpullover zusammen, den ich ihm gerade als Ausgleich für den ihm wieder abgenommenen Motor geschenkt hatte, legte ihn sich als Polster auf die Schulter, warf den Motor mit zwei Griffen über und tänzelte mit seiner Last über die Felsen hinunter zur Bucht, als wäre das gar nichts.

Als Nihat unten angelangt war und den Motor bereits an Bord von Kamils Fischerboot hatte, hingen Hermann und ich, uns krampfhaft an Gestrüpp und Felsnasen haltend, noch irgendwo am halben Hang. Es hatte angefangen zu regnen. Die Felsen und der Pfad waren glitschig geworden. Als wir nun unten ankamen und mit nassen Füßen aufs Boot kletterten, schimpfte Fischer Kamil und zeigte wiederholt auf eine sich ausbreitende, dunkle Wolke.

Es gelingt mir, Kamil zu einem Versuch zu überreden, mit Hilfe seines Draggens an der Stelle den Grund abzurechen, wo unser Anker mit Kette liegen muß. Zwei-, dreimal ziehen wir seinen Anker da durch den Sand. Der packt aber nichts, und weil Kamil immer besorgter auf die Wolke zeigt, laufen wir aus der Bucht. Na gut, der Anker ist weg, aber den Motor haben wir wieder eingefangen.

In Ölü Deniz geht es mit dem Motor zur Gendarmarie. Die hat, wer weiß woher, von der Aktion erfahren. Sie interessiert sich für alles, was hier vor sich geht, und will den Motor sehen. Wir öffnen den Kofferraum: „Da!“ Sechs Gendarmen schauen den Motor an.

Im Motel „Meri“ wird für alle am „Unternehmen Motor“ Beteiligten ein Festschmaus aufgefahren. Nihat und Kamil und noch der und jener hauen rein, daß es eine Freude ist. Alle sind fröhlich. Ich auch. Wir erfahren noch, daß Fischer den auf den Sand geworfenen

Franzosen wieder flottgekriegt haben, während wir den schwarzen Ziegen unsere zweite Visite machten. Zurück wählen wir die Gebirgsroute, die laut Karte an die 100 Kilometer kürzer ist als die Küstenstraße, auf der wir gekommen sind. Wäre es darum gegangen, weitere Abenteuer zu suchen, dann hätten wir mit der neuen Route eine ausgezeichnete Wahl getroffen.

Sind Leistungen am Lenkrad gefragt, macht Hermann niemand so leicht etwas vor. Aber diese Fahrt in die anbrechende Nacht über das Gebirge und mit einem gewöhnlichen Mittelklassewagen, das ist jene Herausforderung an das Team, auf die es noch so sehnlich gewartet hatte. Die Erwartungen wurden erfüllt: umgestürzte Bäume, über die Ufer getretene, flott über die Straße schießende Bäche, Geröll und tükkische Längs- und Querrillen. „Es geschieht an solchen Straßen wie diesen“, äußerte Hermann, „daß Räuber Baumsperren errichten.“ Das kann ich nachvollziehen.

Über der Rückreise nach Antalya, mit Motor im Kofferraum, geht die Nacht hin. Als wir dort am Morgen eintreffen, ohne Achsenbruch und ohne auf Räuber gestoßen zu sein, und den Motor vor der um diese Stunde noch geschlossenen Dienststelle des Zolls niederlegen, da treffen wir einen unserer Freunde von der türkischen Marine. Es ist Unteroffizier Hüçel vom Wachboot, neben dem wir liegen. Mit beschwichtigenden Handbewegungen und gutem Zureden sucht er uns auf das vorzubereiten, was uns gleich unten am Boot erwartet.

Unser ständiger Begleiter, der Meltemi, war nicht nur bei uns in Ölü Deniz gewesen. Er war auch in den Antalya-Hafen eingefallen und hatte dort noch einmal nach unserem armen Boot getreten. Er war wohl erzürnt darüber, daß es so bald wieder geschwommen war. Hatte er den Kahn nicht hoch genug auf den Sand der Ziegenbucht gepustet?

Was wir jetzt sahen, als wir müde und vollkommen erschöpft mit grauen Gesichtern auf der Pier standen, war ganze Arbeit. Der Meltemi hatte nur probiert, wie es mit der Robustheit einiger Teile unseres Bootes steht, wenn man die mit Nachdruck gegen ein Kriegsschiff schlägt. Nach den Erfahrungen, die wir bereits in Iraklion hatten sammeln können, war das für uns keine Frage mehr. Nun kannte auch der Meltemi die Antwort:

Der Bugkorb nur noch formlose Kringel. Die Pinne am Blattansatz gebrochen. Die Fockrolle gebrochen. Die Fock selbst war von jemandem geborgen und mit dem Fall als Paket verschnürt worden.

Dafür segelte das Vorstag in der Luft herum. Der Stagbeschlag war verbogen, ebenso die Reling beidseits.

Nach der Präsentation des Motors ist das Interesse des Zolls an uns erloschen. Damit sind wir für neue Aufgaben frei, die uns der Meltemi reichlich gestellt hat. Mit dem Ausruhen nach der strapaziösen Gebirgsfahrt wird es nichts. Wir demontieren, klopfen, richten, biegen und montieren. Dabei helfen uns die Nachbarn vom Wachboot und leihen uns auch Werkzeug aus ihrer Werkstatt.

Als es Abend wird, sieht es bei uns an Bord noch immer nicht nach dem Zustand aus, in dem wir das Boot vor der Ölü-Deniz-Reise verlassen haben. Doch die Funktionsfähigkeit ist wiederhergestellt. Wenn man nicht zu genau hinschaut.

Da wir beide uns zur Rückkehr reisefertig machen müssen, aber noch keinen festen Liegeplatz mit Bewachung gefunden haben, wenden wir uns vertrauensvoll an die Kameraden von der türkischen Marine. Wir schildern die Lage. Unteroffizier Hüçel übersetzt. Die Jungs begreifen, nicken mit dem Kopf und sagen: „Very simple. Einfach liegen lassen. Wir passen auf." Ein guter Vorschlag. Besonders unter Berücksichtigung der Tatsache, daß uns für weiteren Zirkus auch keine Zeit mehr bleibt und unser Bedarf an kleinen Überraschungen inzwischen vollkommen gedeckt ist.

Wir packen also unsere Seesäcke und fahren mit dem Überlandbus nach Aydin. Von da aus geht es dann nach Mugla und Marmaris und schließlich mit einem Kaiki hinüber nach Rhodos. Auf der Überfahrt hören wir die lehrreiche Schauergeschichte von dem Südafrikaner und seiner 13-Meter-Yacht mit Profibesatzung. Das mit 70000 US-Dollar versicherte Superschiff wurde vor dem türkischen Kalkan auf die Felsen geworfen, zerschmettert und als Totalschaden liegen gelassen.

Hermann und ich schauen uns an: Da sind wir ja noch vorzüglich davongekommen. Ich habe keine Ahnung, daß er in Gedanken schon an dem Brief feilt, den er mir schreiben wird und in dem er mir die Segelpartnerschaft aufkündigt – in der Überzeugung, daß ein richtiger Skipper seine seemännischen Maßnahmen so einrichtet, daß eine Strandung ausgeschlossen ist.

Das 12. Kapitel

berichtet von der X. phönizischen Reise mit zwei neuen Desperados, die Bekanntschaft mit dem Meltemi machen möchten. Die Fahrt geht entlang der türkischen Riviera bis Anamur, hinüber nach Paphos auf Zypern, wo Crewwechsel stattfindet. Mit Dull, deren Spitznamen das Boot trägt, wird Phönizien erreicht.

Weiter geht es der südlichsten
Ecke Kleinasiens entgegen

Keine Fahrt ist wie die andere. Nichts wiederholt sich. Jede hat ihre Besonderheiten und Merkmale. Ein neues Seegebiet, eine andere Besatzung, eine günstigere Jahreszeit lassen nur wenige Wochen zurückliegende schlechte Erfahrungen schnell vergessen.

Während zu Hause noch der gute Rat erteilt wird:

„Bleibe du nur auf dem Deinigen sitzen; du hast es nicht nötig,
auf dem wogenden Meere zu treiben und Schlimmes zu leiden."
(II/369-70)

hält es der späte Phönizier denn doch mehr mit der anderen schriftlichen Weisung:

„Hab er ihn ausbessern sehn die von Stürmen zerschlagenen Schiffe
und mit vielen Schätzen sei er dann wieder im Sommer
oder im Frühherbst hier mit den göttergleichen Gefährten."
(XIV/383–85)

Ob meine neuen Gefährten göttergleich sind, das muß die Reise noch zeigen. Vorerst zeichnen sie sich durch munteres Wesen und gesunden Appetit aus. Doch beide sind von hoher Intelligenz und wachem Verstand. Kurz: Leute, nach denen sich nicht nur die Schiffsführer ramponierter Boote, sondern auch die Personalleiter von Großfirmen alle Finger lecken. Eckart, Ingenieur, der eine, Helmut, Mathematiker, der andere.

Ich hatte diesmal großen Wert darauf gelegt, den neuen Gefährten haarklein zu erzählen, was im Verlauf der letzten Fahrt geschehen war. Kein kleines Deckelchen auf Pandoras Musterbüchsen blieb ungeöffnet. Zustand des Bootes, Wildheit des Meltemi, auch Hermanns Klage wurden ausgiebig besprochen. Nachdem die beiden dann zu dem Schluß gelangt waren, ihr junges Leben mit mir riskieren zu wollen, flogen wir zu dritt nach Rhodos.

Kaiki, Überlandbus. Ankunft in Antalya. Das Boot ist diesmal heilgeblieben. Nur der Staub von Stadt und Hafen liegt in einer dicken Schicht auf Segeln, Schlafsäcken und Pötten. Mit Putzen, Schrubben, Klopfen und Waschen vergeht der Tag. Die Kameraden von der türkischen Marine haben uns herzlich begrüßt und zum Tee eingeladen. Unteroffizier Hüçel kommt am Abend zu uns zum Bordfest, macht aber alkoholisch Einschränkungen. Recht so.

Nachzutragen bleibt, daß Hermann und ich im Frühjahr, noch ehe wir Antalya verließen, die Teile unseres defekten Motors bei Erdogan Azizoglu abgeliefert haben. Der betreibt draußen vor der Stadt eine Reparaturwerkstatt, die zu zwei Dritteln unter einem Wellblechdach auf der Straße liegt. Der Rest ist ein dunkler Schuppen, wo aber das Werkzeug und auch einige Maschinen und vielleicht ein halbes Dutzend Außenbordmotoren in mustergültiger Ordnung aufbewahrt sind. Diesen Erdogan hatte uns ein junger Architekt vermittelt, der uns mit seinem vorzüglichen Englisch bei den Verhandlungen mit dem Zoll geholfen hatte. Als die Reste, die ein Motor gewesen waren, bei jenem Erdogan auf der Werkbank lagen, hatte der ihn mit wenigen kundigen Griffen demontiert. Dann blickte er mich vorwurfsvoll an und schüttelte den Kopf.

„Den", wollte ich ihm klarmachen, „habe nicht ich, den hat dein Meltemi auf dem Gewissen." Doch solche Darlegungen hätten wohl unter einem ungünstigen Verhältnis zwischen Aufwand und Ergebnis gelitten. Nachdem also Erdogan genug mit dem Kopf gewackelt hatte, wollte er wissen, wann wir wieder anreisten und ob wir ihm Video-Kassetten eines bestimmten Fabrikats besorgen könnten. Als beides geklärt war, zogen wir ab.

Jetzt sind wir wieder da: minus Hermann, plus Eckart und Helmut. Auch hier das Zeremoniell wie in den Bergen. Nicht hereinstürmen mit dem Ruf: „Wo ist der Motor?" O nein, nicht diese üblen Gewohnheiten westlicher Barbaren! Lächeln, hinsetzen, Zeit haben. Das Wetter in Deutschland. Das Wetter in der Türkei. Der Lehrjunge bringt Tee, dann Gläser voll frischen Wassers. Was machen die Kinderchen? Die Spannung steigt. Wie lang und breit ist das Boot? Wohin wollt ihr fahren? Die Spannung wird unerträglich. Das Ritual erinnert mich an die Häuptlinge aus den Indianerbüchern, die wichtige Beratungen schweigend abhielten und nur die Friedenspfeife kreisen ließen.

Als uns dreien der Hosenboden schon auf den Werkstattschemeln brennt, steht Erdogan auf, verschwindet in einer dunklen Ecke und schleppt den Motor heran. Der blitzt vor Lack und neuen Teilen. Schon hängt er in der Wassertonne. Erdogan zieht die Reißleine, und die Werkstatträume werden von Abgasen, die Ohren von wohlklingendem Tuckern erfüllt. Das hätte ich so nicht erwartet. Ein Könner, der Erdogan Azizoglu. Ihm gebühren Dank und Bruderküsse. Die Kassetten werden übergeben, die eher bescheidene Rechnung wird beglichen und der Motor in den Kofferraum einer Taxe gepackt. Mit

Erdogans und des Lehrjungen besten Wünschen versehen, fahren wir in bester Laune zum Hafen.

Befreit von der drückendsten Sorge, haben wir auch wieder einen Blick für die Umgebung. Schön ist es hier. Oben, vor uns, die Reste einer alten Festung. Seitlich, auf halber Höhe, Terrassen mit Restaurants, von denen aus man das Hafenrund überschauen kann und, weit in der Ferne, auch noch die Gipfel des Taurus sieht. Steigt man die Steinstufen weiter hoch, gelangt man an die belebte Hauptstraße. Rechter Hand kommt man gleich in den Basar und damit in den richtigen Orient, mit Kaffee- und Teestuben, Straßenrestaurants und vor allem aber zahllosen Händlern, die ihre Waren unter Vordächern im Freien ausgebreitet haben. Die wenige freie Zeit, die uns die Reisevorbereitungen lassen, verbringen wir hier. Es ist ein Genuß, beim Tee im Schatten zu sitzen, den Handwerkern und Händlern zuzuschauen und die unverkennbaren Zeichen eines anderen Erdteils in den dunklen Gesichtern zu beobachten.

Nach zwei mit Arbeiten am Boot und mit Besichtigungen angefüllten Tagen glauben wir der See unseren Kahn wieder anbieten zu dürfen. Wir verabschieden uns von der türkischen Marine. Hüçel steht auf dem Achterdeck des Wachbootes und fotografiert die auslaufenden Freunde. Als wir die Mole runden, steht die halbe Besatzung an Deck und winkt. Es ist mal wieder gut, unterwegs zu sein.

Ostwärts Antalya bestaunen wir die sich ins Meer ergießenden Wasserfälle und wundern uns, wie grün und fruchtbar die Landschaft auch jetzt noch, im Hochsommer, aussieht.

Am Abend, als der Wind einschläft, die Lichter von Side aber schon zu sehen sind, ankern wir 300 Meter vor der flachen Küste. Wir feiern noch ein wenig den ersten gemütlichen Reisetag mit Kavaklidere-Wein und gehen dann schlafen.

Der Morgen bringt den Motor-Test. Der läuft glatt und rund und ehrt den Meister Erdogan. So sind wir bald in der Side-Bucht, hinter der Landzunge, auf der der Apollo-Tempel gestanden hat. Dessen Reste sind über eine ausgedehnte Fläche verstreut. Da bleiben wir einige Stunden und suchen uns die besten Motive mit Säulenresten und viel Meer im Hintergrund.

Der große Alexander ist hier durchgezogen, und im 2. und 3. Jahrhundert drängten sich auf diesem Sklavenmarkt Käufer aus ganz Kleinasien. Nur wenige Schritte sind es bis zum Theater, in dem 15000 Zuschauer auf 49 Rängen Platz gefunden haben. In dessen Mitte liegt auf dem Boden das bekannte Trümmer-Durcheinander aus Säulenresten, Architravteilen und Mauerstücken. Leider ist das Archäologische Museum geschlossen. So verzichten wir auf weitere Antike und machen bis zum Abend noch einige Meilen. Es geht aber langsam voran. Das Übermaß der Windstärken im April hat im Juni koketten, halben Häuchen Platz gemacht.

Eine weitere Nacht ankern wir vor offener Küste. Eckart und Helmut ziehen schwimmend unser mit leeren Benzinkanistern beladenes Schlauchboot an Land und bringen sie wirklich, nach längerer Abwesenheit, gefüllt zurück. Denn wenn wir keine achterlichen oder raumen Winde geschenkt bekommen: Mit dem Kreuzen wird es nicht viel werden und mit dem Streckemachen. Das Schwert klemmt so fest im Kasten, daß Eckart es nicht freibekommt. Trotz Schnorcheln und Hebeln mit Moniereisen und Schraubendrehern. Wann immer wir gezwungen sind, am Wind zu laufen, zeigen wir uns gegenseitig die Abdrift. Doch am Abend gelangen wir endlich in eine wirkliche Zauberbucht.

Die liegt vor der Landzunge Kara Burnu. Das heißt: schwarze Nase. Der dunkle Wald darauf erklärt den Namen. Als wir geankert haben und an Land gegangen sind, finden wir weiter oben antike Ruinen und im Gestrüpp vor dem Ufer die Reste einer Basilika. Auf der Innenseite der Ruine, halb verdeckt von den Zweigen der durch die Spalten wuchernden Büsche, entdecke ich Farben auf dem bröckelnden Putz. Bei genauerem Hinsehen und nachdem die Zweige beseitegeschoben sind, erscheinen die Umrisse verblichener Heiligenbilder.

Ich als Entdecker dieses vormals frommer Andacht geweihten Ortes rufe nach Eckart und Helmut. Die sind verschwunden und suchen, jeder für sich, nach den Zeugnissen einer großen Vergangenheit. Es geschieht an verwunschenen Orten wie diesem, daß man nur zu schweigen braucht, um die Vergangenheit atmen zu hören.

Als die Freunde bei den Trümmern anlangen, die einmal eine Kapelle gewesen waren, da hat der starke Zauber von Kara Burnu die beiden schon ganz in den Bann geschlagen. Helmut weiß von der alten Befestigung zu erzählen, die oben, hinter dem dunklen Waldstück, so angelegt worden war, daß sie beide Flügel der „schwarzen Nase“ vom Ausläufer des Gebirges aus beherrscht hat. Was Eckart anschleppt, ist sogar zum Mitnehmen und Vorzeigen gut. Er dreht und wendet eine Tonscherbe, handtellergroß, mit Randwulst und Strichornament. Es hat etwas Rührendes, als die Gefährten entzückt die Scherbe betasten und verlangen, daß ihr und einigen weiteren Funden ähnlicher Art Platz auf dem Boot gegeben wird.

Die fürsorglich in Putzlappen gewickelten Bruchstücke von Kara Burnu führen noch heute in der Backskiste ein dunkles Dasein. Wenn sie gelegentlich, allerdings immer seltener, wieder einmal hervorgeholt, ausgewickelt und hochgehalten werden, dann taucht in der Erinnerung die Sonne wieder rot, als plattgedrückter Ball ins Meer ein und steht die „schwarze Nase" als dunkle Wand vor pastellblauem Himmel. Dann springen die Fische wieder um das friedlich am Anker liegende Boot, dem einzigen hellen Fleck in der sich breitenden Dämmerung. Dann ist sie wieder da, die Einsamkeit und Stille, als Erlebnis und Geschenk für die besinnlich und schweigend das letzte Glas Wein des Tages leerenden glücklichen Entdecker.

Zu solcher Zeit, an solchem Ort kann es sich bei den Scherben um nichts anderes handeln als um Zeugen aus jener Zeit, als der liebestolle Antonius der schönen Kleopatra, der „Schlange vom Nil", alles Holz der kilikischen Wälder für den Bau ihrer Flotte schenkte.

Als wir zwei Jahre später unsere wenigen Ersparnisse zusammenlegten, um ein neues Boot zu kaufen, und als bald die Wahl seines Namens anstand, da geschah etwas, was für das stets riskante Geschäft einer Bootspartnerschaft als gutes Omen angesehen werden darf.

Als Helmut fragt: „Wie wollen wir den Kahn nennen?" blickt jeder jeden erwartungsvoll und schweigend an.

Bei uns soll der Name des Bootes eben doch mehr sein als ein willkürlich gegriffenes Unterscheidungsmerkmal zum nächsten. Auch wissen wir, ohne darüber gesprochen zu haben, daß es diesmal nicht mit den Vornamen schöner Mädchen oder Frauen getan ist, die dem einen oder anderen von uns in inniger Liebe verbunden waren oder noch sind. Gleichermaßen nicht in Betracht kommen die Bezeichnungen starker Getränke oder raffinierter Cocktails. Boote mit Hochprozentigem an Bug oder Spiegel sind in jedem Hafen reichlich vorhanden. So auch die Bewegungen der Luft, untergliedert nach Richtungen der Windrose und Stärke.

So darf man annehmen, daß ein Eigner, der sein neues Boot BORA, TAIFUN, SCHIROKKO oder TRAMONTANA tauft, den Namen als Beschwörungsformel wählt, hoffend, die angerufene Windsbraut werde ihn und sein Boot verschonen. Darüber, was man nicht als Namen haben wollte, bestand vollkommenes, noch immer schweigendes Einverständnis. Was aber wollte man?

Eckart wußte es, sagte es und erntete sogleich die Zustimmung der beiden anderen: KARA BURNU. Na also. So klar, treffend und einfach: Bootsname als Programm und Besiegelung einer unausgesprochenen Übereinkunft. Wie sehr wir drei uns auch nach Lebensalter und Charakter, nach Werdegang und Erfahrungen unterscheiden mochten: Abend, Nacht und Morgen an der „schwarzen Nase", der einsamen, bewaldeten Landzunge fern in der Türkei, hatten wie nichts anderes vorher die gemeinsamen romantischen Vorstellungen von geheimnisvollen, fremden Küsten und einem freien Leben auf See Wirklichkeit werden lassen. Da verwunderte es nicht mehr, daß Helmut, dessen Hang zu gesteigertem Lebensgenuß jahrein, jahraus durch üppige Reisespesen seiner Firma zu voller Entfaltung gebracht worden war, beim nächsten Einkauf eine Flasche Moët & Chandon zur Sonderangebots-Marmelade in den Drahtkorb legte.

Als Eckart und ich ihn erstaunt und sparsam anblickten, sagte der einzige feine Herr der sonst eher verlotterten Crew: „Na, was denn? Erstens zahle ich den Champagner, und zweitens wollt ihr ein solches Boot (das tatsächlich zwei Meter länger war als der Galosch, mit dem wir die Levante befahren hatten) doch wohl nicht mit Sprudel taufen, ihr alten Geizkragen!"

Am Tage darauf hatte Eckart irgendwo schwarze Klebebuchstaben gekauft. Während er sich, Kopf nach unten, weit über das Heck beugte, riefen Helmut und ich: „Höher . . . tiefer . . . mehr nach links . . . !"

Als die schwierige Klebearbeit beendet war und Eckart sich schnaubend mit hochrotem Kopf aufrichtete, da hing zwar das letzte U etwas windschief am Spiegel, aber dem stillen Zauberabend am fernen Strand der pamphylischen Türkei hatten wir ein schwimmendes Denkmal gesetzt.

Dies begab sich in der modernen Super-Marina von Port Camargue, im Ostteil des Golfe d'Aigues-Mortes. Der wiederum ist ein Teil des übelbeleumdeten Golfe du Lion, wo der kluge Schiffer sich schon beim Auslaufen nach dem nächstgelegenen Fluchthafen umsieht.

Aber das ist Schnee von morgen. Noch liegen wir vor Anker in der Kara-Burnu-Bucht.

Es ist der letzte Junitag, als wir uns nach ruhiger Nacht zu einem gemütlichen Frühstück zusammensetzen. Wir schauen noch einmal zum Nasenberg mit seinen dunklen Pinien, lassen den Blick schweifen zur der Bucht vorgelagerten Barre mit Mauerresten, auf denen sich eine Menge Seevögel eingenistet haben, und greifen noch einmal das letzte Thema des vergangenen Abends auf. Da hatten wir, um die Gefühle nicht überborden zu lassen, nach der zweiten Flasche Wein scherzend die Maßnahmen zur Erschließung dieser Bucht für den Tourismus besprochen: Das Spielcasino, da waren wir uns einig, kommt in die Basilika.

Wir räumen ein wenig auf, machen klarschiff und müßten fort. Aber wir können uns von hier nicht trennen. Darum machen wir das Schlauchboot klar und rudern alle drei noch einmal zum Fotografieren an Land.

Wir baden, sitzen auf dem Gemäuer und blicken auf Boot, Bucht und Meer, bis der Aufbruch nicht mehr hinausgezögert werden kann. Dann kreuzen wir den Rest des Tages durch den zig Seemeilen breiten Antalya-Golf und sehen endlich gegen Abend die Umrisse des roten Alanya-Felsens auftauchen. Das ist ein riesiger Klotz, den eine imposante, bergan steigende Festungsanlage aus der Seldschukenzeit krönt. Die Seldschuken, ein Stamm der Turkvölker aus den Steppen Asiens, kühne Krieger, begabte Baumeister und phantasievolle Künstler, erlebten hier unter Alaeddin Kaykobad zu Beginn des 13. Jahrhunderts die Blüte ihres kurzlebigen Reiches.

Die Abendsonne vergoldet ein unvergeßliches Bild. Das ist mal wieder ein Hafen! Oben die Festung, an Backbord der wuchtige rote Wachturm, den der vorerwähnte Kaykobad um 1225 erbauen ließ, daneben die berühmte 42 Meter tief in den Felsen getriebene Schiffswerft mit fünf überwölbten Galerien, die Decke für die Masten ausgekehlt. An Steuerbord leuchtet in der späten Sonne noch der Strand. Dahinter steigen die Berge mit offensichtlich fruchtbaren Hängen auf. Helles und dunkles Grün. Wuchernde Vegetation. Aber auch hier sind im Laufe der letzten Jahre unförmige Hotels und Restaurants aus dem Boden geschossen. Zum Glück säumen sie nur einen geringen Teil der Küstenlinie. Dies also ist eines der schon in vorchristlicher Zeit berüchtigten Seeräubernester. Weitere lagen von hier nach Osten, an der Küste des rauhen Kilikien, wo die Berge des Taurus steil ins Meer abfallen und dahinter ebenso romantische wie gut zu verteidigende Buchten bilden. Die frühen Störtebeker des Mittelmeeres hatten sich auf die über Zypern laufenden Handelsrouten spezialisiert. Es war ein einträgliches und schnelles Geschäft mit Sklaven und breitem Warensortiment. Das ging so lange gut, bis Rom schließlich der Kragen platzte und der kühne und kluge Pompeius den ungebetenen Handelspartnern in wenigen Jahren das Handwerk legte.

Wer den Gemetzeln entkam – und hier zeigte sich die Weisheit des Römers –, wurde aus diesem Küstenstrich entfernt und in Soloi angesiedelt. Dem gab er seinen Namen: Pompeiopolis. Wo immer das sein mochte.

Fest steht jedoch, daß sich noch einiges aus der Zeit der rauhen Räubersitten im rauhen Kilikien wie an manchen anderen Küsten bis in unsere angeblich zivilisierten Zeiten hinübergerettet hat.

Noch während wir anlegen, hören wir von der Höhe der Kaimauer herab: „Good evening, welcome in Alanya!“ Ein schielender und etwas zotteliger Bursche von Mitte zwanzig empfängt unsere Leinen und weicht fortan nicht mehr von unserer Seite. Er kann etwas Deutsch, behauptet Chemie zu studieren, übergeht einschlägige Fragen mit Husten, kennt sich am Ort aus und kassiert seine Provision, wo immer wir etwas kaufen oder zum Essen einkehren.

Unser Dolmetscher, den wir auf die feine englische Art Dragoman nennen, hatte nur einmal Pech. Als wir das Lokal wechselten und der Wirt des Speisehauses unserer ersten Wahl Dragoman und uns aus einer Taverne treten sah, die nicht die seine war, hat er dem Dragoman auf offener Straße und vor dessen Klienten kurzerhand ein paar gescheuert, daß die Seldschukenfestung wackelte. Vermutlich hatte der Wirt mit der lockeren Hand die dunkle Vereinbarung mit Dragoman als Exklusivvertrag über unsere Ausbeutung verstanden. Konkurrenz, erkennt der Reisende, die einem westlichen Irrglauben zufolge das Geschäft heben soll, kann auch sehr böse machen. Wieder sind wir Phönizien und seinen Gebräuchen ein gutes Stück nähergerückt.

Das Mare Nostrum furchen wir in einem schönen und für seine verhältnismäßig geringe Länge auch starken Boot. Doch auch starke Boote haben Schwächen. Das Innere des Schwertkastens setzt sich immer wieder mit Algen und Muscheln zu. Hat man Grundberührung oder donnert man im Meltemi auf den Strand wie wir, dann verschwindet das Schwert auf Nimmerwiedersehen im Kasten. Da bedarf es dann sehr ingeniösen Tuns, das blöde Ding wieder herauszubringen. Gelingt das nicht, hat man am Wind eine Abdrift von der Breite des Kielwassers der QUEEN MARY.

Da trifft es sich doch gut, daß Eckart Ingenieur ist. „Ingeniös“ bedeutet laut Lexikon: scharfsinnig, erfinderisch. So währt es denn auch nicht lange, bis unser scharfsinniger Erfinder zwei abenteuerliche Gestalten anschleppt, die sich für 10000 Türkenlira anheischig machen, unser Boot vom Kai aus mit einem alten Auto-Abschleppkran anzuheben. Es soll nur so weit aus dem Wasser, daß wir mit einem Ruderboot darunter können, um mit unseren Zangen ans hoffentlich noch etwas aus dem Kasten lugende Schwert zu kommen. Angesichts des kurzen Kranauslegers, der schwachen Gurte und der sich inzwischen auf dem Kai drängenden Volksmenge bricht mir der kalte Schweiß aus.

Als der Kranführer sein türkisch-deutsches Hebewerk beginnen will, schwingt der massive Haken gegen die eine noch festsitzende Saling und knickt die ab, worauf sie an der Want abwärts rutscht. Die andere, man erinnert sich, war abgebrochen und nur notdürftig repariert worden, als wir im Jahr zuvor, im Hafen von Iraklion, ein griechisches Kriegsschiff geschrammt hatten. An diesem Ort und in solcher Lage hilft nur asiatischer Gleichmut. Deshalb schlingen wir schließlich ein Ende um Boot und Haken, und unter dem Jauchzen der Menge wird das Boot angehoben. Nur, wie vorauszusehen war, nicht hoch genug. Als der Kahn ein paar Zentimeter über der Wasserfläche schwebt, ist die Auslegerhöhe erreicht. Da auch meine Geduld am Ende ist, soll die Operation abgebrochen werden.

Der Kran fährt ab. Die beiden Kranführer empfehlen uns dem Scheïtan. Zum Teufel! Die Menge zerstreut sich. Das Schwert befindet sich immer noch dort, wo es schon lange ist: im Kasten. Wir aber haben noch bis spät in den Nachmittag zu tun, um die gekürzte Saling wieder in die Masthalterung zu klopfen und einen halbwegs brauchbaren Trimm herzustellen.

Doch schon gibt es neue Attraktionen. Zu Ehren der See und ihrer hier noch hochgeschätzten Helden, der Seeräuber-Brüder Barberousse, wird ein munteres Volksfest gefeiert. Da finden Schwimm-, Tauch- und Geschicklichkeitswettbewerbe statt, und noch mehr Volk strömt von allen Seiten dem Hafen zu. Die aktiven Teilnehmer sind Knaben und Jünglinge. Vergebens sucht das Auge Seeräuberbräute im westlichen Badetrikot. Solchen Outfit zuzulassen, das hat Atatürks starker und erneuernder Arm nun doch nicht geschafft.

Jeden deutschen Bademeister träfe der Schlag, sähe er, wie ungezählte Burschen mit Kaikis weit in die Bucht hinausgefahren werden, wo sie, auf ein Kommando, in hellen Scharen über Bord springen, um nun in wildem Freistil schnellstmöglich Ufer und Ehren zu erreichen.

In einem anderen Wettbewerb müssen an den Füßen gefesselte, in Todesangst wild über das Wasser flatternde Enten von den Schwimmern eingefangen werden. Die Ente flattert, Wasser schäumt, die Zuschauer sparen nicht mit ermunternden Zurufen, und wer sich das arme Federvieh als erster schnappt und unter den Arm klemmt, ist der große Barberousse des Tages.

Andere Konkurrenten müssen das Ende eines am Kai befestigten, mit Schmierseife eingeriebenen und weit über das Wasser hinausragenden Balkens zu erreichen suchen. Das schafft natürlich kaum einer. Was diese Jungen aber an Ausdauer, Mut und Härte zeigen, wenn sie voll auf den Balken knallen, das ist erstaunlich. Wir zucken einigemal zusammen, wenn die jungen Knochen allzu hart auf das Holz aufschlagen. Den braungebrannten, sehnigen Kerlen mit Hakennase und blitzenden Augen, diesen Ururenkeln der Janitscharen, die 1565 gegen Valletta auf Malta anrannten, scheint das nicht viel auszumachen. Dreimal muß unsereiner hinschauen, um das zu glauben.

Wir leisten uns dann ein Taxi und fahren auf weit ausschwingenden Serpentinen zur Festung hinauf. Allein der Blick von den oberen Bastionen lohnt den Aufwand der bisherigen Reise. Raus mit den Kameras und, mit Wällen und Türmen als Vordergrund, Aufnahmen gemacht von der sich im Dunst verlierenden Küste und den schwarzblauen Bergen!

Stark beeindruckt von der Festungs-Baukunst des Zweigstammes der asiatischen Oghusen, schreibt der Bordpoet ins Logbuch:

Von oben konnten die Seldschuken
sehr weit hinaus aufs Wasser gucken,
und wenn sie Schiffe nahen sahen,
mit falschen Wimpeln an den Rahen,
dann schliffen sie in aller Eile
noch mal das Schwert und spitzten Pfeile.

Am nächsten Morgen entlohnen wir den Dragoman, dessen eine Wange noch von der kräftigen Handschrift des Wirtes gerötet ist, sammeln die von spielenden Katzen über Nacht in alle Richtungen hin verschleppten Landgangschuhe ein und werfen die Leinen los.

Weiter geht es, der südlichsten Ecke Kleinasiens entgegen. Da haben wir lockende Ziele ausgemacht.

Kaum richtig unterwegs, kommt Freude auf.

Gleich zweimal hintereinander begegnen wir um das Boot herumflitzenden Tümmlern. Eckart und Helmut springen mit schußbereiten Kameras von einer Seite des Bootes auf die andere. Das ist aber auch ein Spaß, wenn die Tümmler, zu dritt und viert von achtern aufkommend und im kristallklaren Wasser deutlich sichtbar, hochschnellen, elegant eintauchen und nur wenige Zentimeter vor dem Bug vorbeihuschen. Ja, ich behaupte, daß einer sich beim Überholen auf die Seite gelegt und mit einem Auge nach oben geschaut hat, als ich ihn beim zweiten Anflug auf den Super-8-Streifen gebracht habe.

Von flacheren Ausläufern des Taurus begleitet, zuckeln wir in aller Ruhe die nach Südosten verlaufende Küste hinunter. Die Sonne scheint. Das Meer leuchtet in allen Blauschattierungen, je nach Lichteinfall. Das Bordleben wird zu gelassen-heiterer Routine. Eingeölt döst Helmut auf dem Sonnendeck und hält die Füße ab und an ins Wasser. Der rastlose Eckart schnitzt, spleißt und schraubt oder reibt die Handläufe unnützerweise mit Öl ein.

Wenn ich den Steuerbord-Backskistendeckel hochklappe und mir Tomaten, Zwiebeln und Knoblauch greife, kommt Leben in die Bude. Das ist das Signal, daß die Speisung der hungrigen Seewölfe unmittelbar bevorsteht. Mit wachem Interesse, das beim Lösen anspruchsvollerer nautischer Aufgaben angebracht wäre, wählen die beiden aus drei bis vier ihnen vorgelegten Tütensuppen eine aus und machen sich ans Zerkleinern der Zutaten. Den vollen Geschmack erlangt die sogenannte Kapitänssuppe durch hineingeschnittenen Räucherspeck. Den pflegen wir seit unseren Algerienreisen mit Bindedrahtschlaufe gesichert an einer Mastklampe zu fahren. Da wir uns schmeicheln, auf nahezu phönizische Art das Meer zu furchen, und da wir auf dem Boot keine Kühleinrichtung haben, freuen wir uns, wenn wir Methoden zur Verlängerung der Haltbarkeit der Lebensmittel finden. Das mit dem Speck im Segelschatten und in Seebrise geht so lange gut, bis die Ratten im nächsten Hafen sich dankbar auf dem Boot versammeln und kurzen Prozeß mit ihm machen. Aber das werde ich später erzählen.

Gegen Abend kommen wir an die Nase von Kulaklimakam Burnu. Nach der Karte ist dort eine einigermaßen geschützte Bucht, in der wir ankern und übernachten wollen. Am Nachmittag war es bei wechselnden Säuselwinden recht langsam vorangegangen.

Als wir um die Nase gehen und just beraten, ob wir besser da, dort oder lieber gleich hier ankern sollen, kommt doch tatsächlich endlich der langersehnte Schiebewind aus Nordwest auf. Nach kurzer Beratung wird die Nachtruhe gestrichen. Flott laufen wir weiter mit sicherem Abstand zur Küste und geistern um Mitternacht beim Knubbel von Yakaçik Koyu umher. Sterne geben ein wenig Licht. Wo bleibt unser Freund, der Mond?

Den brauchen wir nicht, denn in den frühen Morgenstunden sehen wir das Feuer von Anamur. Aber damit ist der gemütliche Teil dieses Reiseabschnitts auch schon zu Ende. Es brist auf 4 bis 5 auf. Strömung gegenan. Als es hell wird und wir kalt, feucht und übernächtigt mit verklebten Augen den Distanzgewinn peilen, erfahren wir, daß wir schon geraume Weile ganz scharf auf der Stelle segeln. Dies ist der südlichste Punkt Kleinasiens. Hier, wie ja fast immer an weit in die See hinausragenden Kaps, darf man auf mancherlei Überraschungen gefaßt sein.

Kunstvolle Manöver mit Motorunterstützung bringen uns endlich doch um das Kap herum und der Küste näher. Wir ankern in Sicht des breit am Hang liegenden alten Anamurium vor der offenen Küste und fallen, naß und kalt, in die Kojen.

Drei Stunden schlafen wir unruhig in dem von der Dünung gebeutelten Boot. Dann laufen wir die paar Meilen zur Seeräuberburg ab, die mit ihren dunkel drohenden Mauern und Zinnen halb im Meer zu stehen scheint. Nach dem Ankern verpacken wir die Fotoausrüstung in Plastiktüten und schwimmen für einen ersten Inspektionsgang an Land. Das ist keine Burg mehr. Das ist eine Festung. So stark die Türme, so hoch die Mauern. Oben auf den Zinnen fällt es schwer zu entscheiden, welcher Ausblick der schönere ist: hinaus auf Küste und Meer oder nach innen auf die Berge.

Dann geht es in die Stadt. Anamur ist arm und traurig. Wie überall hier hocken die Männer im Kaffeehaus beim Brettspiel oder an der Straße, haben sich immer etwas zu erzählen und beobachten die Fremden. Die Frauen sieht man kaum. Die gehen der Hausarbeit nach.

Am Sandstrand stehen einige Badekabinen. Die werden von einem rührend hilfsbereiten Alten in zerschlissener Jacke bewacht. Gegen ein Trinkgeld verleiht er ein abgegriffenes Stück Seife. Auch ohne Verständigung durch Sprache ist der Kontakt zur männlichen Jugend schnell hergestellt. Schon haben wir ein Ruderboot mit Besatzung gechartert, das den Verkehr zwischen unserem draußen ankernden Boot und dem Land besorgt. Als wir Benzin kaufen und unseren Proviant vervollständigen wollen, gibt es ein wahres Jugendfestival. Ein Dutzend der fröhlichen Gesellen im geschätzten Alter von acht bis 14 bemächtigt sich des Kahnes, in dem sich die leeren Kanister und Einkaufstaschen befinden, und mit dem türkischen Äquivalent von „Holdrio-Juhuh!“ schieben sie ihn in Richtung Stadt. Das Boot tanzt in der Brandung. Helmut in seinen guten Ausgehhosen hat sich ein über die Bugklampe geworfenes Ende über die Schulter gelegt und zieht zusammen mit einigen Knaben den Kahn an Land. Dabei reicht ihm das Wasser bis über die Knie. Eckart, den der Blick für das Wesentliche nie im Stich läßt, steht mal im Boot und mal im Wasser, rudert mit den Armen in der Luft und gibt klare Anweisungen, die niemand versteht.

Als die Badeanstalt erreicht ist, wirft Eckart die leeren Kanister in hohem Bogen und zum Jubel unserer osmanischen Freunde auf den Sandstrand. Mit einem klapperigen Taxi geht es zu den Ruinen des römischen Anamurium, dem das nach Westen steil abfallende, vor ihm liegende Kap seinen Namen verdankt.

Viel von dem Mauerwerk hat der Erosion zweier Jahrtausende standgehalten: Häuser, Aquädukte, Nekropole. Während wir umherklettern und uns gegenseitig durch Zuruf auf besondere Funde aufmerksam machen, kreist doch wirklich ein Schwarm von ungefähr 20 Störchen über uns. Schon auf der Herfahrt haben wir einige in den Wiesen stehen gesehen. Schildkröten liegen auf warmen Steinen in den Gräben und sonnen sich. Grillen zirpen. Es duftet nach Thymian, Rosmarin und Oreganum. An einer Stelle graben Archäologen. Die Senke ist mit Bändern abgesperrt. Es stellt sich heraus, daß hier ein Team der Columbia-Universität aus Toronto schon seit zwölf Jahren systematisch forscht. Jedes Jahr einige Wochen. Jetzt haben sie gerade ein buntes byzantinisches Mosaik freigelegt, das Ellipsen zeigt, die von einem gemeinsamen Zentrum auseinanderlaufen. Der stolze Professor erläutert: 5. Jahrhundert.

Derlei läßt Eckarts Forschergeist nicht ruhen. Er beginnt, den Sand an einigen ganz unauffälligen Stellen wegzuräumen, und wirklich stößt er bald auf eine kleine Gruppe von Mosaiksteinen. Die ergeben zwar noch kein Bild, es sind aber Mosaike. Und es ist ein Fund. Das wird alles noch einmal mit Sand bedeckt, und während die Filmkamera surrt, schiebt ihn Eckart mit der Handkante noch einmal von den Steinchen. Gibt es noch schönere Ferienspiele für ausgewachsene Knaben? Wir sind hier glücklich.

Wir sind auch so sehr mit dem Fotografieren immer neuer Entdekkungen beschäftigt, daß wir jedes Zeitgefühl verloren haben. Gern würden wir länger bleiben. Der Fahrer hat aber noch andere Verabredungen. So trennen wir uns murrend von diesem östlichen Zipfel des großen Rom und seinen Störchen und fahren zurück in das armselige Heute von Anamur.

An unserer rohrgedeckten Stammkneipe warten schon ein Zöllner, der Hafenmeister (ohne Hafen) und ein Polizist. Schwer fällt es uns schon, aber jeder Beamte mit seinen Formularen und Ordnungsvorstellungen will gewürdigt und ernstgenommen werden. Wir füllen alles aus, was gefordert wird, geben als neues Ziel Zypern, griechischer Teil, an und erhalten schließlich die erforderliche Ausklarierung.

Wir könnten sofort los, beschließen aber, uns noch einmal auf der Festung genauer umzusehen. Herzlich nehmen wir Abschied von Dorfjugend, Kneipenwirt und Seifenvermieter. Dann ankern wir in unmittelbarer Nähe der Festung und gehen an Land.

Steht man vor diesem riesigen Komplex am Südzipfel Kleinasiens, schaut hinauf zu den grauen, in den Himmel ragenden Türmen und läßt Ausdehnung und Wucht der Mauern auf sich wirken, dann begreift man, daß das Mißverhältnis von Rüstungsaufwand und Sozialetat keineswegs eine Erscheinung nur unserer Zeit ist. Wieviel Sklavenarbeit steckt doch in so einem Bauwerk, das heute mit sichtlichem Stolz den Touristen vorgezeigt wird. Selbst bei Sonnenschein hat die schiere Masse dieses dunklen Bauwerks etwas niederdrückend Unheimliches. Lange gehen wir noch durch die windgefegten Wehrgänge, finden immer neue Aus- und Durchblicke und schauen uns die Zigeuner an, die ihr Lager in einem der Innenhöfe aufgeschlagen haben. Der Häuptling hat gerade einen Hammel geschlachtet und hebt, als wir vorbeigehen, dessen bluttriefenden Kopf triumphierend in die Höhe. Dieser Platz ist nun wirklich etwas, das Tausendundeiner Seeräubernacht unwirklich entstiegen ist.

Mit Mühe reißen wir uns los. Noch ein Abschiedsmahl in der Stammkneipe. Es wird Yoghurt und Brot gereicht. Nicht eben üppig, doch speisen wir, wo immer wir uns befinden, nach Landessitte und jeweiligen Vorräten.

Noch auf der Burg hat Eckart, der Falkenäugige, in den Wolken über dem Horizont einen Strich ausgemacht. Mit bloßem Auge ist er kaum zu erkennen, aber: Da ist was. Die Richtung stimmt! Das ist Zypern, und zwar der höchste Gipfel des Troodos-Gebirges, der 1952 Meter hohe Olympus.

Da wollen wir hin.

Und weil es immer besser ist, unbekannte Küsten im hellen Licht des Tages statt in kohlpechrabenschwarzer Mittelmeernacht anzusteuern, werfen wir die Leinen noch an diesem warmen Juliabend los. Ein kräftiger Nordwest bläht die Segel, und während der ins hereinbrechende Dunkel gerichtete Bug rauschend das Wasser teilt, lehnen wir uns zurück: Hinter der Kette der blauschwarzen Taurusgipfel geht die Sonne rot unter. Den Abendhimmel bedecken Wolkentupfer in Gelb und Orange.

Wir nehmen Abschied von der Seeräuberküste. Adieu, tapfere Seldschuken und Janitscharen mit euren gewaltigen Burgen und liebenswerten Enkeln! Seid gegrüßt, ihr wackeren Hirten, die ihr vom lykischen Taurus herabgestiegen seid, den Opfern des Meltemi zu helfen. Euch allen ein herzliches Allaha Ismarladik! Und auch dir, großes Rom, mit deinen Stadien, Tempeln und Theatern, ein kräftiges Salve!

Zum Überqueren freien Seeraumes ist die Nacht immer gut. Die rund 50 Seemeilen hinüber nach Pomos auf Zypern sollten wir ja wohl in der bis zum Sonnenaufgang verbleibenden Zeit schaffen.

Aber kaum ist der gute Kavaklidere getrunken und Helmut und Eckart haben sich in die Kojen verzogen, da brist es auch schon mächtig auf. Die Gemütlichkeit findet ein jähes Ende. Es pfeift, spritzt und schäumt. Der Bug knallt laut auf die Wellen, wenn ich zu hoch rangehe. Da fällt einer meiner Kameraden aus der Koje, lüftet das Schottbrett, steckt den Kopf raus und fragt, wie die Lage sei. Was soll man dazu sagen? Am besten nichts. Es ist nämlich sehr naß und saukalt. Reffen? Noch zuwarten? Diesmal geht es gut. Nach zwei, drei Stunden hat es sich ausgeblasen. Der Spuk ist vorbei.

Um 4.45 Uhr haben wir Land voraus! Es ist der Kegel, den wir gestern schon von der Burg aus gesehen haben. Zwei Stunden später ist Kap Kormakiti klar zu erkennen. Den Rest des Tages haben wir bei umlaufenden Winden viel zu tun, um die Buchten Morphou und Chrisochous vor Kap Akamas zu queren. Als die Sonne schon recht tief steht, laufen wir an der Ostseite des Kaps in eine stille, sichelförmige Bucht, in deren Scheitel wir ankern. Oben an Land versammeln sich im Halbkreis viele halbwilde Ziegen und blicken meckernd und mit dem Kopf wackelnd auf uns herab. Sonst nirgends ein Mensch. Nur das Boot, die Ziegen und wir.

Auch dies ist wieder ein Plätzchen wie aus dem Bilderbuch! Wir nehmen gleich ein Bad in dem klaren Türkiswasser. Dann geht es hinüber zu den Felsen, in die sich, wer weiß unter welchen Umständen, ein Schiff hineingebohrt hat und nun, festgeklemmt, an saubere Navigation gemahnt. Es ist die ACCELLO aus Honduras. Der Rost nagt an ihr, und ausgeplündert sieht sie auch aus. Gegenüber, weiter ins Land hinein, fällt ein Kegel auf, der wie ein Schutt- oder Schlackenberg aussieht. Zypern = Kypros = Kupfer. Das wird hier seit undenklichen Zeiten abgebaut. Die heute noch arbeitenden Minen sollen in amerikanischer Hand sein.

Nach Bad und erster Umschau, und auch weil die Überfahrt so schön nach Programm verlaufen ist, werden wir ein kleines Festmahl richten: Spiegeleier mit viel Zwiebeln und Tomaten gefällig? Dazu Frühstücksfleisch aus der Dose. So wenig Raum die Backskiste bietet – hat man auf dem letzten Markt nach Checkliste eingekauft und sorgfältig gestaut, garantiert sie auch über längere Zeit hinweg bescheidene Gaumenfreuden.

Am nächsten Morgen sind wir schon um sechs Uhr auf den Beinen. Bei Windstille röhrt der Außenborder uns um das Kap und die Küste hinunter bis Corallia Beach. Das ist eine schöne Ausflugs- und Badebucht mit Restaurant. Aber wir haben keine Landeswährung dabei. Trotzdem verhandeln wir erfolgreich mit dem Ober und lassen uns Spaghetti Bolognese und Omeletts schmecken. Dazu trinken wir – zum erstenmal – zypriotisches Bier und runden alles mit einem Brandy ab. So nimmt es nicht wunder, daß der Schiffsführer der milden Stimmung erliegt und die beiden Gefährten zu wirklichen Steuerleuten des Bootes mit mehreren Ärmelstreifen ernennt. Auch wird das mit Namen und Anker bedruckte Ehren-T-Shirt in Aussicht gestellt. Bei guter Führung, versteht sich.

Am nächsten Vormittag machen wir in dem kleinen alten Hafen von Paphos fest. Das sieht hier aber gut aus: übers Heck die Reste der venezianischen Festung, mittschiffs Verkaufsbuden und Restaurants, über die Nase voraus der Badestrand und dahinter Touristenhotels. Das Einklarieren erweist sich als problemlos. George heißt der sachlich-freundliche Zöllner, dem wir Pässe, Bootspapiere und vorgefertigte Crewlisten vierfach übergeben.

In dieser Gegend gibt es auch heute noch, so hört man, die tollsten Piraten- und Räubergeschichten.

Bald werden wir auch darüber aufgeklärt, warum Freund George, mit Flossen und Schnorchel versehen, mit kräftigen Armen das nicht immer ganz saubere Hafenwasser teilt und von Yacht zu Yacht schwimmt. Unten, außenbords, sollen da manchmal Plastikbeutel mit

Haschisch hängen. Auf derlei richtet George, das sieht man, sein wachsames Auge.

Der erste Ausflug gilt der gleich nebenan liegenden Villa des Dionysos. Der war ein reicher römischer Herr, der auf dieser von Natur und Klima begünstigten Landzunge ein Leben geführt haben muß, das ihn dazu berechtigt hat, den Namen des für Lust, Genuß und Überschwang zuständigen Gottes zu tragen. Die Mosaike selbst sind bunt und brav. Nichts von paphischen Riten und erotischen Badeszenen. Vielmehr Jagd, Gelage und Weinschläuche auf Ochsenkarren und Pyramus und Thisbe, jene beiden Verliebten, die bei Ovid durch die Mauerspalte schäkern.

Bald ist Mitte Juli. Die Sonne sticht senkrecht herab. Wir, ganz ausgedörrt von Hitze und römischer Kunst, befassen uns die nächsten zwei Stunden mit Biertrinken. Ein Bootsnachbar aus Gibraltar lädt mich dann zu Schwatz und Tee ein. Die Gastgeber sind reifere Semester, die ein arbeitsreiches Leben voll Mühe und Sparsamkeit nun mit einem flotten Schnörkel abrunden: weiße Yacht auf blauer See an einladenden Küsten.

Am Abend gehen wir zu Samson ins „Cristallo", wo wir Meze essen. Das ist ein kulinarischer Reigen, der aus lauter kleinen Happen besteht und vom Haloumi (Ziegenkäse) über Moussaka (Pastete aus Hackfleisch mit Kräutern) bis Keftedes reicht. Das sind würzige Fleischbällchen. Mit Dark-Lady-Rotwein wird den zwölf bis fünfzehn zypriotischen Spezialitäten über den auf das angenehmste gekitzelten Gaumen hinweggeholfen. Als dann noch Brandy in hohen Gläsern gereicht wird, haben wir für den ersten paphischen Abend den Zustand der Überreife erreicht. Ob es sich bei Eckart und Helmut nun um Max und Moritz oder die Dioskuren handelt, vermag in dieser Nacht niemand mehr zu sagen.

Die Sonne steht bereits ein gutes Stück am Himmel, der alte Pelikan, das Wahrzeichen des am Hafen liegenden Restaurants gleichen Namens, macht, den Schnabel sperrend, mitten auf der Straße seinen Morgenrundgang, und wir kühlen uns auf der Mole die Brummschädel in leichter Brise, da kreuzt meine Tochter Dull auf. Sie ist seefest, ein guter Kamerad und von nicht zu bremsender Unternehmungslust. Die aber erstreckt sich bei ihr nicht minder, und zur Zeit anscheinend ganz besonders, auf das sogenannte stärkere Geschlecht. Vornehmlich Exoten, glutäugig, mokkafarben und mit schwarzem Krüll auf der Brust, stehen hoch in ihrer Gunst.

An diesem blitzblanken Morgen zeigen Dulls Lider fallende Tendenz. Andauernd muß sie gähnen und begleitet uns lustlos zum Dionysos. Patzig antwortet die sonst Ausgeglichene auf einschlägige Fragen. Die auf dieser Insel überall präsente Göttin, auf Hotelschildern, Weinetiketten, Felsbrocken und Tempelresten, sie, die hier alles fest im Griff hat, hat zugeschlagen:

„Aber nach Kypros ging Aphrodite, die Freundin des Lächelns,
in den paphischen Hain, zum weihrauchduftenden Altar."
(Odyssee, VIII/362)

Kein an diesem Ort residierender Cicero, keine Königsgräber, nicht Säulen und antikes Theater können uns halten. Die Zeit drängt. Die Dioskuren des Bootes müssen ihren Dampfer nach Rhodos in Limassol erreichen. Dull zieht mit mir weiter nach Israel. Limassol war von den Beteiligten als „port of change of the crew" als günstig anerkannt worden.

Ein linder, für uns passender Nordwest von Stärke 2 bis 3 kräuselt das Wasser. Aus einer Taverne wehen Fetzen griechischer Musik herüber. Ein Flossenmann umschwimmt uns sicherheitshalber noch einmal. Bei Zoll, Polizei und Hafenbehörde haben wir uns abgemeldet. Dann sind wir unterwegs. Die Küste wird flacher, auch tritt der Bewuchs zurück. Erst am Kreidekap Asprou erreicht sie wieder beträchtliche Höhe.

Im sonst segellosen Gewässer haben wir unvermittelt einen Segler auf Gegenkurs. Je mehr wir nach guter Sitte ausweichen, desto nachdrücklicher hält er auf uns zu. Will der uns vielleicht rammen?

Als wir auf drei Bootslängen aneinander vorbeilaufen, platscht ein Plastikbeutel vor uns ins Wasser, den wir mit dem Bootshaken bergen. Er enthält eine Flasche kalten Bieres. Der Urheber dieser netten Geste ist ein Engländer. Wir winken heftig: „Your health, Sir!"

Am Abend sind wir bei Akros Gata und betrachten die Steilküste im späten Licht. Um die Nase herum finden wir einen kleinen Hafen der Royal Air Force mit Steg und einigen Yachten. Da es schon dunkelt, Limassol noch ein paar Meilen entfernt und es Zeit fürs Abendessen ist, wollen wir mal vergessen, daß Militärs nie bereit sind, ungebetene Gäste in ihren von Stacheldrahtzäunen eingegrenzten Stützpunkten zu empfangen. Geschweige denn über Nacht zu beherbergen. So auch hier. Kaum hüpft Eckart mit der Leine auf den Kai, ist auch schon ein vierschrötiger Sergeant da, der unmißverständlich erklärt: „This is a military base, please get out of here!“

Halb im Scherz verweisen wir auf unsere Nato-Brüderschaft, und es sei ja „just for one night“, aber der britische Krieger bleibt unerbittlich.

Eckart hüpft wieder an Deck, wir gehen hinaus und halten auf die Lichter Limassols zu. Da die britischen Vettern uns aber nicht trauen, begleitet uns auf der Ostseite Akrotiris noch lange ein mit aufgeblendeten Scheinwerfern im Schrittempo fahrender Jeep. Dann verschluckt ihn die Nacht. Episkopi und die ganze große Halbinsel Akrotiri, auf der man Baracken und jede Menge Masten sieht, gehört den Streitern Ihrer Majestät, der Königin. Friedliche See-Tramps spätphönizischen Zuschnitts haben da nichts verloren.

Nach einiger Zeit, es geht auf Mitternacht, krebsen wir zwischen den dicken Schatten der vor dem Hafen von Limassol auf Reede liegenden Schiffe umher.

Wenn mir etwas zuwider ist, dann ist es das Herumstochern im Dustern fremder Häfen. Womit ich Apoll, den Herrn über Licht und Wärme, erzürnt habe, vermag ich nicht zu sagen. Doch richtet er es mit verblüffender Regelmäßigkeit so ein, daß unser Boot die Hafeneinfahrten fast immer nach dem Schwinden auch des letzten Lichtstrahles erreicht. Zwischen oft unbeleuchteten Reedeliegern, gewaltigen Bojen, Ankerketten, Molen, Tauen und tückisch aus dem Wasser lugenden Masten von Wracks ertasten wir uns dann einen Ankerplatz, von dem wir bei Sonnenaufgang mit ebensolcher Regelmäßigkeit verjagt werden. Heute finden wir mit viel Glück ein stilles Eckchen, wo noch ein anderes Boot dümpelt.

Am nächsten Morgen wechseln wir die Zündkerzen und bringen ein Hoch auf Erdogan Azižoglu in Antalya aus. Ohne ihn und seine gesegneten osmanischen Technikerhände, die aus einem sandgefüllten Schrotthaufen einen funktionstüchtigen Motor gemacht haben, würden wir uns jetzt nicht an Zyperns Südküste befinden.

Wir ziehen in den recht mistigen Fischerhafen, wo viel Bewegung herrscht und Schwell hereinsteht. Während ich am Boot pussele, eilen die anderen zu den Behörden.

Auf einer schwarzen Tafel, auf der die einlaufenden Schiffe mit Kreide verzeichnet werden, steht mit großen Buchstaben unübersehbar MIKE-DULL, Jávea. Ich muß eigens ins Hafenbüro laufen, um mir das anzusehen. Da machen wir dann auch gleich eine Aufnahme der Seehelden vor der Kreideschrift.

Dann ist letzter gemeinsamer Einkauf: Bier, Käse, Kekse und eine große Melone, zum Abschied gestiftet von Eckart und Helmut. Beim Straßenhändler, gleich rechts an der Ecke, fällt für mich ein britischer, grüner Armee-Pullover mit verstärkten Schultern und Ellenbogen zum Preis von 40 Mark ab. Zwar haben wir die Levante nun vor der Nase. Die Nächte können aber immer, zumal wenn es bläst und spritzt, empfindlich kühl werden. Es sollte sich schon bald herausstellen, wie sinnvoll der Pulloverkauf gewesen war.

In der nächstgelegenen Kneipe gibt es ein melancholisches Abschiedsbier für alle, dann geht es zurück zum Boot. Die Dioskuren helfen beim Ablegen. Dann winken sie, bis wir, Dull und ich, den Molenkopf runden. Die beiden munteren Schelme werden mir fehlen. Wir winken zurück. Dann deckt sie die Mole ab.

Dull und ich sind mit einem raumen West, Stärke 3 bis 4, nach Israel unterwegs. Wir haben Kurs auf Haifa abgesteckt und hoffen mit dem Glück, das uns bisher die Treue gehalten hat, in zweieinhalb Tagen drüben zu sein. Nun sind wir beide allein auf dem Kahn. Groß kommt der uns jetzt vor. Doch bleibt für Sentimentalitäten keine Zeit. Der Wind frischt auf und spielt zwischen Südwest und West. Das ist genau das, was wir brauchen. Gegen Abend scherzen wir gerade über zu brechende Rekorde, da stößt aus blauem Nichts ein US-Aufklärer so tief auf uns herab, daß wir erschreckt die Köpfe einziehen und meinen, er nähme das Topplicht mit.

Um acht Uhr abends ist die Sonne weg. Wacheinteilung: jeder zwei, ab Mitternacht jeder drei Stunden. Um elf kommt der Mond.

Nach Mitternacht ist es mit der Windherrlichkeit vorbei. Für längere Zeit dümpeln wir bloß noch. Gleichwohl frühstücken wir fröhlich mit Kaffee aus der Thermoskanne und mit Marmeladebroten. An der Richtung der Wolkenwand nordostwärts sehen wir, wie die libanesische Küste verläuft. Nach Logge sollten wir bald den größeren Teil der knapp 100 Seemeilen hinter uns haben. Zu Mittag haben wir die erste Begegnung mit der Marine einer kriegführenden Macht. Wir laufen nämlich durch die weit ins Meer vorgezogene Blockade israelischer Kriegsschiffe. Die stehen auf Sichtabstand so, daß da nichts durchschlüpfen kann. Die Nr. 960 ist am neugierigsten. Sie kommt heran.

Etwas mulmig wird einem schon, wenn so ein grauer Pott auf einen zuhält und Dull mit schöner Deutlichkeit verkündet: „Der meint uns!“ Da der uns aber nichts tut und wieder abdreht, behalten wir unseren

Kurs bei, laufen schräg durch den Verband und filmen verdeckt die uns am nächsten kommenden Schiffe.

Am Nachmittag meinen wir, weit voraus Schnee auf Bergen erkennen zu können. Kann das schon der Libanon sein? Täuschung? Spiegelung? Den Rest des Tages haben wir wechselnde Winde, aber Kurs 140° steht.

Als die Sonne sinkt, füllen wir heißen Kaffee für die Nacht in die Thermoskanne und teilen die Wachen wie üblich ein. Wir hoffen aber, in der Nacht schon erste Feuer sehen zu können.

Und tatsächlich: Um 2.30 Uhr sehen wir beide schwache Lichter auf große Distanz. Landfall Levante! Schlaget die Zimbeln! Blaset Posaunen! Nach wieviel Mühsal und Plage, aber natürlich auch nach all dem Schönen, das wir an diesen Küsten gesehen haben, endlich das Ziel! In sechs Etappen-Jahren das Mittelmeer lang! Ich weiß nicht mehr, ob ich das auch wirklich gemacht habe, aber ich glaube doch, daß ich Dull auf die Schulter gehauen und etwas wie „wow!" in die Nacht hineingerufen habe. Das sind Augenblicke, die den Seefahrer alle Beschwernisse, Seekrankheit, Fisimatenten der Behörden und die Schwielen auf dem Hintern vergessen lassen. Das kleine Boot und wir haben es geschafft! Eine reinere Freude ist für mich nicht denkbar.

Während wir frühstücken, rauscht ein Küstenwachboot mit hoher Fahrt auf uns zu, läuft einen eleganten Bogen um uns und stoppt. Ein Mann steht an der Schnellfeuerkanone. Diese ist auf uns gerichtet.

Der Kapitän auf der Brücke hat ein Mikrophon in der Hand. Wir hören über Lautsprecher: „Good morning. Who are you?"

„West German boat MIKE-DULL from Limassol, bound for Haifa, with permission to enter."

„Which flag is that?"

„I told you, Federal Republic of Germany."

„How many people on board?"

„Just the two of us, my daughter and myself."

„Do you have weapons on board?"

„No weapons."

Da nehme ich mir ein Herz und frage den Verteidiger des Gelobten Landes, ob er mir nicht Distanz und exakten Kurs in den Hafen von Haifa geben könne. Wo wir doch schon so schön von Bord zu Bord plaudern, wäre das ja etwas, was auch für uns von Nutzen wäre. Dann brauchten wir nämlich kurz vor dem Ziel keine Kurven mehr zu fahren.

Er hat verstanden, spricht nach unten, und schon haben wir die Antwort: „Ten miles, onehundred and sixty degrees."

„Thank you."

„Thank you, too, you may proceed."

Damit heulen die Motoren auf. Wieder ein hübscher Schlenker, und ab geht die israelische See-Post. „Na, was meinst du", wende ich mich an den einzigen mir verbliebenen Offizier, „ist das ein Service hier, wo wir in Phönizien eintreffen?"

„Tja", läßt Dull sich sachverständig vernehmen, „toller Mann, der Kapitän!"

Nun kann eigentlich nicht mehr viel schiefgehen. Die Blockade haben wir durchbrochen. Die Küstenwache hat Notiz von uns genommen und uns vermutlich bereits in Haifa angemeldet. Die paar Meilen noch, so pflegen wir an Bord zu sagen, machen wir auf einer Backe.

So ist es dann auch. Nicht lange, dann sehen wir die Linie der Bucht ganz deutlich und laufen unter Motor auf den immer größer werdenden Leuchtturm zu. Um 16.30 Uhr sind wir vor der am Hang des Karmel-Berges liegenden Stadt. Wir laufen, nur mit Fock und vor dem Wind, in den Hafen, passieren die großen Becken und legen uns, einem kleinen Yachtclub gegenüber, an eine einsame Mole.

Mit Pässen und Papieren laufen wir los. Als wir an einen Wachturm kommen, steigt ein bärtiger Jüngling mit seiner MPi herab und begleitet uns zum nächsten Pförtnerhaus – wir befinden uns auf dem Gelände des streng bewachten Kraftwerks von Haifa.

Die beiden Pförtner in der Wachstube sind reizend zu uns. Während der eine mit der Polizei telefoniert („Why should you go and look for them? Let them come here"), bringt uns der andere zwei große Henkeltöpfe Kaffee.

Dann wird mir der Hörer gereicht. Die Polizei ist von ausgesuchter Höflichkeit. Nach dem üblichen „Woher? Wohin? Wieviel Leute? Waffen?" sagt mein Gesprächspartner: „Ich schicke Ihnen das Boot der Wasserpolizei. Die hilft Ihnen weiter."

Als wir zum Kahn zurückkommen, kreuzt da schon das Polizeiboot. Die Polizisten winken: Wir sollen da draußen bei ihnen längsseits gehen. Knurrend lichten wir den Anker, tuckern hin, nur um zu erfahren, wir sollten am besten da drüben im Yachtclub festmachen. Nun würde die Wasserpolizei uns die zuständige Hafenpolizei mit den erforderlichen Formularen zum Club schicken. Erster Eindruck: Hier herrscht kein Mangel an bis an die Zähne bewaffnetem Personal in gut sitzenden Uniformen, zu Wasser und zu Lande.

Wir fahren rüber zum Club und machen dort fest. Wir sind in Phönizien! An den Gedanken muß ich mich erst gewöhnen. Noch während dies bei lauwarmem Zypern-Bier geschieht, schaut mir von oben schon ein kampfstarker Spähtrupp der Landpolizei ins Glas: drei Mann und eine Dame. Alle in kleidsamem Khaki. Die sehr junge und reizend aussehende Ordnungshüterin führt das Wort. Die drei Herren passen auf, daß sie nicht abhanden kommt. Es geht wie geölt. In Minuten ist ein Kurzformular ausgefüllt. Die Pässe verbleiben bis zur Weiterreise bei der Hafenpolizei. Die ist sehr weit weg. Es bedarf komplizierter Erklärungen, wo sie zu finden ist. Dann erhalten wir jeder ein Landing-permit. Damit gelten wir nun auch offiziell als eingereist und können uns frei bewegen.

Mit dem Bewegen fangen wir am besten gleich hier auf den Stegen an. Es wird wohl eher die Dull gemeint sein, wenn wir ins Gespräch gezogen werden und Einladungen zum Kaffee auf andere Boote erhalten. Nach einer halben Stunde sind wir in den Club integriert.

Zweiter Eindruck: Mit mitteleuropäischen Förmlichkeiten wird hier keine Zeit vergeudet. Es geht freundlich, aber auch sehr direkt zu. Häufig zu direkt. Während ich mit Kelin Flute, dem Clubwächter, über die Brausemöglichkeiten rede, unterhält sich Dull angeregt mit einem Angler. Dem ißt sie wenige Minuten später den mitgebrachten Mundvorrat auf. Zur Rede gestellt, sagt sie später: „Ich habe aber nur die halbe Falaffel gegessen!“ Das ist eine piroggenähnliche Teigtasche, gefüllt mit Bällchen aus Kichererbsen und Salatblättern.

Ich schlafe mit dem beglückenden Gefühl ein, mir einen langersehnten, späten Wunsch erfüllt zu haben: Das Land der Bibel, der Phönizier und der Kreuzritter ist erreicht. Auf eigenem Kiel. Akko, Tyros, Sidon, Byblos liegen gleich hier um die Ecke. Damaskus und Jerusalem sind zwei Autostunden entfernt. Das Nildelta ist in Reichweite. Verwirklichte Träume lassen gut schlafen.

Zwar haben die vier Schornsteine des Kraftwerks vor uns am Abend noch entsetzlich gequalmt und reichlich Dreck in die Luft gestoßen, aber der Anblick des nach Einbruch der Nacht mit Tausenden von Lichtern an der Flanke des Karmel blitzenden und funkelnden Haifa entschädigt reichlich. Vollends märchenhaft wird das Bild, wenn die versunkene Sonne die über dem Berg stehenden Wolken in tiefes Rot taucht.

Mit dem ersten Licht bin ich draußen. Dull schläft noch. Wir laden Mr. Flute zum Frühstück ein. Der schleppt einen ganzen Beutel mit Tomaten, Zwiebeln und Früchten heran. Als er hört, daß wir in die Stadt wollen, bietet er seine Dienste an.

Das ist nun ein Fußmarsch von fast einer Stunde, bis man, um den Kishon Port herum, in die Stadt gelangt. An Zoll, Bank und Post vorbei geht es in die Altstadt. Mit der Bahn fahren wir hinauf auf den Karmel. Der Blick über die Bucht nach drüben, zum Akko der Kreuzritter, ist reicher Lohn für manche Entbehrung. Hier befindet sich auch der in Plateaus angelegte ausgedehnte Zoo und ein Museum.

Wir laufen den ganzen Tag auf dem Berg umher und sehen, was zu sehen ist, sind aber beide der Überzeugung, daß vor allem die Menschen unsere aufmerksame Beobachtung anziehen. Hier hat die Wendung „aus aller Herren Länder" ihre volle Berechtigung. Welche Hautfarben! Was für Gesichter! Und die Vielfalt der Gewänder! Hier ist die Wüste vertreten, wie die Küste und die Berge auch.

Aus jeder Richtung der Windrose sind die Menschen in den blutgetränkten, schmalen Landstreifen am Ostrand des Mittelmeeres gekommen. Dieser vergleichsweise bloß handtuchbreite Landfetzen, den es als Staat erst seit 1948, als Traum seit zwei Jahrtausenden gibt, beschäftigt die Welt ständig wie kaum etwas anderes und hält die Politik in Atem. Über 30 Parteien sind in der Knesseth vertreten. Von strengster Orthodoxie bis zu atheistischer Moderne. Europäische und orientalische Juden. Drei Jahre Militärzeit für die jungen Männer! Dazu, bis zum 30. Lebensjahr, jährliche Übungen von drei Monaten! Alle paar Jahre ein Krieg. Und in den Zeiten des „Waffenstillstandes" dazwischen: ständige Anschläge und „Vergeltungsschläge" an den Grenzen.

Man fragt sich, wie das auf Dauer gehen soll. Offenbar geht es aber. Wie hoch die Inflationsrate ist, so scherzen die Landeskinder, kann man nicht sagen. „In der Zeit, in der wir uns über die Inflationsrate unterhalten, ist sie schon wieder gestiegen!"

Da in der Bucht Kriegsschiffe ein- und auslaufen, Hubschrauber und Kampfflugzeuge die Luft mit Lärm erfüllen, erlaube ich mir bei der Polizei die Frage, ob es denn wohl gestattet sei, die Küste hinunter nach Tel Aviv zu laufen. „Most certainly", lautet die Auskunft. „Bei uns können Sie überall herumfahren.

„Aber", gebe ich zu bedenken, „die vielen Flugzeuge und so. Eigentlich sind Sie hier doch mitten im Krieg."

„That's right", zerstreut mein Gewährsmann die seiner Meinung nach unangebrachten Sorgen, „but hardly more than usual."

Nach beschwerlichem Fußmarsch finden wir am nächsten Tag eine Touren-Taxe. Die kurvt uns in halsbrecherischer Fahrt nach Akko. Das ist auch so ein Plätzchen! Der kleine, alte, von Festungsmauern eingerahmte Hafen läßt mich bedauern, daß wir nicht mit dem Boot herübergekommen sind. Gleich hinter der Burg sind Altstadt und Basar, mit engen Gassen, die Sonne und Hitze ausschließen, auf deren feuchten und glitschigen Steinen man aber schnell auf die Nase fallen kann. Das ist der Orient: Fleisch, Berge von Früchten und Gemüse, das wir nicht kennen, duftendes Backwerk mit viel Sesam, Näschereien und buntes Leckerzeug in Fülle. Alles ist in Geschrei und ohrenbetäubenden Krach gehüllt. Nur einige Schritte weiter gibt es blaue, rote, grüne und gelbe Galabiahs. Die Hemden sind so aufgehängt, daß sie dem Passanten um die Nase wehen. So hat er das papageienfarbene Angebot ganz dicht vor Augen. Laufen die ihm über und der Schweiß von der Stirn, dann verzieht er sich zum Hafen und nimmt seine Erfrischung im Schatten der Jalousien.

Die Festung mit ihren Sälen und Verliesen und die Moschee stehen noch auf dem Programm. Nachdem das abgehakt ist, jagen wir mit einer Scherut-Taxe wieder nach Haifa zurück. Dabei empfiehlt es sich, nach der Rückenlehne des Vordermannes oder sonst etwas Festem zu greifen und sich daran festzukrallen. Weshalb diese netten Jungs wie die Wahnsinnigen fahren, bleibt unerfindlich. Da die Scheruts festgelegte Routen fahren, steigen wir aus, als wir die vier Schornsteine sehen. Wieder ein Gewaltmarsch bis zum Boot!

Nach diesen Strapazen legen wir einen Ruhetag ein. Wir gehen aus der Bucht und besichtigen die dem Meer zugewandte Westseite der Stadt vom Wasser aus. Badestrände. Haine mit Pinien, Palmen und Tamarisken. So groß die militärischen und politischen Probleme des Landes auch sein mögen, mit ein wenig Wasser gedeiht auf diesem Boden alles. Das haben die Israelis nun in den wenigen Jahrzehnten des Bestehens ihres Staates gezeigt. Farbe, Größe und Geschmack der Früchte schmeicheln dem Auge und erfreuen den Gaumen. Dull und ich sind dabei, unsere Ernährungsweise umzustellen.

Wie man es auch anstellt, alle paar Tage wird man mit der Nase darauf gestoßen, daß es mit der Freiheit der Meere nicht weit her ist. Der Morgen des vierten Tages im Gelobten Land sieht uns mit erhobener Hand am Straßenrand. Die Daumen winken stadtwärts. Ein älterer Herr hat Erbarmen und fährt uns bis zum Hafen. Ausklarieren nach Tel Aviv.

Unser Zöllner gehört nicht zu jenen, von denen die Bibel Böses weiß. Wir erinnern uns: In einem Satz werden dort immer die Zöllner, Pharisäer und Schriftgelehrten heruntergemacht. Die Schrift drückt sich anders aus. Heute sprächen wir von ihnen salopp als von schrägen Vögeln. Unserer ist keiner. Er heischt für die Abfertigung nur eine Gebühr von umgerechnet einer Mark dreißig. Wir fahren zurück zum Kishon Port.

Das Schwert, das blöde Ding, steckt noch immer im Kasten, doch haben wir auf dem Clubgelände einen rostigen Kran entdeckt. Heute soll George kommen. Er ist der einzige, der das betagte Ungetüm bedienen darf. Und da wir noch weite phönizische Fahrten vorhaben, muß das Ding aus dem Kasten. So oder so.

George kommt. Knarrend und quietschend hebt sich der Ausleger. An ihm baumelt das Boot. Es wird auf einen Bock gesetzt, dessen Rungen die dünne Polyesterschale bedenklich nach innen drücken. Was auf dem Clubgelände Beine hat, ist herbeigeeilt, verfolgt das Unternehmen mit großer Anteilnahme und spart nicht mit wohlgemeinten Ratschlägen. Als ich auf nacktem Beton unter dem Boot liege, mit Sägeblättern und Zangen hantiere und aussehe wie aus dem Müll gezogen, schleppt einer eine alte Matratze an und schiebt sie mir unter den Rücken. Nach langem Zerren und Klopfen lugt das Schwert endlich zentimeterbreit aus dem Kastenboden hervor. Als wir es greifen können, hat es verspielt. Fröhliche Zurufe der Umstehenden künden vom Sieg über die Tücke des Objekts. Die Helfer werden, eine Treppe hoch, im Aufenthaltsraum zu Limonade und Coca eingeladen.

Wir erfahren, daß die ganze Anlage von den Mitgliedern in Eigenarbeit errichtet worden ist. Darauf sind sie stolz. Auch die Bewirtung liegt in der Hand von Mitgliedern. Hilfsbereite, freundliche Menschen, ohne den geringsten Anflug jenes Snobismus, der den Segelbetrieb in Mitteleuropa häufig begleitet.

Herr Schulz aus Hamburg, der die Kasse verwaltet, fragt: „Nu, was wollen Sie bezahlen?“

„Nu“, sage ich, denn schließlich befinden wir uns in Phönizien, „am besten gar nichts!“ Ich unterstreiche meine Armut, indem ich die leere Tasche der zerrissenen Segelhose nach außen zupfe. Es scheint, als wäre ich angemessen und nach Landessitte in das Geschäft eingestiegen.

„Nu“, antwortet der Verwalter des gewiß nur bescheidenen Clubvermögens, „werden wir uns einigen auf die Hälfte!“

So geschieht es. Ein dankbarer Skipper, der das für Kursstabilität unentbehrliche Stück rostigen Eisens seinem okkulten Dasein entrissen hat, zahlt gegen Quittung den Gegenwert von 50 Mark, und alle sind zufrieden.

Wächter Kelin Flute, dem der Schutz von Stegen und Booten anvertraut ist, hat eine so einfache wie geniale Methode fast hundertprozentiger Sicherheit entwickelt: Bei Einbruch der Dunkelheit stellt er einen alten Korbsessel mit einer Fußbank quer über den Hauptsteg, wickelt sich in Decken ein und streckt sich zur Nacht lang aus. Kommt nun ein Bösewicht und will an die Boote, muß er über Kelin drübersteigen. Der erwacht, waltet seines Wächteramtes und packt den Schelm im Genick und hält ihn fest. Das wurde uns so von ihm erzählt. So eine Flöte war unser Freund Flute vom Karmel-Yachtclub. Wir bedanken und verabschieden uns, wie es auch im Morgenland gute Sitte ist.

Am Schabbes legen wir um vier Uhr morgens unter Fock ab, weil der Wind günstig steht. Chemiewerk und Power-Station stinken noch lange hinter uns her, weil wir an der Huk in der dort stark gegenan stehenden Strömung nicht weiterkommen. Fürs Auge bietet die Küste wenig. Der Tag vergeht schnell. Das Umfahren einer weit ins Meer vorgetriebenen Ölpier kostet Zeit und Benzin.

Schon ist es wieder Abend. Bald wird die Sonne weg sein. Wo bleiben? Nichts auch nur annähernd nach geschützter Bucht Aussehendes ist in der Nähe.

Ich versuche es mal wieder an offener Küste. Der Anker hält aber nicht. Wir gehen wieder raus.

Als es fast finster ist, erkenne ich eine hinter Felsenbarrieren ankernde Yacht. Also hin und näher ran. Da wir keine andere Wahl haben, wenn wir uns die Nacht nicht um die Ohren schlagen wollen, fällt der Entschluß leicht: Segel bergen und zwischen den beiderseits gischtenden Felsen hindurch in die mehr erahnte als gesehene Einfahrt. Als wir drin sind, öffnet sich nach rechts ein lieblicher kleiner Hafen. Als solcher erscheint er mir jedenfalls. Ich atme tief durch. Ankern. Vor uns ein langgestrecktes Gebäude, an dem wenige trübe Lichter funzeln. Da hier die halbe Küste Militärgebiet ist und wir glauben, uns mal wieder in einem solchen zu befinden, verzichten wir auf Licht. Verjagt werden wollen wir auf gar keinen Fall. Wir nehmen uns noch einen zur Brust und sinken in Schlaf. Am Morgen beantwortet der Spiegel der anderen Yacht die altehrwürdige Seefahrerfrage nach dem wahren Ort, den man zufällig gefunden hat: Dies ist Mikhmoret, grob auf der halben Strecke nach Tel Aviv. Stilles Frühstück in Ruhe und Frieden. Wenn dies Militärgebiet ist, sind die Soldaten woanders.

Wir nehmen die israelische Touristenkarte zu Hilfe. Natanya liegt an Backbord. Wer den eben erst abgesegelten Taurus in Erinnerung hat, wo er sich im Mittelmeer die felsigen Füße wäscht, dem können die Wüstenausläufer mit einigen verstaubten Palmen keine Jubelschreie entlocken. Unsere Augen sind anspruchsvoll geworden und messen unwillkürlich das Gegenwärtige mit dem Maßstab des erst jüngst Gesehenen.

Am Nachmittag laufen wir auf die Skyline von Tel Aviv zu. Bis dorthin brauchen wir vielleicht noch eine Stunde oder so. Da zeigt Dull nach vorn aufs Wasser und ruft: „Da schwimmt doch was!"

Das eben ist der Vorzug des niedrigen Freibords. Was immer da schwimmt, man kann es gleich greifen, in die Plicht werfen und es dann in Ruhe betrachten. Dies ist ein Ballon, geformt wie ein mittelgroßes Kissen, in blauer Nationalfarbe, mit Davidstern und der Aufschrift: „I love Israel." Für „love" steht das bekannte rote Herz. Die begeisterungsfähige Dull ist entzückt von solchem Willkommen. Ich, nach den Stürmen des Meeres und des Lebens doch eher zur Skepsis neigend, meine still bei mir: „Okay, if Israel loves me, too."

So eingestimmt, halten wir auf die fast an Manhattan erinnernden Hochhäuser zu, und Dull erkennt auch gleich den Mastenwald der in der Marina liegenden Boote. Rechts um die Ecke hinein, links rum. Schon sind wir da und legen uns an eine 37 Fuß Gin Fizz.

Während wir noch an den Leinen zuppeln, ruft ein braungebrannter, nach pensioniertem britischem Kolonialoffizier aussehender Nachbar: „Why don't you come over and have a cup of coffee?"

Dankend nehmen wir an, sitzen schon drüben und erfahren, daß unser Gastgeber Bataillonskommandeur in der israelischen Armee gewesen ist. Dann duschen wir, essen und wollen in die Stadt. Wir kommen aber nur bis auf das nächste Boot, wo wir genötigt werden, am dort gerade beginnenden Bordfest teilzunehmen.

Das schicke Boot gehört einem Berufstaucher. Er wohnt darauf, empfängt und bewirtet auf ihm seine Freunde und schiebt jeden Abend das Luk für eine scheu lächelnde Blondine auf.

Dummerweise hatten wir in Haifa einen Film zum Entwickeln abgegeben: „Haben wir den in drei Tagen und mit den gewünschten Abzügen auch bestimmt wieder?“

„Na, gewiß doch!“

Als wir am Tag vor der Abreise nachfragen, ist kein Film da. Längere, in unserer Anwesenheit mit dem Labor in Petah Tiqwa geführte Telefongespräche helfen nicht weiter. Es stellt sich aber heraus, daß Petah Tiqwa bei Tel Aviv liegt beziehungsweise ein Stadtteil davon ist.

„Bitte sagen Sie Ihren Leuten, daß wir den Film selbst in Petah Tiqwa abholen werden. Wir reisen jetzt gleich mit dem Boot nach Tel Aviv.“

Vereinbart und durchgegeben.

Einige Tage später, im Bus in Tel Aviv, nehmen alle Mitfahrenden an unseren Schwierigkeiten teil. Zwar haben wir die Anschrift des Labors, wissen aber nicht, an welcher Haltestelle wir aussteigen müssen. Schon redet jeder auf jeden ein und zeigt mit dem Finger die Straße hinauf und hinunter. Uns bleibt nur, den Ausgang der hitzigen Debatte abzuwarten. Schließlich ergreift einer meinen Arm: „Hören Sie gar nicht hin. An der nächsten müssen Sie heraus. Ich wohne hier, ich weiß das.“

Das stimmte.

Nicht aber die Sache mit dem Film.

Als wir endlich vor der Dame stehen, die von dem aus Haifa geführten Telefongespräch weiß, läßt ihre Antwort uns erstarren: „Ach, Sie sind das mit dem Haifa-Film! Den haben wir gestern mit der Post zurückgeschickt. Wir dachten, Sie kommen doch nicht.“

Alles das in glühender Juli-Hitze, unter senkrecht auf den Scheitel brennender Sonne.

Kommentar einer Israelin, vor der ich den Film vom Film später noch einmal abrollen lasse: „Na, das ist hier doch normal. Jeder folgt hier seiner Eingebung und tut das, was er gerade für richtig hält.“

Da wir aber nicht nur das Gelobte, sondern auch das Land der Zeichen und Wunder bereisen, geschieht ein solches: Monate danach, zu Hause, ein Päckchen aus Haifa, mit einer ganzen Serie israelischer Briefmarken. Nu, was wohl? Der Film.

Mit Brot, Yoghurt, Melonen, Pflaumen und Bananen bepackt, lassen wir die hektische, wuselige, nach Autoabgasen stinkende Innenstadt schnellstens hinter uns und suchen wieder Zuflucht auf dem Boot in der Marina. Die wird auf der einen Seite vom Meer, zur anderen von einer Rollschuhbahn begrenzt, von der wilde Musik und betäubender Lärm bis weit nach Mitternacht herüberhallen. Weht eine Brise, ist es erträglich. Hinter geschwungenen, weit ausholenden Betonfahrbahnen ragen die das Bild bestimmenden Hotel-Ungetüme „Hilton“, „Carlton“, „Diplomat“ und andere.

Der Bootsnachbar der ersten Tel-Aviv-Stunde lädt zum Maiskolbenschmaus auf den Balkon seines wenige Schritte entfernten Appartements. Er heißt Schmuel Shoshani und hat es in mehreren Kriegen zum Major gebracht. Während Dull mit dem wachen Instinkt einer Jugend, die much love and no war macht, rechtzeitig die Kurve kratzt und sich verabschiedet, gebietet es die Höflichkeit des Gastes, daß der sich noch eine längere Zeit vergilbte und abgegriffene Fotos anschaut: Shoshani in der Wüste, im Schützengraben, vor, hinter und neben der Kanone. Very interesting, indeed! So meint jeder, anderen die Bildzeugnisse seiner vermeintlich großen Zeit vorweisen zu müssen.

Schließlich schlägt Shoshani eine Nachtfahrt nach Jaffa vor. Heilfroh, den martialischen Erinnerungen entweichen zu können, stimme ich begeistert zu. Enkel Assaph, zwölf, wird uns begleiten.

Am Wasser ist das alte Joppe zum Verlieben. Besonders jetzt, in der lauen Nachtluft, mit den bunten Laternen der Restaurants. Lichter überall, die ganze Küste nach Tel Aviv hinauf. Überall Musik und fröhliche Leute. Von einem Land im Kriege hat unsereiner doch eine andere Vorstellung.

Schon in der vorigen Nacht war fast der ganze Rest des noch an der Mastklampe baumelnden Schinkens verschwunden. Auf Dulls fragende Blicke sage ich, ohne rechte Überzeugung: „Vermutlich Möwen“, rühre den Köder aber nicht mehr an.

In der nächsten Nacht kratzen meine „Möwen“ mit ihren Krallen so laut übers Deck, daß ich aufwache, das Luk zurückschiebe und sie nun im Licht der Laternen genau betrachten kann. Sie haben spitze Schnauzen, vier krallenbewehrte Füße, lange Schwänze und fette Bäuche. Mit erstaunlicher Frechheit turnen sie über die Festmacher auf die Boote, jagen über die Stege und tanzen auf dem Kai. Nicht drei bis vier, wie man sie nachts in den Häfen schon mal antreffen kann. Nein, Hunderte von Ratten sind es, die sich Nacht für Nacht ein fröhliches Nagefest an den allzu sorglos weggeworfenen Abfällen und Speiseresten veranstalten. Als ich die Besucher unseres Bootes mit Stableuchte und Schrubber angehe, ziehen sie sich nur bis auf die Hälfte des Festmachers zurück und schauen mich dreist an. Das steht nicht in den von Hochglanzbildern leuchtenden Touristenprospekten. Man muß es erlebt haben, um es glauben zu können. Zwei Maßnahmen sind die Folge: Keinerlei Eßbares mehr an Deck, Festmacher normaler Stärke werden gegen Nylonschnüre geringsten Durchmessers ausgetauscht.

Am nächsten Abend Gegeneinladung an die Majorsfamilie zur Pizza ins „Rimini". Ob die Enkel, Arif und Assaph, mitdürfen? Na, gewiß doch. Auch die Majorin ist bemerkenswert: gepflegt, charmant, witzig. Die Verhältnisse im eigenen Land behandelt sie mit Offenheit und zupackender Kritik. Aus lauter Vergnügen an Sprachspielereien scherzt Madames lockere Zunge in mehreren Weltsprachen zugleich. Der Wechsel von der einen in die andere vollzieht sich mühelos. Immer wieder kehrt das Gespräch zu den Verhältnissen und auf das Leben im Lande zurück. Ist es das, was sich die Verstreuten vorgestellt und dann erkämpft, schließlich verteidigt haben?

Die Antworten, nicht nur heute abend auf der Plaza, auch in anderen Gesprächen, lassen Zweifel aufkommen. Manch einer, heißt es, würde doch lieber in sein Auswanderungsland zurückkehren. Mit Vorrang in die USA. Aber auch Herr Schulz in Haifa sprach mit großer Begeisterung von seinen in Hamburg verbrachten Jahren.

Arif und Assaph hauen sich ohne viel Umstände die Pizzi und die Cocas rein, worauf der Kleine, satt und zufrieden, in Opas Armen einschläft. Über allem der Sternenhimmel. Unvermeidliche Musik aus Boxen, die aus drei oder vier Richtungen gleichzeitig unterschiedliche Ohrenschmäuse bieten. Weniger geht hier nicht. Das ist normal. Man muß sich eben gewöhnen.

Wir sind mit Egged-Tours unterwegs nach Jerusalem. Schnelle Busse auf guter Straße durch das grüne Judäa. Zweimal halten wir. Einmal, um von den Waffentaten der Helden zu hören, in einer Gedenkstätte mit Waffen, Bildern und heroischen Texten, wie es sie überall dort gibt, wo man gewonnen hat. Ein anderes Mal an einem Restaurant mit Andenkenladen.

In Phönizien wird nie versäumt werden, dem Umsatz die ihm gebührende Aufmerksamkeit zu widmen. Das Auge des Touristen weitet sich, und froh hüpft sein sonst so verstocktes Herz: Hier kann er endlich kleine Fläschchen erstehen. Sie enthalten heiliges Wasser aus dem Jordan. Den Spottpreis von zweieinhalb Dollar sollte doch wohl jeder für eine Devotionalie von solch hohem Anspruch an den Glauben erübrigen!

Nicht zu begreifen, daß Dull dankend ablehnt. Meine Tochter wird doch nicht mit dem Bösen im Bunde sein? Ich erwäge, eine Ampulle Jordanwasser am Bootsbug zu befestigen. Schaden kann es nicht. Vielleicht sehen die beiden auf Malta aufgemalten Phönizieraugen in dunkler Nacht aber doch mehr als das Jordanwasser. Die Idee wird verworfen.

So kommen wir denn nach Yerushalayim, das kirchenreiche und vieltausendjährige. Ehe wir es jedoch betreten dürfen, halten wir oben am Berg, wo sich die Busbesatzung teilt. Bei denen, die hinunter auf die Stadt blicken und fotografieren, ist es still. Bei den anderen, die sich um die Foto-Kamele mit ihren Treibern und deren stets weit vorgestreckte Bakschischhände scharen, ist gleich phönizischer Jahrmarkt und der Teufel los. Nicht nur, wer auf das Kamel steigt, mit den Beinen baumelt und sich in luftiger Höhe aufnehmen läßt, soll zahlen. Nein, auch wer von fern die Linse auf den höckerigen Vierbeiner richtet, wird laut und unmißverständlich zur Zahlung aufgefordert. Die Amerikanerinnen wollen zwar Fotos, nicht aber löhnen. Jeder beschimpft jeden in seiner Zunge. Der versteht nichts, weiß aber, was gemeint ist. Kurz vor Handgreiflichkeiten flüchten die Amerikanerinnen in den Bus. Zurück bleiben die wackeren Beduinen. Und die Kamele. Heiliges Jerusalem, hin oder her! Wie recht hat doch da der Reiseführer, der von einem Land der Gegensätze spricht.

Unser Führer, ein topfitter Mittfünfziger, ist Offizier in der Armee gewesen. Er bringt auch schnell Disziplin in den nach allen Seiten ausbrechenden Sauhaufen. „Sie bleiben bei mir! Sie übernehmen den Mittelteil der Schlange! Sie sind dafür verantwortlich, daß hinten niemand verlorengeht! Alles klar? Na, also! Hebe ich den Arm, heißt das halt und bei mir sammeln!“

„Du lieber Himmel“, denke ich, „daneben nimmt sich das deutsche Preußen ja wie ein antiautoritärer Kinderladen aus.“

Er macht auch deutlich, worin der Unterschied zu seiner früheren Tätigkeit als Offizier besteht: „Damals rief ich: Folgt mir! Heute rufe ich: Bitte, folgen Sie mir!“

So auf die Heilige Stadt und deren Sehenswürdigkeiten eingestimmt, stürzen wir uns durch das nächste Tor in das dort herrschende Getümmel, um das zu sehen, was Egged-Tours zu einem stolzen Preis wißbegierigen Touristen im Laufe eines Tages zeigen kann. Das ist nicht wenig. Der Grundsatz, nach dem verfahren wird, ist einfach: Raus aus dem Bus, schnelle Schleusung durch oder um das zu besichtigende Objekt, rein in den Bus und weiter. Auf diese Weise erlangt der Teilnehmer durchaus einige starke Eindrücke, die ihn später zur Erzählung berechtigen, er habe an jenem denkwürdigen Tage besucht: die Kirche des Heiligen Grabes, Via Dolorosa, die Klagemauer, Altstadt, Basare, König Davids Grab, Knesseth, Mount of Olives, Mount Scopus, Israel Museum, den Schrein des Buches mit den Papyri aus den Höhlen von Qumran am Toten Meer.

Die Mittagsspeisung der Bus-Pilger wird zur Katastrophe: Die Busladungen vor uns kauen noch und weigern sich, die Sitzplätze zu räumen. Das Volk neuer, ohne Unterlaß ankommender Busse drückt nach. Durch das Gedränge rudern die Führer der Gruppen und suchen ihre Schäfchen zusammenzuhalten. Es mußte so kommen: Auch wir haben bei der nächsten Zählung Verluste zu beklagen. Während der Haufen steht und wartet, jagt unser militärisch geschulter Führer zurück ins Gewühl. In dieser Stadt ist es nicht mehr als natürlich, daß wieder ein Wunder geschieht: Der Führer zerrt die Vermißten nach geraumer Weile hinter sich her und führt sie dem Haupttrupp zu. Nicht ohne barsche Ermahnungen, versteht sich.

Als wir gegen Abend fix und fertig wieder in Tel Aviv an unserer Plaza über der Marina eintreffen, fallen wir über etliche Flaschen Bier und Pizza Capricciosa her.

Für so was, haben wir gelernt, braucht man gesunde Füße und eine angemessen ausgestattete Reisekasse. Beides wird ganz wesentlich weniger beansprucht, sitzt man still und fröhlich auf seinen vier Buchstaben auf dem Boot und läßt das zu Besichtigende schön langsam an sich vorbeiziehen. Mit dieser nicht eben neuen Erkenntnis beschließen wir die Feier. Am nächsten Tag werden sich unsere Wege trennen. Dull fährt nach Haifa und nimmt die Fähre nach Limassol, um von Larnaca nach Hause zu fliegen. Ich düse von Tel Aviv direkt nach Düsseldorf.

Damit sind wir am Ende der X. phönizischen Reise angelangt. Es war eine gute Fahrt gewesen. Die Organisation hatte geklappt, Eintracht geherrscht. Jeder war mit sich, den Eindrücken und Erlebnissen zufrieden gewesen. Der Skipper durfte sich auf die müde Schulter klopfen: Besatzung gesund an Land, Boot heil.

Bei so viel Glück und Zufriedenheit schließt das Kapitel im Bordbuch denn auch mit einem fast schon rhapsodischen Hymnus, über den ich heute, wenige Jahre später, nur bitter lachen und den Kopf schütteln kann. Nie weiß der Mensch, was die Götter für ihn noch in petto haben. Schon gar nicht, wenn er zur See fährt. Wenn ich den Jauchzer trotzdem niederschreibe, dann tue ich es, weil die Augenblicke so glücklichen Überschwanges selten geworden sind und mich die damalige Begeisterung noch in der Rückschau erwärmt. Da steht nämlich:

„O Baal, o Ischtar, o Poseidon und all ihr anderen Hüter von des Bootes längst schon vergilbendem Kunststoff und den faserigen Schoten auf dem langen Weg von Kartagena und Oran nach Haifa und Tel Aviv. Seid bedankt für Mondnächte und Sonnentage, für Angst- und Hitzeschweiß. Für die Gefährten, die, mal willig und mal meuternd, quer über die Skala der Beauforts und entlang an den schönsten Küsten und Inseln dieses Erdteils bereit waren, den starrsinnigen Alten nach Phönizien zu begleiten.

Wir, alle zusammen, haben das Ziel erreicht. Der MIKE-DULL aber danken wir, daß sie so lange gehalten und uns Erlebnisse ohnegleichen beschert hat. Welch ein Boot!“

So steht es da. Ich kann und will es nicht leugnen.

Hätte mich auch nur der Hauch einer Ahnung des noch Kommenden angerührt, wäre ich, statt herumzujubeln, eher vornüber aufs Gesicht gefallen und hätte, mich im Staub wälzend vor Jammer, mit dem armen Elpenor ausgerufen:

„Mich verdarb eines Dämons Fluch und maßloser Weinrausch!“
(Odyssee, 11/61)

Aufheulend über die Höhe des Sündengeldes, das die schöne Rachel in der Marina von Tel Aviv mir für drei Liegemonate im Wasser auf ihrem Kleincomputer errechnete, klopfte ich mir den Staub Phöniziens vom Ölzeug und flog nach Hause.

Das 13. Kapitel

erzählt, wie der Phönizier den Versuch unternimmt, das Boot zu verladen.
Derlei aber erregt den Zorn der Götter, die ihn auf die XI. phönizische Reise schicken.
Er wird beschossen
und im Nildelta als Spion verhaftet.
Ganz und gar entgegen seinem Plan
beschließt er die Reise in Tel Aviv.

Tümpel
Röhricht
Wasservögel —— ...
... und die Dhaus mit
ihren seit
Jahrtausenden
verwendeten
Lateinersegeln

Mehr wollten wir ja gar nicht. Zweimal quer. Einmal lang. Das war genug. Das Leben besteht nicht nur aus Segeln. Überdies soll man die Langmut der Götter nicht zu oft auf die Probe stellen. Einige Male schon hätte es auch übel ausgehen können. Zwischen uns und den neuzeitlichen See-Profis mit Funk, Autopilot und Teufelsblendwerk liegen Welten und klaffen Abgründe. Die würden bei unserem spätphönizischen Treiben ohnehin nicht mitmachen und die Hände über dem Kopf zusammenschlagen. So, wie es meine Bosse in der Firma tun, wenn ich, nach so einer Reise, ganz wider ihre Erwartungen und Vorhersagen wieder meine Arbeit aufnehme. Was also ist zu tun?

Eines Tages kommt mir die Erleuchtung, und ich bin ganz gerührt von meiner großzügigen Idee: Ich werde das bewährte Boot meinem Yachtclub zum Geschenk machen. Der kann sich dann weiter mit dem Kahn und den Levantinern herumbalgen. Vielleicht finden sich Unternehmungslustige im Club, die da unten, zwischen Europa, Asien und Afrika, herumgondeln wollen. „So was“, sage ich mir, „macht nicht nur einen guten Eindruck, ich bin auch aller Sorgen ledig.“

Ich schreibe also dem schätzenswerten Herrn Sekretarius der Baltischen Segler-Vereinigung und bitte ihn, dem Comité meine hochherzige levantinische Bootsgabe bei nächster Gelegenheit anzudienen.

Die Gelegenheit der Sitzung kommt, er dient an. Der Comité (nicht *das,* sondern *der,* haben wir da doch eine uralte Tradition aus der östlichen Heimat) aber ist nicht von gestern. Der ist von heute. Er kennt jedoch von vorvorgestern noch den Begriff des Danaergeschenks. Riecht Lunte und lehnt höflich dankend, aber bestimmt ab.

Da ich mich nun doch wieder selbst um den Galosch kümmern muß, wird die Verladung auf einen Frachter geprüft. Richtig! Als Decksfracht auf ein Schiff in Richtung Genua oder Marseille und ab nach Europa. Gute Idee! Man selbst lehnt an der Reling, spuckt ins Wasser und staunt, wie schnell ein moderner Steamer seinem Bestimmungshafen entgegenjagt.

Wo sollte man verladen? Am besten doch wohl in einem großen Hafen, wo man ein breites Angebot erwarten darf, weil dort viele Schiffsrouten zusammenlaufen. Haifa kennen wir. Fachleute aber neigen zu der Auffassung, Alexandria sei wegen der größeren Zahl der Verbindungen und Schiffsagenturen vorzuziehen.

Der Haken ist nur, daß die Verladung nicht von der Bundesrepublik aus gesteuert werden kann. Boot und Verlader finden sich zweckmäßig im Verladehafen ein: Alexandria. Warum nicht? So, wie wir gewohnt sind, das Mare Nostrum in der Art der Alten furchtlos zu furchen, werden wir uns auch nicht vor dem Abschnitt sandiger Küste des restlichen Israel und des halben Ägypten fürchten.

Der Blick auf die Karte zeigt: Da passiert man ja das ganze Nildelta! Das gibt den Ausschlag. Hat man schon ein Boot in der Levante, dann muß es auch zum Nil. In diese Richtung geht die weitere Planung. Ins Auge gefaßt wird der Oktober. Dann ist es nicht mehr ganz so heiß.

Die Windtabelle weist nichts Bedrohliches aus, und daß das Herbst- und Winterwetter hier gut ist und gesund, das ist bekannt. Vom Altertum bis heute verbringen Leute mit Zeit und Geld die in Mitteleuropa unwirtlichen Monate des Jahres hier. Kaum ein Kreuzfahrtschiff, das Alexandria nicht im Programm hätte. So gibt es eigentlich nichts, was gegen die Verwirklichung des Planes spräche.

Oder doch? Noch immer hat das Boot keine Selbststeueranlage. Der Notbehelf mit zwischen Klampen festgezurrter Pinne kann für kurze Zeit und mit häufig wiederholtem Nachstellen nützen. Für Langfahrten ist das System jedoch ungeeignet. Das haben wir schnell gelernt. Zugegeben, ein wenig kokettieren wir mit dem Reiz der Primitivität. Je mehr Technik wir einbauten, desto weiter entfernten wir uns von unseren Vorbildern. Zweifel werden mit dem Argument zerstreut, daß es ja auch an dieser Sandküste einige Häfen gibt, wo Ausruhen möglich ist. Und zu zweit kann man sich abwechseln, wie wir es bisher auch gehalten haben.

Das ist der Punkt: Als es losgehen soll, bin ich allein. Keiner meiner Seehelden ist greifbar oder abkömmlich. Das darob ausbrechende Schluchzen des Bordpoeten soll der aufhorchenden Nachwelt nicht vorenthalten werden. Im Stile Homers singt der in bezug auf die drohenden Gefahren noch blinde Sänger also:

Wo sind sie, die alten Gefährten
voll Pep und mit Kraft in dem Bizeps,
zu führen das Ruder des Boots,
entgleitet's den Händen des Greises.
Wo sind sie, die schlitzohr'gen Teufel,
die lange an Bord ich gemästet
mit köstlichen Speisen, Getränken,
fehlhoffend, sie würden es danken.

Dem einen verbietet die Gattin,
auf kleinmorschen Booten zu fahren,
der andere muß seine Firma
der drohenden Pleite entzieh'n.
Dem dritten erscheint die Levante
kein Hort des bukolischen Friedens,
und diesem erklärt der Chronist,
daß er ein Seher, fürwahr!

Da also keiner bereit ist,
vom staubigen Land sich zu lösen,
sticht, fluchend, Odysseus allein
hinein in die wogende See . . .

Bevor die aber mit sanfter Wellenpatschhand den Bug streicheln kann, muß noch lange vorbereitet und mit einigem Umstand gereist werden. Die auf unsere ausgefallenen Zielvorstellungen schon eingespielte Dame des Reisebüros schlägt vor: Charterflug nach Iraklion, Kreta, umsteigen auf die GOLDEN VERGINA der Stability Line, die über Brindisi, Piräus, Iraklion, Limassol und Haifa läuft. Dann Bus oder Scherut-Taxi nach Tel Aviv. Dort überantwortet das Reisebüro mich den Göttern.

So soll der Film ablaufen, und es ist nur schade, daß sich stets nur ein begrenzter Ausschnitt all der Bilder und Szenen auf Super-8 festhalten läßt, die von Farben, Krach und Leben überquellen: Das schweißtreibende Drängeln in Gluthitze bei der Paßkontrolle auf dem Flughafen Iraklion. Das Suchen und Grapschen nach den mal hier, mal dort auftauchenden Gepäckstücken. Haben die großen fliegenden Kisten ihre bleiche Charterfracht ausgespien, um die bronzene aufzunehmen, bricht die Hölle los. Nichts mehr von der gelassenen Kühle perfekter Organisation und planvoller Steuerung des Terminal-Tempels von Düsseldorf. Dies sind schon Botschaften der anderen, der orientalischen Welt.

Die eine Hälfte des freien Tages in Iraklion gehört dem Archäologischen Museum. Die andere wird am Hafen, auf Spaziergängen und in Tavernen vertrödelt. Noch eine Nacht im kleinen Hotel, dann geht es aufs Schiff. Sorgfältig wird das Gepäck nach Waffen und Bomben durchwühlt. „Haben Sie Waffen?" Auch Messer gelten als solche. Die Nähe des heißesten Krisenherdes unserer zerrissenen Welt wird fühlbar. Einige der Sicherheitsbeamten sind Israelis. Die achten darauf, daß die Gepäckkontrolle nicht zur flüchtigen Routine wird. Ich schleppe meine Plünnen zur zugeteilten Kabine: vier Kojen, innen. Also kein Bullauge, aber die Lüftung läuft. Die anderen Passagiere fehlen noch.

Die Fahrgäste auf dieser Strecke allein schon lohnen das Fahrgeld reichlich. Des Erdballes Kontinente sind mit ihren Rassen und deren Mischungen reich vertreten. Die gesellschaftlichen Schichten darf man wohl nach ihrer Plazierung an Bord durch den Obersteward gliedern: die feineren Herrschaften Vorschiff, Kabinen außen, dann allmählich nach achtern und innen die Mittelklasse und zuletzt die Rucksacktouristen. Die befinden sich wieder außen, diesmal aber ganz draußen, auf dem Vor- und Achterdeck, wo sich binnen kurzem ein Zustand chaotischer Ordnung einstellt. Die Ausdehnung der Platz-Claims der jugendlichen Aus-, Ein- und Umsteiger wird von den Nähten ihrer in allen Farben leuchtenden Decken und Schlafsäcken begrenzt. Doch bezeugen oft die Titel aufgeschlagen an den Kopfenden liegender Bücher, daß es sich bei etlichen der bärtigen Nomanden um intellektuelle Aufsteiger handelt. Das liegt und schwatzt und liest und döst und liebt und bereitet sich das Mahl oder den Tee auf Esbit-Kochern, bis die Insel oder Küste der Wahl erreicht ist. Dann schnappt man sich Decke und Beutel, verschwindet und macht den ganz ähnlich Aussehenden Platz, die da unten, in einer dicken Traube, schon auf das Entern warten.

Die Nacht in der Kabine wird muffig. Es stinkt aus dem Klo. Ich komme mit zwei netten Kerlen ins Plaudern, während wir an der Reling stehen und auf das Wasser hinausschauen. Sie sind Fallschirmgleiter und Surfspezialisten, die mit allem Gerät über Haifa und Alexandria in die Emirate wollen, um den Scheichen gegen harte Dollar zu zeigen, was man alles mit motorisierten Brettern anstellen kann. Berufe gibt es!

Als ich wieder in die Kabine komme, sehe ich: Da hat doch einer an meinem Seesack gefummelt! War das vielleicht einer der beiden jugendlichen Krausköpfe aus den anderen Kojen? Ich prüfe den Bestand: Es fehlen drei Super-8-Filme.

Mittags in Limassol. Mit Sonderausweis Landgang bis 20.00 Uhr, dann geht es auf die Reise nach Haifa. Bei der nächsten Gelegenheit greife ich mir einen der beiden Ringellockenknaben und sage ihm auf gut Glück und auf seinen Krauskopf zu, daß er meine Filme habe. Er antwortet: „Nicht ich, der andere."

Dieses anderen kann ich erst in der Nacht habhaft werden. Der versucht, das Laken über die Ohren zu ziehen. Ich reiße es ihm wieder weg: „Wo Film, du haarölgetränkter Erzschelm?"

Antwort in gesprochener Keilschrift: „Hat nicht, weiß nicht."

Dem ersten schon hatte ich mit einer Meldung des Vorfalls an den Kapitän gedroht. Zwei Filme bekomme ich zurück. Einer ist weg. Verkauft. So schnell und einträglich laufen die Geschäfte in der Levante.

Am frühen Morgen des dritten Reisetages erblicken wir die Höhenzüge des Karmel. Als wir in den Hafen von Haifa einlaufen, ist der voller Kriegsschiffe. Die Paßkontrolle findet im Salon statt. Welche Freude ob des unverhofften Wiedersehens: Meinen Paß kontrolliert die hübsche Khaki-Dame, die Dull und mich vor einem Vierteljahr auf dem Steg des Karmel-Yachtclubs mit dem Landing-permit ausgestattet hatte. Sie kann sich an uns erinnern, lächelt mit blanken Zähnen und winkt mich gleich weiter. Halb ist man hier schon zu Hause.

Auch der Zöllner ist die Liebenswürdigkeit in Person. Er glaubt mir, daß meine Beutel für das in Tel Aviv liegende Boot bestimmt sind: „No problem, happy journey."

Mit einem britischen Flugingenieur, der hier einen Beratervertrag hat, teile ich mir den Preis für eine Scherut-Taxe. Mittags sind wir in Tel Aviv. Der Pförtner in der Marina erkennt mich als altes Mitglied und drückt mir innig die Hand. Auch die schöne Rachel im Büro ist noch da, mit ihrem so gewinnenden wie auch einnehmenden Wesen. Die anderen Bekannten aber sind alle verschwunden. Commander Shoshani ist mit seinem Dickschiff und einer Ladung süßer Damen unterwegs in die Türkei. Taucher Zoltan Schores mit der scheuen Blondine, an dessen Boot wir festgemacht hatten, ist bei der Armee und dient dem Vaterland. Phönizische Kontakte erweisen sich vorwiegend als solche auf Zeit und von kurzer Dauer. Die Urväter waren auch immer auf ihren Booten unterwegs gewesen. Daran hat sich nichts geändert. Wir Schmalspur-Levantiner gehören eben traditionell rastlosen Kreisen an.

Das Boot ist diesmal heil, nur voller Sand und Staub. Ich mache mich gleich an die Arbeit. Matratzen und Textiles quer übers Boot und ausgeklopft. Wasser geholt, Geschirr und Bestecke gereinigt. Nachmittags kann ich Meister Erdogan Azižoglu in Antalya hochleben lassen, dessen Hände den Motor wieder zum Leben erweckt haben. Wenn der nach längerer Pause wieder donnert, ist der Höhepunkt der Vorbereitungen erreicht. Der Rest regelt sich dann von selbst. So auch jetzt. Im nächsten Laden, der recht weit entfernt ist, kaufe ich Proviant und 50 Dosen Amstelbier. Als ich die Einkäufe verstaue, steht ein Brite auf dem Steg, zeigt auf den Stander meines Vereins, der Baltischen Segler-Vereinigung, und sagt: „Which flag is that? I have never seen it before!"

Das will ich ihm gern glauben und erläutere die Herkunft und den Zusammenhang, worauf er mich auf sein Boot zu einem Drink einlädt.

Dort gibt ein Wort das andere. Wie das in den Häfen zu gehen pflegt. Seine Frau, Kitty, ist Israelin. Beide leben auf Zypern in Nikosia. Er ist viel bei den Arabern unterwegs, für deren Ölanlagen er irgend etwas baut. Herübergekommen sind sie auf ihrer Shark 24, und Kitty ist jetzt im Hafen schon mit den Nerven fertig, sagt sie, wenn sie an die Rückreise denkt.

Weil das umgängliche Leute sind und dies mein letzter Abend an Land ist, bleiben wir zusammen, essen Pizza im „Rimini", dem preisgünstigsten der oben am Platz liegenden Halsabschneider, und Alan und ich feiern meinen Abschied mit etwas Feuerwasser.

Um fünf Uhr früh bin ich auf den Beinen, eile zu der in der Marina befindlichen Polizeiwache, wecke den diensthabenden Beamten und bekomme den erforderlichen Stempel in den Paß.

Frühe Angler retten ihre Leinen. Ich bin draußen. Nachdem die Segel stehen, mache ich mir einen starken Kaffee und frühstücke kräftig. Das ist auch gut so, denn für das, was gleich eintritt, braucht man nicht nur starke Nerven. Da ist auch eine gute Unterlage nicht zu verachten. Es sei denn, man hat sich die Seekarte vorher genau angesehen. Dann kann man auf beides verzichten, denn dann fährt man auch nicht stracks in das dicht hinter Jaffa liegende Schießgebiet der Israelis hinein.

Etwa eine halbe Seemeile Backbord voraus steigen nämlich unvermittelt hohe Fontänen aus dem Meer, spritzen nach allen Seiten und fallen wieder in sich zusammen. Gleich darauf hört der erbleichende Skipper auch schon den zu jeder Fontäne gehörenden Abschußknall. Die traditionelle Seefahrerfrage: „Wo bin ich?" darf in diesem Fall durch „hineingeraten" sinnvoll ergänzt werden.

Die leicht aus der Karte zu entnehmende Antwort lautet kurz und bündig: „Verbotenes Gebiet" – Länge fünf, Breite drei Seemeilen. Da mittendrin geistere ich nun mit meinem Plastik-Galosch umher. Bin ich ein Panzerkreuzer? Mitnichten. Da der Wind eher flau ist, Motor an und mit Vollgas seewärts. Bei anderer Gelegenheit war mir der Motor stärker erschienen. Die Fontänen und die dumpfen Geräusche der Abschüsse verfolgen mich noch lange. Das fängt ja gut an.

Als ich schon glaube, dieser Bedrohung entronnen zu sein, steigen achtern immer noch ein paarmal Wassersäulen hoch. Gleich darauf ist der Himmel voller Kampfflugzeuge, die über mich hinwegheulen. Dieser Auftakt ist entschieden zu furios für meinen Geschmack.

Es dauert eine Zeit, bis ich mich vom ersten Schrecken erholt habe. Auch bleiben Selbstvorwürfe nicht aus. Nachlässigkeit, wie Dummheit auch, ziehen auf See bekanntlich schnell ihre Strafe nach sich.

Am frühen Nachmittag habe ich Ashdod querab, eine Industriestadt mit bis ans Wasser vorgebauten Werken. Der Hafen ist mit großem Aufwand mit aus den Bergen herangekarrten Steinen aus dem Sand gestampft.

Der angenehme Schiebewind hält an. Ich will versuchen, noch bis Ashqelon zu laufen. Dort will ich übernachten. Die Reise soll nicht gleich am Anfang in Strapazen ausarten. Das habe ich mir vorgenommen.

Kurz ist der Segeltag, lang die Nacht. Ich sehe voraus zwar die lange Reihe der auf leicht erhöhter Küste stehenden grauen Riesentanks. Die sind aber noch viele Meilen entfernt. Bei Tageslicht ist das nicht mehr zu machen. Der Wind ist eingeschlafen. Ich muckele im Halbduster vor mich hin und benutze die wenigen Lichter an den Tanks zur Orientierung. Beim Näherkommen mache ich einen Winzling von Grünfeuer auf der Mole aus, die wie ein dunkler Schatten daliegt. Ich ziehe vorsichtig in den kleinen Hafen und kann gerade noch einem querlaufenden Bagger-Saugrohr ausweichen. Als die Ankerkette herunterrasselt, bin ich für diesmal zu Hause, aber, soweit ich sehen kann, allein. Weiter hinten, landwärts, sind einige trübe Lichter, die die Finsternis noch schwärzer erscheinen lassen.

Das war ein seltsam lauter und nervöser Tag mit all dem Geschieße, den Flugzeugen und, kurz vor dem Hafen, in der Dämmerung einer Übung von vier auf die Küste zujagenden Landungsbooten. Nach dem bis in die Nacht anhaltenden Gejaule der Lautsprecher über der Marina in Tel Aviv sollte der erste Reisetag im Zeichen der Stille stehen. Damit war es nichts gewesen.

Wer mit kleinen Booten größere Entfernungen überwinden will, muß früh aufstehen. Nach Möglichkeit noch etwas vor der Sonne.

Kurz nach sieben bin ich bei Wind 1 bis 2 und entsprechender Dümpelfahrt wieder in Bewegung. Nach den Erfahrungen mit dem verbotenen Gebiet Nr. 11 versuche ich mit aller Sorgfalt, mich aus dem verbotenen Gebiet Nr. 12 herauszuhalten.

Während ich damit voll beschäftigt bin und landwärts fleißig messe und peile, kommt kurz vor Mittag, bei Gaza, ein Küstenwachboot mit hoher Fahrt auf. Das macht den mir schon vertrauten Schlenker um mich herum, läßt mich diesmal aber ohne Anruf ziehen. Von seiner Brücke herab wird die Nußschale mit dem darin hockenden Wichtelmann nicht den Eindruck einer Bedrohung für das hochgerüstete Land gemacht haben.

Eigentlich wollte ich in Gaza wieder eine Pause einlegen und mir einen ruhigen Abend leisten. Ich sehe dort aber nur zwei primitive Anlegestege, die wohl den davorliegenden und mit den Aufbauten aus dem Wasser guckenden Wracks zum Verhängnis geworden sind. Schade. Das hier hätte mich schon wegen des fast täglich in der Presse erwähnten und heißumstrittenen Streifens gelockt.

Ich drehe ab, nachdem ich das Boot nah genug zum Filmen an die abgesoffenen Schiffe herangeführt habe. Da werde ich um 17.00 Uhr schon wieder von einem schnellen Wachboot umkreist. Bald ist es wieder dunkel, und die ägyptische Grenze ist nicht mehr fern. Daher will es das Wachboot diesmal ganz genau wissen: „Waren Sie das, der vorige Nacht in Ashqelon gelegen hat?"

„Das war ich."

„Wer hat Ihnen erlaubt, da einzulaufen?"

„Niemand. Ich war müde. Da war ein Hafen. Ich bin hineingegangen. Darf man das nicht bei euch?"

„Dort eigentlich nicht. Wo wollen Sie hin?"

„Über die Grenze nach Port Said."

Während die Mannschaft interessiert von hoch da droben auf mich herabsieht, spricht der Kommandant mit Tel Aviv. Dort holt er sich in zehn Minuten die Bestätigung, daß ich mich ordnungsgemäß nach Port Said abgemeldet habe. Das klärt den Fall. Für einen, der das Mittelmeer nicht eben mit dem Gesetzbuch unter dem Arm bereist, ein Gefühl seltenen Triumphes. Seht ihr wohl, ich bin ganz brav!

Die wild aussehenden Burschen auf der Brücke sind es aber auch: „Good luck!" rufen sie und winken.

Das macht mich mutig: „Darf ich Sie mal kurz filmen?"

Die nehmen es mit der Geheimhaltung nicht so genau:

„Why not, sure, just go ahead!“

Das mache ich dann auch.

Wenn das der Verteidigungsminister erfährt, gibt es aber mächtig Zores. Denke ich so bei mir. Der aber ist weit, und schon nach wenigen Minuten ist das auch das schnelle Wachboot mit den braungebrannten Kerlen.

In der Nacht passiere ich die Grenze und verdrösele sie ohne Schlaf irgendwo vor Al-Aris. So kurz unterwegs und schon so hundemüde und abgeschlagen. Das ist kein Zustand, um große Rosinen in den Seesack zu sammeln. Deshalb will ich mich in Al-Aris gründlich ausschlafen und erholen.

Um 6.30 Uhr reißt eine unangemeldete Bö die Schot aus der Klemme. Es brist stark auf. Ich jage bei 5 bis 6 auf Al-Aris zu, wo ich dann auch bald eintreffe.

So sehr ich aber auch luge, dort finde ich nichts, was einer Einfahrt auch nur entfernt ähnlich sieht. Ich blicke enttäuscht vor und zurück: nichts, jedenfalls nichts für mich, nur ein kleiner Flecken mit Minarett und Wasserturm. Herum, fort und weg. Ich laufe hoch am Wind 290°. Die Küstenlinie ist bald nur noch eine schwach erkennbare Silhouette.

Zwischen 10.00 und 13.00 Uhr dreht der Wind in dieser Jahreszeit hier recht regelmäßig von Süd oder Südost auf Nord bis Nordwest. Der ist dann stetig. Um den Nordwest zum Schlafen nutzen zu können, richte ich mir wieder meine primitive Selbststeuerung ein: die mit dem Ende über Pinne und Klampen. Bedauerlicherweise funktioniert das Ding nur unzulänglich, weil ich die Törns um die Pinne zu oft nachstellen muß. Am Abend bin ich so schlafbedürftig, daß ich mich nicht aus der Koje rühre, egal was kommt.

Kurz vor Mitternacht wache ich vom Killen des Großsegels auf. Gerade noch rechtzeitig: Wenig später hätte ich auf der nur noch wenige Kabellängen entfernten Küste gesessen. Die zeigt sich im Licht der Sterne als dunkler Streifen mit aufstehenden Hütten. Vereinzelt ein Licht. Es sieht hier so flach aus, daß man versuchen sollte zu ankern. Der Anker faßt auch gleich auf drei bis vier Metern, und schon werfe ich mich wieder in die Koje. Essen und Zähne putzen kann man morgen auch noch.

Da völlige Flaute herrscht, schlafe ich, von sanfter Dünung gewiegt, fest und traumlos dort, wo man nicht soll: ungesichert und vor offener Küste. Es mindert das Fehlverhalten überhaupt nicht, daß solches nicht zum erstenmal geschieht. Es ist ja immer gutgegangen. Bisher.

Im ersten Licht bestätigen sich die Eindrücke der Nacht: Der Sandstreifen läuft in eine gewaltige gelbe Düne aus. Die ist so hoch und steil, daß sie ganz bestimmt eine wichtige Landmarke darstellt.

Während ich noch mein Frühstück bereite, ist das Tuckern eines Fischerbootes zu hören. Es kommt näher. Ich winke. Bald habe ich es längsseits. Drin sitzen Hassan, Abdallah und drei weitere abenteuerliche Gestalten – als wären sie alle einer Galeere entsprungen. Ein Päckchen Zigaretten und zwei Bierdosen öffnen die Schleusen der Beredsamkeit. Sieh einer an: Hassan studiert in Kairo Ökonomie. Er hat jetzt Ferien.

„Salaam and welcome to Egypt!"

„Salaam, Salaam!"

Woher? Wohin? Weshalb allein? Das kommt einem englisch schon locker von der Zunge. Das hat man schon einigemal erzählt. Eins aber ist neu. Hassan warnt eindringlich: „The soldiers here are mad dogs! They shoot at their own fishermen."

Das ist keine gute Nachricht. Hassan meint, ich solle lieber in weiterem Abstand zur Küste laufen. Das also sind hier die Sitten. Aber da hätten die mich, wenn das hier wirklich so schlimm ist, schon leicht in der vorigen Nacht wegputzen können.

Hassan gibt mir auch die Position: Die Riesendüne ist der Katib al-Galas.

Erst mehrere Jahre später, also zugegebenermaßen reichlich spät, habe ich beim Blättern im Seehandbuch zwei hübsche Entdeckungen gemacht: Die Düne wird als auffälliger Sandhügel bezeichnet und ihre Entfernung von Al-Aris mit acht Seemeilen südsüdwestlich davon angegeben. Und: Das Befahren der ägyptischen Hoheitsgewässer ist nach französischen Angaben zwischen 33°00′ und 34°13′ östlicher Länge verboten.

Da Hassan leider versäumt hat, mir seine Anschrift zu geben, sehe ich mich bedauerlicherweise außerstande, ihn darauf hinzuweisen, welch segensreiches und das Leben entscheidend verlängerndes Druckerzeugnis doch so ein Seehandbuch sein kann. Wenn man es, wie schon sein Name besagt, zur Hand nimmt. Rechtzeitig, versteht sich.

Der Abschied ist herzlich. Dann zieht jeder in seine Richtung davon. Ich laufe mit 285° auf Port Said zu. Das Wetter ist gut, nur setzt der Wind häufig aus. Manchmal dauert das Dümpeln in der Glut Stunden über Stunden, ehe die nächste Brise kommt. Da freut man sich, wenn das Meer seine munteren Botschafter vorbeischickt und ein Schwarm Delphine für Kurzweil sorgt.

Gegen acht Uhr abends lasche ich die Pinne fest und verziehe mich in die Koje. Sechs Stunden später reibe ich mir den Schlaf aus den Augen: Ich sehe die Lichter von Port Said! Stracks laufe ich Richtung Hafeneinfahrt.

„Da bist du nun, du nächtlicher Seewanderer", spreche ich zu mir, „was wirst du jetzt machen? Da bin ich aber neugierig!"

Die Sache ist nämlich die: In der Marina von Tel Aviv, die sich ihrer Lage nach als Liege- oder Rastplatz für Rückkehrer aus Ägypten anbietet, kursierten tolle Räubergeschichten über die hanebüchene Umständlichkeit der Bürokraten von Port Said. Da muß man nicht nur beim Einlaufen sofort den Gegenwert von 150 US-Dollar zwangstauschen. Man muß auch zu mehreren Behörden laufen, um die verschiedenen Stempel zu erhalten. Auch müsse man, so hieß es dort, jeweils lange warten, bis man an die Reihe käme. Die Beamten dort hätten die Ruhe weg.

Ist man neu in dieser Gegend, spitzt man die Ohren, hält den Mund und das Aufgeschnappte in Erinnerung.

Vor mir signalisieren Rot und Grün die Einfahrt in den Hafen und den Kanal von Suez, also den schmalen Pfad lockender nautischer Tugend. An seinem Ende wird man Beamten in die Hände fallen. Sinnend betrachte ich die lange Reihe spärlich beleuchteter Schiffe, die geduldig als dicke Schatten auf die Freigabe der Einfahrt warten. Auch ich werde anderntags in den Fluren vor den Amtsstuben herumstehen…

Ich gehe meine Vorräte durch. Was haben wir? Eine Packung Knäcke, einen Rest Lipper Landbrot, ein kleines Rundbrot aus Tel Aviv. Das sollte bis zum ostwärtigen Nilarm reichen. Also herum um die Landnase und weiter, im festen Glauben, so richtig zu handeln.

Am Morgen laufe ich an einem großen, noch halb aus dem Wasser ragenden Wrack und den vielen wartenden Schiffen entlang. Ich zähle an die dreißig, alle in der Reihe und fein säuberlich auf Abstand. Gedrängelt wird hier nicht. Ganz wie Briten an der Bushaltestelle.

Die Flaute hält den ganzen Tag über an. Abends brist es auf, und bald schieße ich mit beachtlicher Bugwelle auf eine Huk zu, die Kawa Burnu heißt.

Am frühen Morgen, nach einer kalten, windigen Nacht, bin ich wieder unter Land. Als das Weiße der Brecher aber ungemütlich nahe kommt, gehe ich herum und ziehe in respektvollem Abstand von der Küste nach Südwesten.

Bei Hellwerden bin ich am ersten Ziel meiner Wünsche, der Damietta-Mündung des Nils. Turm, Häuser, etwas weiter ein Minarett, gleich links ein dunkles Bauwerk. Das ist eine Festung, wie sich bald herausstellt. Und daraus erklären sich auch die wilden Maßnahmen der Küstenwache, die sie in Kürze gegen mich einleiten wird. Man weiß schließlich zur Genüge, daß mit Militär und Polizei nirgendwo zu spaßen ist. Schon gar nicht an den Räuber- und Invasionsküsten des Mittelmeers. Und schon überhaupt nicht, wenn die Beamten im Dienst sind, eine Waffe und den Befehl haben, eindringenden Spionen das Handwerk zu legen.

Dies muß wohl die Situation gewesen sein, als ich arglos, nur müde und zerschlagen von der windigen Nachtfahrerei, den Bug in die Mündung des Schicksalsstromes Ägyptens lenkte. Das ist einfach. Ein- und auslaufende Fischer zeigen mir ja, wohin ich muß.

Die Fischerboote sehen aber hübsch aus! Keines, das nicht irgendeine phantasievolle Bemalung in leuchtenden Farben am Bug trägt. Verschlungene Ornamente und Figuren. Bevorzugt, scheint mir, werden springende Tiger. Die Boote jagen mit wahrem Affenzahn im Mündungsgebiet herum, halten sich dabei aber, an Steuerbord von mir, dicht am Ufer. Um denen nicht in die Quere zu kommen und mein Boot zu gefährden, laufe ich, mit gesundem Abstand zu den Fischern, zwischen den Molenköpfen hindurch hinein in die Mündung.

Für das Hochgefühl, das zu haben ich mir vorgenommen hatte, weil ich doch nun in den Nil hineingefahren war, habe ich keine Zeit. Schon kracht es unter dem Bootsboden. Mit vollem Karacho bin ich mit dem Schwert aufgebrummt, diesmal auf die mitten im Strom befindliche Bank und ihre Steine. Mein erster Gedanke: „Jetzt ist das dreimalverfluchte Ding wieder im Kasten und kommt nicht heraus!"

Daß ich selbst ebenfalls bald eingekastet sein werde, ahne ich noch nicht.

Da starker Strom herrschte, gegen den ich angelaufen war, kam ich bald frei und hatte begriffen, daß die Fahrrinne schmal war und sich rechts von mir befand. Eben dort, wo die bunten Kutter durchjagten. Da war eine kleine Pier, wo sie bei Aus- und Einfahrt anlegen, ihre Papiere vorzeigen und sich eine kurze Inspektion des Schiffes gefallen lassen müssen. Ein Wachlokal war da, das mit sechs bis acht Soldaten besetzt war. In der Nähe der Wache fand ich einen kurzen Betonsteg.

Da legte ich das Boot dran und mich hin. Zwei bis drei Stunden Schlaf mußte ich jetzt einfach haben, und wenn Kleopatra käme!

Die kommt nicht, dafür ein Fischkutter nach dem anderen den Nil auf- und abwärts, jeder mit Bärenkrach und gewaltigem Schwell, auf zwei Meter an mir vorbei.

Da ich hier also nicht schlafen kann, obwohl die Lider mir über die Augen fallen und ich alles nur noch wie durch einen Schleier wahrnehme, ringt sich der verbliebene Rest meines Willens zu einer Entscheidung durch: Ich werde ankerauf gehen, heraus aus dem an dieser Stelle zu engen Fahrwasser, herum um die Grünfeuer-Mole. Dann werde ich mich da draußen in der Bucht vor Ras el Barr einfach vor Anker legen. Da werde ich endlich Ruhe und den ersehnten Schlaf finden.

Allah hat es anders bestimmt.

Ein Kutter hat über meiner Ankerleine festgemacht. Die vor der Nilmündung in mühsamer Tag- und Nachtarbeit Sardinen fangenden Fischer haben nicht viel Zeit und nehmen wenig Rücksicht auf Spaßvögel, die sich da unvermittelt an ihre Stammplätze legen.

Nach einigem Geruckel und Gezuppel und nachdem der Kutterkapitän hilfreich seinen Sardinendampfer etwas zurückgesetzt hat, komme ich frei. Die Aktion scheint Aufmerksamkeit erregt zu haben. Auch an dem Steg, wo sich die Wache befindet. Zunächst habe ich dann angenommen, das folgende wäre der böse Traum eines Übermüdeten. Das war es nicht.

Während der Strom das mit laufendem Motor treibende Boot erfaßt und ich es in der Fahrrinne zu halten suche, läuft am Ufer, auf 15 bis 20 Meter Entfernung, ein Soldat neben mir her. Der schwenkt ein Gewehr über dem Kopf, ruft Unverständliches, bedeutet mir aber durch Gesten, ich solle anhalten. Das ist gut, in der Strömung und mitten im schmalen Fahrwasser der Fischkutter! Das geht nun wirklich nicht. Ich werfe die Arme hoch, zeige auf die Strömung und daß ich da vorn um die Mole in die Bucht gehen will. Dabei rufe ich mehrfach: „To stop here is impossible!"

Davon ist der das Delta des Nils schützende Sohn des Propheten nicht überzeugt. Um mir seine von der meinen stark abweichende Meinung zu verdeutlichen, reißt er das Gewehr an die Wange, legt auf mich an, und schon knallt es ganz gewaltig.

Nicht zu glauben! Ich möchte mich kneifen, um festzustellen, ob ich nicht vielleicht doch träume. Dazu habe ich aber keine Zeit. Solche

Sprache ist nicht nur laut. Sie ist auch deutlich und wird international verstanden. So auch von mir. Die Ankerkette rasselt über Bord. Der Anker faßt wundersam und hält. Ich halte den Atem an, und der Verteidiger Ägyptens hat seine Donnerbüchse im Anschlag. Der Nil rauscht. Mein Bewacher und ich blicken uns voller Mißtrauen an. Es ist wie beim Einbruch der Seevölker vor 3200 Jahren, als die schrecklichen Akawascha, Turscha, Scheklesch, Schirdana und Lukka über das arme Ägypten herfielen und es entsetzlich brandschatzten. Deren waren aber viele. Ich bin allein.

Wie das Kräfteverhältnis zwischen Eindringling und Verteidigern aussieht, zeigt sich Minuten später, als ein mit fünf Bewaffneten besetztes Motorboot an meinem Kahn festmacht und die an Bord springen. Drei in Uniform, zwei in Zivil. Ich soll mich vom Motorboot des Prisenkommandos stromauf zur Kommandantur schleppen lassen. Das will ich nun überhaupt nicht und sage es.

So liegen wir längere Zeit in der schmalen Fahrrinne, und die schweren Kutter mit ihren aufgemalten Adlern, Löwen und Tigern schießen mit starker Fahrt zum Greifen nah an uns vorüber. Natürlich recken die Fischer die Hälse, um zu sehen, was ihre Soldaten da auf dem weißen Boot machen.

Zwei sind schon eifrig dabei, die Kajüte zu durchsuchen. Zwei bewachen mich, und einer hat mit untergeschlagenen Beinen auf dem Vorschiff Posten gefaßt, das Gewehr griffbereit über den Oberschenkeln. Mir ist natürlich klar, daß diese Entwicklung der Dinge nun ganz erheblichen Behördenaufwand mit Vernehmungen und solchen Scherzen ergeben wird. Nur habe ich mir da noch nichts von deren Umfang und Dauer träumen lassen.

Nachdem jeder Zentimeter durchsucht, abgeklopft und das Oberste zuunterst gedreht worden ist, bleibt das Boot im Strom. Ich werde an Land gebracht, in einen Jeep verfrachtet und mit drei Mann Bewachung zur Kommandantur gefahren. Ein Heldensohn mit MPi bleibt in martialischer Haltung auf dem Vorschiff.

Ein zu Scherzen aufgelegter Bewacher wendet sich mir zu: „Welcome to Egypt!“

Müde, durstig und erregt, wie ich bin, platzt mir der Kragen. Laut und in wenigen Sätzen sage ich, was ich von solcher Begrüßung halte.

In der Kommandantur wird süßer, starker Tee gereicht.

Bei der Befragung kommt schon wegen der Verständigungsschwierigkeiten nicht viel heraus. Beschluß: Bis zur Entscheidung höherer

Stäbe wird mein Boot am kleinen Betonsteg festgemacht. Eine Wache wird dazugestellt. Jetzt, nachdem die erste Erregung auch auf der anderen Seite abgeklungen ist, erkundigen sich Salah Saleh und Mohamed el Bez nach meinen Wünschen. Das klingt schon besser. Meine Wünsche sind Wasser und Brot. Beides geht zur Neige und wird auch gleich beschafft. Dann darf ich zurück aufs Boot.

Von dem aus, und weil die schwimmende Gemäldeausstellung mir in günstiger Beleuchtung herrliche Motive bietet, schieße ich die besten Streifen der Reise. Die Raubtiere an den Kutterbugen sind die wahre Pracht! Das Filmen paßt aber wieder meinen Bewachern nicht. Das harmlose Vergnügen wird untersagt. Erst als es dunkelt, kann ich das machen, was ich schon am Morgen wollte und wozu ich überhaupt eingelaufen bin: schlafen. Inschallah.

Zweifel an der Weisheit des Entschlusses, an Port Said vorbeizulaufen, statt dort einzuklarieren, entbehren nicht einer gewissen Berechtigung. Um so mehr, als mich nachts um zwei unangenehme Geräusche am Bootsboden aufschrecken. Was ist denn nun schon wieder los!

Sehr einfach. Der wild rauschende Fluß drückt das Boot auf die Ufersteine. Das hat zur Folge, daß ich doch noch stromauf verholen muß. Bis dahin, wo das Militärkommando rund um die Uhr die Fischer kontrolliert. Mitten in der Nacht und mit Schlaf in den Augen.

Von nun an haben die Militärs das Boot und mich voll im Griff und können jede meiner Bewegungen beobachten.

Am Morgen schreibe ich einen kurzen Bericht an die deutsche Botschaft in Kairo. Was damit geschieht und ob die von mir geforderte Telefonverbindung zustande kommen wird, bleibt offen.

Am Nachmittag werde ich im Jeep und mit Bewachung nach Port Said gebracht, vor dessen Lichtern ich ja kürzlich erst herumgekreuzt war. Dort befassen sich die Behörden an vier verschiedenen Stellen mit mir. Immer muß ich die gleichen Verse aufsagen. Komme aus Israel. Will nach Alexandria. Bin an Port Said vorbeigelaufen, weil ich glaubte, in Damietta oder Alexandria ebensogut einklarieren zu können. Nun ja, kann sein, kann nicht sein. So dick ist die junge Freundschaft mit Israel nun wieder nicht, daß man von dort ohne Stempel einreisenden, verdächtigen Seglern gleich den hier üblichen Bruderkuß böte.

Starken Tee gibt es fast immer reichlich. Die Beamten trinken ihn selbst mit sichtlichem Behagen. Zigaretten manchmal.

Am Abend ist die letzte Station das Polizeipräsidium.

Die wesentlichen Verdachtsmomente gründen sich auf das Vorhandensein von Filmkamera, Fotoapparat und Seekarten. Auch entlasten mich die vielen bunten Stempel fast aller Mittelmeerländer im Reisepaß mitnichten.

Zweierlei wird deutlich, als die Sonne untergeht und das Dunkel sich gnädig über den staubigen Eingang des Kanals von Suez breitet: Zum einen hält man mich vorerst für einen israelischen Spion und gibt sich redlich Mühe, diese These durch wie auch immer geartete Beweise zu erhärten. Zum zweiten bin ich bei Ras el Barr nichtsahnend doch tatsächlich in ein richtiges Festungsgebiet hineingelaufen. Die vielen bunten Fischkutter sind nur die eine und harmlosere Seite der Medaille. Die andere hat dicke Mauern, ist grau und sieht bei weitem nicht so lustig aus. Das ist es also. Da hätten wir ja mal wieder ein richtig tolles Ding gemacht.

Aus der Seekarte war das nicht zu entnehmen. Ich meine damit, daß so etwas wirklich ernst genommen wird. Diese ganze Küste ist herauf und herunter mit Forts und Küstenwachen gespickt wie ein Igel mit Stacheln. Die fangen jetzt an zu pieken.

Nach der vierten Vernehmung wird mir um Mitternacht bedeutet, ich solle es mir für den Rest der Nacht auf den Stühlen in der Empfangshalle gemütlich machen. Am Eingang stehen vier schwerbewaffnete Wächter. Ich weigere mich und verlange, lauter werdend, einen Verantwortlichen zu sprechen.

Wenige Minuten später kommt wirklich einer der Oberen von Port Said gemächlichen Schrittes die Treppe herab. Da herbe Erfahrung mich gelehrt hat, erst einmal und vor allem anderen die Identität der jeweiligen Machthaber festzustellen und zu behalten, weiß ich nach kurzem Sträuben meines Gegenübers: Das ist Oberst Nabib.

So ruhig ich kann, sage ich ihm einen scharfen Abwärtsknick seiner Karriere voraus, wenn mit dieser Behandlung eines harmlosen deutschen Bootstouristen nicht sofort Schluß wäre. Erkläre ihm, ich befände mich im Hungerstreik, fordere meinen Paß zurück, sofortige Verbindung mit der Botschaft und ein Bett für die Nacht.

Nabib erklärt, mein Fall sei dunkel, ich verdächtig. Am nächsten Tag werde man die Botschaft verständigen. Vielleicht.

Nach weiteren Verhandlungen schleppen Soldaten aus den oberen Geschossen des Hauptquartiers der Ordnungshüter ein Bett heran. Das wird in einer Ecke aufgebaut. Auf ihm rollt sich, ohne Decken, der jetzt vollends übermüdete Seewanderer zu traumlosem Schlaf zusammen. Für die endlich, wenn auch an nicht vorherzusehendem Ort, erlangte Ruhe hat er viel erzählen müssen. Sagt er sich beim Einschlafen…

Hungrig zwar, doch vom erquickenden Schlaf gestärkt, besorge ich mir am Morgen beim Pförtner ein Blatt Papier. Auf dem fasse ich meine an Nabib gerichtete Beschwerde in sieben Punkten zusammen und gebe sie dem Pförtner mit der Bitte um Weiterleitung.

Ich gehe in der Empfangshalle spazieren. Die Stunden schleichen. Die Wachen lassen mich nicht aus den Augen. Um die Mittagszeit kommt der Mann vom Empfang. „Everything is allright. You can go now!“

„Schön. Wo sind meine Papiere?“

„Outside.“

Draußen vor dem Portal sitzt Nabib am Steuer eines VW und hat meinen Paß in der Hand. Freundlich lädt er mich ein, neben ihm Platz zu nehmen. Friede, Freundschaft, Eierkuchen, alles vergeben und vergessen. Wir fahren zum Hafen hinunter und halten vor dem Paßamt, wo ich meinen Einreisestempel kriegen soll.

Dort neue Komplikation: Der Stempel muß mit vorhergehendem Zwangsumtausch von 150 US-Dollar, damals etwa 380 Mark, erkauft werden. (Da waren doch die in der Marina von Tel Aviv kursierenden Räubergeschichten sehr nah an der Wahrheit.)

Mit Begleiter zur Bank. Umtausch. Zurück und feierliche Stempelung. Als ich, nun ordnungsgemäß und nach geltenden Bestimmungen eingereist, das Amtsgebäude verlasse, ist der VW weg. Nabib auch.

Es mag zwar das Mitreiten auf den Amtsschimmeln der Anrainer des klassischen Meeres meine Sache nicht sein, aber so geht das auch nicht! Ich wieder hinauf zum Paßbeamten und will mit Nabib telefonieren. Das geht nicht. Ich bekomme aber einen Begleiter, der, sein Fahrrad schiebend, mit mir durch Port Said zu Nabibs Präsidium läuft. Es gelingt mir, mich zu Nabib ins Obergeschoß zu schlängeln. Der ist ganz platt, daß ich wieder vor ihm stehe und von ihm Transport nach Ras el Barr zum Boot fordere: „You brought me here, so bring me back, too!“

Ich muß warten. Man bietet mir aber Limonade und Zigaretten an.

Herein tritt General Rushdi Ahmet Hassan. Das scheint hier der oberste Boß zu sein. Er blättert eine Weile unschlüssig in meinem Paß.

Dann beschließt er, mich höchstselbst zum Busbahnhof von Port Said zu begleiten. Dort zahlt General Rushdi dem Fahrer den Fahrpreis für mich, erklärt ihm, wohin ich muß, und verschwindet. Der Fahrer hält mir den Sitz hinter seinem Rücken frei. Das ist gut. So brauche ich nicht an der Erstürmung des Busses durch eine rasende Volksmenge teilzunehmen. Aus dem Fenster mache ich noch einen hübschen Streifen der Delta-Landschaft: Kanäle, Tümpel, Röhricht, Wasservögel. Auch Dhaus mit den seit Jahrtausenden verwendeten Lateinersegeln.

Der Fahrer ist hilfreich und freundlich. Er sagt mir, wo ich umsteigen muß. Dort übergibt er mich seinem Kollegen, der mich nach Ras el Barr fahren soll. So geschieht es.

In dem Küstennest angekommen, habe ich mächtigen Hunger. Zwei Tage habe ich nur von Tee und Zigaretten gelebt. Ich bleibe vor dem Garten einer Taverne stehen, wo zwei Männer dabei sind, einen Berg gebratener Fische zu verspeisen. So hungrig muß ich geguckt haben, daß sie mich auffordern, am Mahl teilzunehmen. Das tue ich ohne falsche Bescheidenheit. In ägyptischer Gefangenschaft haben schon andere vor mir ausgleichende Gerechtigkeit erfahren dürfen. Die Fische sind vorzüglich. Ich bedanke mich sehr für die Einladung und gehe meines Weges.

Der führt mich dann auch bald ins Mündungsgebiet, wo sich die Wache und das Boot befinden. Die Soldaten staunen nicht schlecht, daß der vermeintliche Spion so schnell und mit den richtigen Stempeln im Paß zurückkehrt. Ich kündige der Wache mein Auslaufen für früh sechs Uhr an.

Es wird eine schlimme, windstille Nacht, in der ich von Fliegen und Mücken fast ausgesaugt werde. Der Morgen bringt die Erklärung: Der Kadaver eines Esels ist angetrieben worden und liegt, aufgedunsen, mit den Beinen in die Luft, neben dem Boot.

Als ich mich daranmache, die Leinen zu lösen, rufen die Bewacher plötzlich: „No, no, stay here!“

Bleiben soll ich? Wie kommt das denn?

„Seht ihr nicht, daß mein Paß gestempelt ist und ich fahren kann, wann und wohin ich Lust habe?“

„Hm, hm, hm…“

„Und habe ich euch nicht auch gesagt, daß euer General, der berühmte Rushdi Ahmet Hassan, mich persönlich freigelassen hat? Ihr seid wohl quite crazy geworden, was?“

„Well, well“, erwidern die Verteidiger des Nils, „das war in Port Said. Hier aber ist Ras el Barr!“

„Nonsense“, sage ich, „das Wort des Generals reicht auch bis zu euch. Es wird Ärger geben. You shall get yourself into trouble!“

„Das glauben wir nicht“, antworten die Wackeren. „Hier hat der große Hauptmann Behar das Sagen. Und der sagt, du muß bleiben!“

„Den Teufel werde ich“, trumpfe ich auf und verziehe mich in die Kajüte, um einen neuen geharnischten Protest zu verfassen. Dieser ist gerichtet an den Commander in Chief of Ras el Barr und droht ihm schwere Sanktionen der Bundesrepublik an, wenn er mich nicht ziehen läßt (most severe sanctions of the Federal Republic of Germany...).

Die Wirkung läßt bis zum frühen Nachmittag auf sich warten. Dann kommt sie in der Gestalt eines Boten der Wache. Die lädt mich ein, mit ihr zu essen. Es gebe heute Fisch, Fleisch und Reis. Ich solle gleich mitkommen. Dankend lehne ich ab und trage ihm auf, seinen Kameraden zu bestellen, es sei nicht gut, wenn freie Männer mit Gefangenen speisten. Wenig später sehe ich, wie ein feiner Herr von der anderen Seite über den Fluß gerudert wird. Ich sitze auf einer Bank am Ufer und spiele den Teilnahmslosen.

Da nähert sich mir von der parallel zum Fluß verlaufenden Straße ein Zivilist. Der lacht fröhlich und schwenkt eine Zeitung. Er zeigt mit dem Finger erst auf das Blatt und dann auf mich. Nachdem er das einigemal gemacht hat, begreife ich: Boot und ich sind in den Nachrichtenteil des Tageblatts von Damietta aufgenommen worden. Weil der Mann sich so darüber freut, dem Verursacher der Meldung begegnet zu sein, möchte ich mich auch freuen und bitte ihn in Zeichensprache, mir die Zeitung zu überlassen. Das tut er gern.

Inzwischen ist der feine Herr vom anderen Ufer in der Wache angekommen. Auf die Wirkung seines Erscheinens auf dieser Flußseite brauche ich nicht lange zu warten. Abdallah (viele heißen hier so) kommt angelaufen und ruft von weitem: „You can go! You are free!“

Ich bleibe auf der Bank sitzen und rühre mich nicht. Das war nun das erwartete Stichwort für mich, meine eigene Rolle im just gegebenen Possenstück des Theaters am Nil zu übernehmen: „Das kann jeder sagen! By now I know your kind of jokes!“

Und wende mich resigniert ab. Äußerlich. Innen fällt mir der sprichwörtliche Stein vom Herzen und mit fast hörbarem Plumpsen in den Nilstrom.

„Really, come, come! Behar wants to talk to you!"

Ich spiele den Widerstrebenden. Dann lasse ich mich überreden und gehe mit.

Hauptmann Behar, adrett, noch jugendlich, Ehrenzeichen auf der Brust, ist die bedauernde Liebenswürdigkeit in Person. Beredt beklagt er die schlimmen Zeiten und erläutert, daß Ägypten von Feinden umgeben und daß höchste Wachsamkeit geboten sei. „We are very sorry, but you must understand!" Waffen, sagt er, kommen aus Libyen. Spione von überall. Haschisch und Marihuana ebenso.

„That may well be", antwortet gönnerhaft der nun endgültig vom üblen Verdacht der Spionage für Israel gereinigte Eindringling, „nur darf die Feststellung, ob einer schmuggelt und spioniert oder nicht, bei solchen Fachleuten wie euch nicht fast eine Woche dauern! Unsere Leute in Germany machen das in zehn Minuten!"

Wir trennen uns in Freundschaft und seinerseits auf der Note very sorry.

Dann wollen meine ja gar nicht so üblen Bewacher mich noch mit Brot, Wasser und Benzin versorgen. Schon zögere ich, ob ich das Angebot nicht aus Gründen der Vernunft annehmen soll. Dann aber setzt der Bock sich durch, der mir schon viele Scherereien eingetragen hat: „Danke", sage ich, „dazu ist es nun zu spät. Dafür habt ihr vier Tage Zeit gehabt. Adieu!"

Als der Honda lostuckert, stehen acht Mann traurig am Steg. Sie haben ihr seit Jahren lustigstes Spielzeug verloren. Sie winken alle. Ich winke zurück. Schnell schiebt mich der Strom der Mündung zu. Schon bin ich an der Mole, um sie herum und richte die Nase nach Westen. Bei sinkender Sonne, von milder, feuchter Nilluft umweht, läuft das Boot über die flachen Gewässer der Damietta-Bänke hinweg auf Kap Burullus zu. Das sind grob 35 Seemeilen. Dann noch einmal etwa die gleiche Entfernung bis zur Rosetta-Mündung.

Nach all dem Ärger und der Aufregung ist es still geworden und richtig gemütlich. Der Wind reicht für zwei bis drei Knoten Fahrt. Das Bugwasser murmelt. Die Wärme hält sich bis in den späten Abend. Halb auf Kissen ausgestreckt, habe ich Muße, den Verlauf der flachen Küste zu verfolgen. Ab und an eine Erhebung wie ein mit dem übrigen Gelände nicht in Einklang zu bringender Maulwurfshügel. „Aha", bestätigt sich der Levanteforscher seine jüngst erst hart genug erworbenen Kenntnisse, „das werden die Festungen sein, an denen man besser mit großem Abstand vorbeiläuft." Alter, weiß man, schützt zwar vor Torheit nicht. Doch läßt ein verbliebener Rest von Lernfähigkeit der Hoffnung Raum, daß sich der Verstand, wenigstens ab und zu einmal, zur allgemeinen Überraschung selbst bei mir durchsetzen wird.

Am Morgen schenken die Götter dem nackten Sindbad vortrefflichen Schiebewind aus Ost mit Stärke 3 bis 4. Das gibt endlich richtige Bewegung. Jetzt kommt Schwung in die Geschichte! Ich lehne mich auf meinen Kissen zurück und horche auf das Rauschen. Das sind die Stunden, für die der vom Segelbazillus Infizierte den im Verhältnis zum Genuß und seiner Dauer ganz ungeheuren Aufwand an Zeit, Geld und Scherereien betreibt.

An Backbord voraus heben sich die Dünen der Rosetta-Mündung aus dem Frühdunst. Nach den Erfahrungen vor Damietta gehe ich vorsichtig näher, um etwas zu erkennen. Aber nicht allzu nah, um nicht als Wiederholungstäter erkannt und gleich wieder ergriffen zu werden. Viel zu sehen gibt es da auch nicht. Die dem Auge schon vertrauten Umrisse der Forts und einige Gebäude. Das Wasser ist hier noch tumiger, noch trüber als vor Ras el Barr. Überall schwimmt losgerissenes, lianenartiges Grünzeug. Die Sardinenschwärme finden gewiß reichlich Nahrung vor dem Delta. Daher auch nachts die vielen Lichter der Fischerboote, die auf der dunklen Wasserfläche wie Glühwürmchen leuchten.

Ich habe mir eine Erkältung geholt. So etwas hier! Den nackten Allerwertesten vor lauter Jubel über die wiedergewonnene Freiheit am Abend zu lange in den Fahrtwind gehalten. Da trifft es sich gut, daß mein Hausarzt in Essen mir für solche und andere gesundheitlichen Wechselfälle eine Bordapotheke zusammengestellt hat. Dank der Gunst der Götter und der Gesundheit meiner Mitreisenden machen wir selten von ihr Gebrauch. Jetzt greife ich lustvoll hinein: Nacheinander nehme ich Boxazin, Imposit und Codicaps. Zwecks Verstärkung und Beschleunigung der Wirkung wird jedes Mittel mit Gin eingenommen.

Als es Nacht wird, bin ich vom langen Sitzen und Pinnehalten so müde geworden, daß ich fast von der Bank rutsche. Ich befinde mich westlich von Rosetta, irgendwo im Ostteil der Bucht von Abukir in Landnähe. Da es kaum noch windet und um mich herum alles dunkel und still ist, werde ich, wie schon oft, in Strandnähe ankern, in die Koje kriechen und mich vom Schaukeln der Dünung in Morpheus Arme betten lassen. Das wird schön!

Gedacht, getan. Kaum ist der Anker unten, schlägt der Motorschaft auf Grund. Zu dicht am Ufer. Ich lichte den Anker, um ein Stückchen seewärts zu gehen. Da macht es auch schon „peng, peng!“ und „piff, paff!“. Diesmal aber gleich aus mehreren Donnerbüchsen beziehungsweise automatischen Waffen. Das kann doch nur mir gelten! Bis zu dem von mir mit der Ankerkette vollführten Krach war es hier still und friedlich!

Der harmlose Levante-Forscher denkt: „Mach dein Topplicht an, dann sehen Mubaraks Helden, daß du Kleinsegler bist, und hören auf zu schießen.“ Doch kaum brennt das Topplicht, mischen sich weitere Waffen in das ungemütliche Konzert.

Obwohl ich die Küste ganz deutlich sehen kann, ist es schwer, die Entfernung zu schätzen, aus der die Schüsse abgegeben werden. Dazu habe ich auch keine Zeit! Ich bin jetzt weder lahm noch müde, hechte in die Kajüte und knipse das Topplicht aus, weil ich meine, es schösse jetzt nur noch heftiger. Dann werfe ich mich in der Plicht auf die Seite und halte den Kopf so tief es eben geht. Der Motor springt gleich an, wie immer, wenn es sehr nötig ist. Und schon sind wir unterwegs in das bergende Dunkel der See.

Gepriesen sei die ägyptische Finsternis! Die Söhne des Propheten schießen noch eine Weile Löcher ins Duster. Dann ist es still. Wie recht hatte doch der Fischer am Katib el Galas mit den „mad dogs“!

Es muß an mir liegen. Was mache ich falsch, daß zugleich mit meinem Erscheinen auch der Munitionsverbrauch steigt? Und während ich mir eine Sonderration „Jim Beam“ genehmige, beantworte ich mir die Frage in Etappen.

Längere Bootsreisen an friedlichen Küsten haben Gewohnheiten entstehen lassen, die nicht ohne weiteres abzulegen sind.

Sind dies hier friedliche Küsten? Theoretisch sind sie es. Tatsache aber scheint zu sein, daß der ganze mittelmeerische Osten förmlich vibriert und zittert vor Unsicherheit und Nervosität. Wer auf einem Pulverfaß sitzt, schießt als erster.

Da der Wind jetzt ablandig weht, gehe ich um Mitternacht in die Koje. Doch um drei Uhr wache ich schon wieder auf. Bei drei bis vier Windstärken auf die Nase kreuze ich mit dem verbliebenen Stummelkiel wild in der Gegend herum, ohne dahin zu gelangen, wohin ich will. Drehe ich mich um, sehe ich, wie breit die Abdrift wieder geworden ist, seit sich das Schwert im Nil erneut in den Kasten verzogen hat.

Erst am Nachmittag bläst es aus West. Jetzt kann ich endlich in die Bucht hinein. Westlich des Forts El Hamra gehe ich vor Anker. In der Nähe ist ein Steg. An dem und an Bojen liegen einige Boote. Im Hintergrund Sommerhäuser, umgeben von Grün. Schön ist es hier und still. Ruhe brauche ich jetzt am meisten.

Einem vorbeikommenden Fischer kaufe ich zwei Brote ab. Die reichen bis Alexandria. Das liegt gleich um die Ecke. Die heißt nach dem dortigen Seebad Abukir und schwingt auf der Landnase nach Nordosten aus. Da steht auch ein Fort. Überhaupt die Forts. Ein später Blick auf die Karte überzeugt mich von der Brisanz meines Liegeplatzes: In der nach Nordwesten offenen Bucht zwischen der Rosetta-Mündung und Abukir zähle ich nicht weniger als 15 Befestigungsanlagen. Vermutlich gibt es noch mehr. Und das auf nur 15 Seemeilen.

Nie wäre der Name des Fleckens bekanntgeworden, hätte es nicht den 1. August 1798 gegeben. Da kam nämlich Lord Horatio Nelson um die Ecke, die da vor mir liegt. Mit sich führte er 13 starke Linienschiffe und drei Fregatten. Wochenlang soll er das Mittelmeer auf der Suche nach dem Geschwader des großen Korsen vergeblich durchfurcht haben. In der Bucht von Abukir fand er es vor Anker liegend.

Zitat aus dem Buch „Das Mittelmeer" von Friedrich-Karl Kienitz: „Dort lag das ungefähr gleich starke französische Geschwader unter Admiral Brueys vor Anker. Ungeachtet des flachen, gefährlichen Gewässers schob sich ein Teil der englischen Flotte in einem glänzenden seemännischen Manöver zwischen die Küste und die französischen Schiffe. Von zwei Seiten aus wurden die Franzosen unter Feuer genommen. Die Schlacht zog sich bis in die Nacht hinein und weiter bis in die frühen Morgenstunden. Admiral Brueys fiel im Kampfe und mit ihm die Hälfte seiner Seeleute; mit Ausnahme von vier Schiffen, mit denen Konteradmiral Villeneuve durchbrechen und nach Korfu entkommen konnte, wurde die französische Flotte vernichtet."

Man erfährt also: Das Herumballern bei Tag und Nacht hat hier schon altehrwürdige Tradition. Und während ich mir noch den friedvollen stillen Abend in der Bucht mit seinem Sonnenuntergang ins Gedächtnis zurückrufe und dabei in alten Unterlagen blättere, fällt mir ein Alexandria-Artikel von Hans Scherer in die Hand. Der stand in der „Frankfurter Allgemeinen Zeitung" vom 15. November 1984. Seine auch in allem anderen zutreffende, lebendige Schilderung schließt mit den Worten: „In Alexandria, dachte ich bei mir, könnte ich leben, am Ende vielleicht. Alexandria hat mit dem Tod zu tun. Wie die

Pyramiden, die Königsgräber, die Sphinx, die Tempel von Theben. Aber Alexandria ist dem Tod am nächsten."

Das ist ein wuchtiges Wahrwort. Dem habe auch ich nichts mehr hinzuzufügen. Wenn man von meiner auf Expertenrat hin an die Deutsche Botschaft gerichteten Beschwerde absieht. Doch dazu kommen wir noch.

Ankerauf und ab in die Stadt des großen Mazedoniers. Zunächst aber heißt es, recht vorsichtig zwischen der Landnase und den Dissouki Islands hindurchzulaufen und freies Wasser zu gewinnen. Da liegen Steine, an denen es weiß gischtet. Beim Näherkommen erweist es sich als einfach. Bald kommt der Sommerpalast Muntazah mit seinem Hafen in Sicht. Andeutungsweise muß man auch dazu Distanz halten, denn natürlich ist auch dies wieder ein verbotenes Gebiet, dessen Radius, vom Palast aus gemessen, drei Seemeilen beträgt.

Dann mache ich das Minarett Sidi Bishr aus, den Ramleh-Palast und die weiße, gar nicht mehr aufhörende Häuser- und Strandfront der Fünfmillionenstadt. Im Sommer, wenn die bessergestellten Einwohner Kairos Kühlung suchen, sollen sich noch Aberhunderttausende hinzuaddieren.

Vom Meer aus sieht sich das alles recht gut an, und weil ich fest geschlafen und kräftig gefrühstückt habe, denke ich: „Ein schönes Plätzchen, um deinem die vergangenen Jahre bestimmenden Drang ins östliche Mittelmeer ein glückliches Ende zu setzen. Hier wird das Boot nun bleiben. Oder wir werden es verladen. Eine Woche, roundabout, haben wir Zeit. Das sollte ausreichen. O happy days of Alexandria!"

Damit passieren MIKE-DULL und ich, unter Segeln und ein lustiges Lied pfeifend, gegen 15.30 Uhr die Molenköpfe des Osthafens.

Nicht zu übersehen: ein Polizeiboot. Einer winkt. Ich gehe heran, er steigt an Bord. Weiter zum Hafen des Alexandria Yacht Clubs. Das ist, wie ich bald erkennen werde, kein einfacher Segelclub. Das ist eine gesellschaftliche Institution.

Kaum bin ich am Steg, nimmt ein bärtiger und freundlicher Landsmann meine Leinen entgegen und fragt: „Wie kommen Sie denn in diesen Wald?"

Die Frage ist so berechtigt, wie sie auch hintersinnig ist. Ich, noch ankunftsfroh und unbedarft: „Nun ja, von da und da und immer die Küste längs."

Mein Gesprächspartner heißt Erwin Rehn, seine Frau Elisabeth.

Ein interessantes Paar. Weil ihm die Ärzte Mittelmeerluft verordnet haben, haben sie ihren Hausstand an Land aufgelöst. Mit einem kleinen, in der Türkei gekauften Kutter bereisen sie seit etlichen Jahren die östlichen Küsten. Belesen, befahren, kenntnisreich. Seit etlichen Monaten hier, wollen sie ihre MIN JEHANN jetzt verkaufen. Des gepriesenen Alexandria und des Clubs mit den livrierten Nubiern im Speisesaal scheinen meine neuen Gewährsleute jedoch recht überdrüssig zu sein.

Ich darf meinen an ihren Kahn legen, der ein Dutzend Bootslängen vor dem Steg ankert. So gibt dann auch ein Wort das andere. Beide werden mir helfen, einen Shipping Agent zu finden. Von denen wimmelt es nur so in der Stadt. Gleich morgen werden wir losgehen. Man kennt sich aus. Es wird schon werden.

In dieser Zuversicht erlauben wir uns ein und das andere Bier auf der kühlen, von Markisen überdachten Terrasse des Clubs. Sie scheint ein bevorzugter Treffpunkt der besseren Kreise zu sein.

Das jedem Seefahrer bekannte Gefühl zufriedener Gelassenheit, das ihn im sicheren Port nach vorangegangener Aufregung und Anspannung überkommt, beginnt sich bei mir schon am nächsten Tag zu verflüchtigen. Die Formulare, die für den Club und das Immigration Office auszufüllen sind, gehen noch hin. Schließlich haben Gastgeber wie Behörden ein Recht darauf, genau zu erfahren, mit wem sie es zu tun haben. Denn unbestritten ist, daß sich zunehmend allerhand lichtscheues Volk mit dunklen Geschäften und finsteren Absichten gerade auch auf diesem Meer unter die harmlos umherziehenden Yachties mischt.

Kaum aber geht die Jagd nach dem Verlader richtig los, da ist es mit dem Spaß an der Sache auch schon wieder vorbei. Wir sprechen bei Abu Simbel Shipping, Adriatica, Alexandria Shipping, Navigation Co., Amon Shipping, Memphis und Thebes Shipping Agency vor. Vergeblich. Trinken viel süßen Tee. Rauchen mehr Zigaretten als uns guttut. Hören auch reichlich levantinisches Geplauder. In der Sache aber kommen wir nicht voran. Meine beiden hilfsbereiten Alexandriner, wenn ich sie so nennen darf, sind am Ende des vierten Tages der Agentensuche am Ende ihrer Nervenkraft. Ich bin es auch. Was wir zu hören bekommen haben, lautet etwa wie folgt:

„Nein, diese Woche haben wir kein Schiff. Vielleicht in drei Wochen. Kommen Sie dann wieder. Wir werden sehen, was sich machen läßt."

Oder:

„Das kann nur der Chef entscheiden. Der ist im Augenblick nicht da."

„Wann kommt der Chef zurück?"

Pause . . .

„Heute noch?"

„Vielleicht, aber ich weiß es nicht."

Oder:

„In vier Wochen ist es möglich, nach Genua."

„Wundervoll! Das Boot (Länge, Breite, Höhe etc.) liegt im Yachtclub von Alexandria. Da können Sie es doch abholen?"

„Sorry, das wird nicht gehen."

„Weshalb denn nicht?"

„Ja, sehen Sie, das Beladen selbst muß ein Beauftragter des Eigners mit den Hafenbehörden hier vorbereiten und durchführen."

„In den nächsten Tagen reise ich aber schon, und einen Beauftragten habe ich hier nicht."

„Nun, dann müssen wir bedauern."

Oder:

„Ja gewiß! Paßt Ihnen Marseille?"

„Aber natürlich! Das ist für mich am besten!"

„Sehr gut. Dann bauen Sie einen festen Verschlag um das Objekt herum, so daß die Männer an den Kränen keine Probleme bekommen."

Mir bricht der Schweiß aus. Die Alexandriner und ich schauen uns vielsagend an.

Als schließlich der sehr umgängliche M. Bertrand le Bidois, Owner's Representative der Compagnie Maritime d'Affrètement, mir leichthin einen Grundpreis von 5000 Mark errechnet, den sein Kapitän Kamal el Raschidi sehen möchte, ohne daß der Betrag auch nur im geringsten als garantierte Endsumme anzusehen wäre, da ist es soweit.

So weit, daß ich mich mit den Alexandrinern zur Beratung in den Yachtclub zurückziehe, wo man immer sehr die Ohren spitzt, was wir uns da wohl zu erzählen haben. Das ist der Punkt, an dem mir nicht schwerfällt zu begreifen, daß die von mir hier auf Verladung genährten Hoffnungen jetzt so tot sind wie die leblosen Steine der Nekropolen, von denen die Shipping Companies ihre Namen entlehnt haben. Meine Freunde und Berater schütteln den Kopf.

Was bleibt? Die Küste weiter hinunter nach Westen geht schlecht. Am Golf von Salum fängt Libyen an. Es bleibt auch noch der Yachtclub. Wäre das eine Möglichkeit? Wir müssen es versuchen und sprechen mit Offiziellen und Inoffiziellen. „Also“, sage ich, „der Fall ist klar, wir lassen das Boot da draußen im Wasser vor Anker. Okay?“

„Das geht nicht. Das ist zu unsicher. Da draußen wird eingebrochen und gestohlen.“

„Begriffen. Dann könnt ihr doch das Boot aus dem Wasser heben und zu den vier, fünf anderen stellen, die da rechts vom Steg auf dem Platz stehen.“

„Sorry, das geht nicht. Wir haben jetzt keinen Kran.“

„Wie sind denn dann die anderen Kähne drüben an Land gesprungen?“

„Da hatten wir noch den Kran.“

Nach dieser Woche bin ich da angelangt, wo Rehns schon lange sind: bloß schnell weg.

Was bleibt noch? Hinüber nach Kreta. Das wäre am besten, aber dorthin bläst einem in dieser Jahreszeit beharrlich der Wind auf die Nase. Erneut ohne Schwert zu kreuzen, das geht nicht.

Was bleibt übrig? Die Alexandriner stellen es mit ernster Miene fest: „Du mußt zurück nach Tel Aviv. Das ist jetzt im Herbst die einzige Möglichkeit.“

„Aber da komme ich doch her, und mit welchen Scherereien!“

„Das“, sagt Erwin ungerührt, „ist dein Privatvergnügen. Wenn du meine Meinung hören willst, ist die Marina in Tel Aviv der einzige Laden hier in dieser Gegend, wo du deinen Kahn mit einiger Sicherheit wiederfindest, wenn du im Frühjahr zurückkommst.“

Das mag nun so sein oder nicht. Ich bin hier Greenhorn. Erwin ist keines, und ich muß annehmen, daß er weiß, wovon er redet.

Es hilft also alles nichts. Ich habe den Bug zu wenden und mich dahin auf den Kiel zu machen, woher die Winde mich geblasen hatten. Zurück also. Die werden staunen, mich so bald schon wiederzuhaben. Ich erkläre also den Clubbediensteten, daß ich auslaufen möchte. Am besten gleich.

„Wie, gleich?“

„Ja, jetzt, toute de suite, immediately, prontissimo, understand?“

„Nein! Gleich geht nicht!“

„Weshalb denn nicht, Ibrahim?“

„Simply because it takes a few days to get the required permission!“

„Welche Erlaubnis?“

„Na, zum Beispiel die vom Immigration Office.“

„Heute ist Donnerstag. Wie lange wird es dauern, bis wir die Erlaubnis haben?"

„Sunday, perhaps Monday."

Ich melde mich auch beim Brigadier ab. Das ist hier einer der maßgeblichen Herren. Er bestätigt erneut: „Nein, der Club ist nicht darauf eingerichtet, Boote von Gästen überwintern zu lassen."

Antrag zum Auslaufen. Eintragung ins Gästebuch des Clubs.

Rehns haben eine Schreibmaschine. Die darf ich zum Abfassen meines Berichts an die Botschaft über die Ereignisse in Damietta/Port Said benutzen. Ich schreibe kurz und knapp auf, was da los war, und gebe den Bericht den uns am Abend besuchenden beiden Botschaftsangehörigen mit.

Die Antworten der ägyptischen Behörden und der Botschaft fallen später erwartungsgemäß unbefriedigend aus. Auf den auf mich abgegebenen Warnschuß wird überhaupt nicht eingegangen.

Das Geballere von Abukir habe ich nicht mehr aufgerührt. Da war es Nacht gewesen. Stockdunkel. Und ich hatte eine Weile ja auch die Lichter gelöscht. Kein wasserdichter Fall für mich, wäre da wohl die Auffassung von See-Juristen gewesen.

Alexandria bietet dem Besucher viel, wenn er nicht seine eigenen Schwierigkeiten in Gestalt eines Bootes mit sich führt: die Pompejussäule, die nur so heißt und angeblich für Kaiser Diokletian errichtet worden war, aus Dankbarkeit, heißt es, für Getreidelieferungen, die eine Hungersnot abwendeten; die Corniche, die wirklich eine Prachtstraße ist; der Souk, Altstadt mit Basar, das Griechisch-römische Museum, die Paläste, die Kaid-Ibrahim-Moschee. Bei mir hat es nur zum Museum gereicht. Die Wunder der Paläste, Faruks Prachtentfaltung für die vielen schönen Damen, auf deren Reizen sein Glanzauge freudig geruht hat, die gepriesenen Bäder im Ostteil der Bucht, die Katakomben, dies alles blieb dem Bootswanderer für diesmal verschlossen.

An einem Abend machte ich meinem Herzen Luft und einem Offiziellen freimütig Vorhaltungen: „Wie stellen Sie sich das eigentlich vor? Wozu muß einer hier tagelang herumgammeln, wenn er hinaus möchte? Bei uns in Europa geht das in wenigen Minuten: Stempel in den Paß und weg."

„Interessant", antwortet mein Gesprächspartner, „aber bei uns herrscht Ordnung."

So ist es, denn ein Hüter derselben erscheint am dritten Tag nach

Antragstellung. Es ist Sonntag, der 17. Oktober, mittags. Nun aber flott wieder weg von hier. Wie war das doch noch mit den Kindern Israels in der ägyptischen Gefangenschaft? Es wiederholt sich alles. Die waren auch heilfroh, wieder wegzukommen.

Was hatte Erwin Rehn noch gesagt? Hier in dieser Gegend sei die Marina von Tel Aviv der beste Platz für mich. Auf der Seekarte überschlage ich die Meilen; das Ergebnis belehrt mich darüber, was mein Ratgeber in Sachen Vorderer Orient unter räumlicher Nachbarschaft versteht: Es sind nicht weniger als 240 Seemeilen bis Tel Aviv. Immerhin, und das ohne Selbststeueranlage und ohne Schwert, denn das konnte ich in Alexandria ja auch nicht aus dem Kasten holen. Das verspricht lustig zu werden!

Dank an und Verabschiedung von Rehns. Eine halbe Stunde später sehe ich die beiden von Bord der MIN JEHANN winken. Ich passiere die Molenköpfe und bin wieder unterwegs. Die lange Seefront der alten Stadt geleitet mich hinaus.

Bei Sonnenuntergang bin ich auf der Höhe von Abukir. Geschlagen wie die armen Türken, die 1799 in der Nähe des Ortes gelandet waren und sogleich die Schlacht gegen Napoleons Truppen verloren. Nein, so schlimm war es bei mir nicht. Dennoch: Abukir hat es entschieden in sich!

Da sind auch schon wieder die spritzenden Dissoukis. Dann wird es Nacht, und die ägyptische Finsternis, die wir schon aus der Bibel kennen, hüllt Land, Meer und Boot ein.

In der Nacht, vor Rosetta, sind wieder alle Glühwürmchen-Fischer ausgeschwärmt und machen Jagd auf Sardinen. So lange es hier zugeht wie am Piccadilly, ist nicht an Schlaf zu denken. So wird denn auch der Morgen nur mit mattem Blinzeln begrüßt. Er trifft mich in der Nähe der Plattform an, die weit draußen vor der Küste steht.

Am Abend richte ich mich vor Damietta für die Nacht ein. Die wird schlimm. Aus den mit krakeliger Schrift vorgenommenen Aufzeichnungen im Bordbuch ist nicht zu entnehmen, wie oft ich beim Zusammensinken die Pinne geküßt oder mich in der Plicht wiedergefunden habe. Ich weiß nur: Sände, Leuchttürme, Fischerboote, ferner Lichtschein am Himmel wie von einer Stadt. Als der Morgen endlich graut, graut es auch mir. Etwas, das aussieht wie ein Wachboot, läuft auf mich zu. Als es näherkommt, erkenne ich die fröhliche Bemalung der arabischen Fischkutter. Eigentlich brauche ich die Frage gar nicht mehr zu stellen. Als ich es dann doch tue, freuen sich die Fischer ganz offenkundig, zeigen aufs Land dort hinten und rufen: „Damietta, Damietta!"

Vielleicht auch rührt ihre Fröhlichkeit daher, daß sie mich als alten Freund und Bewunderer dieses Teiles des Nildeltas wiedererkannt haben. Ganz sicher sogar.

Ich hingegen finde wenig Anlaß zum Jubel. Wachschlafend und schlafwachend, was weiß ich, bin ich die ganze Nacht im Kreis herumgefahren! Ich kann mich gut erinnern, daß ich mir dann, als die Fischer fort waren, eine Ohrfeige gegeben und einen starken Kaffee gekocht habe. Was zuviel ist, ist zuviel. Ich denke mir, wenn die Fischer jetzt nach Hause kommen und in Ras el Barr erzählen, sie hätten mich da draußen wiedergetroffen, zehn Tage nach meiner Abreise, und der Hauptmann Behar erfährt, daß ich schon wieder vor seiner Nilmündung herumlungere ... Na, was tut dann ein guter Hauptmann, dem der Schutz heimatlicher Küsten anvertraut ist? Nicht schwer zu erraten! Er alarmiert sein schnellstes Wachboot, läßt mich festnehmen und endgültig ins Loch stecken. Begründung: Also doch ein Spion! Wir wußten es ja gleich!

Um schneller Fersengeld geben zu können, baume ich die Fock aus. Und „just for security", wie man hier sagt, hole ich noch etwas weiter um Esbet-el Burdj herum aus und gehe auf 85°, ab nach Tel Aviv. Doch das liegt noch in weiter Ferne.

In der folgenden Nacht schaffe ich es nicht mehr, aufrecht sitzen zu bleiben. Ich empfehle das Boot und mich allen im östlichen Mittelmeer zuständigen Göttern wie Jahwe, Baal, Melkart und dem eigentlichen Ressortchef, Poseidon, der schon meinem Vorgänger aus Ithaka soviel Scherereien bereitet hat. Nachdem das getan ist, lege ich die Pinne fest, mich in die Koje und schlafe süße vier Stunden.

Als ich mir morgens um fünf den Schlaf aus den Augen reibe, ist Flaute. Auch der Tag bringt nur Säuselwinde und leichte Häuche. Kein Schiff, keine Bewegung, nichts. Dümpeln. Sehr allein. Rotgoldener Sonnenuntergang. Friedliche Grauwolken unter pastellblauem Himmel.

Die vierte Nacht auf See. Etwa eine Stunde nach Mitternacht nehme ich einen Lichtschein in Fahrtrichtung wahr, drei Stunden später einen schwächeren Schein südlich vom ersten. Als ich weitere anderthalb Stunden später einen Punkt auf der Wasserfläche ausmache, freue ich mich ganz unbändig. Der Punkt erweist sich schließlich als ein Boot mit einem schlafenden Fischer darauf. Ich hätte einiges Geographisches mit ihm zu bereden, bringe es aber nicht über mich, den älteren Mann zu wecken. Also weiter.

Als es richtig hell geworden ist, da ist dann endlich auch die Küstenlinie als dünner Strich zu erkennen. Ich gebe mich kurz einer von Wunschvorstellungen diktierten Fata Morgana hin: Ich sehe die Hochhäuser von Tel Aviv.

Aber nicht doch! Die hier sehen, als ich näher dran bin, nicht einmal bewohnt aus. Dafür steht daneben eine Zeltstadt. Das deutet auf campierendes Militär hin, gleich welcher Nationalität. Also: Raum gewinnen, weiter hochtasten, Küste aber im Griff behalten, so, daß man außerhalb der Reichweite von Gewehren ist.

Man erkennt an solchen kleinen Überlegungen den in seiner Ausbildung schon recht fortgeschrittenen Levantefahrer. Der ist inzwischen zwar fertig und hundemüde, aber doch noch in der Lage, aus dem reichen Schatz seiner Erfahrungen einen Lehrsatz zu rekapitulieren. Der lautet: „Die Lebenserwartung des Levantefahrers wächst direkt proportional mit dem Abstand seines Bootes von der Küste!"

Sanddünen, einige Palmen. Dann Türme und Radiomasten. Das sind die untrüglichen Zeichen für umstrittene, zumindest aber gefährdete Gebiete. Ein Minarett hinter dem Dünenstreifen läßt vermuten, daß ich mich noch vor Ägypten befinde. „Nicht mehr lange", denke ich. Schon ist der Tag wieder zu Ende, an dem nur gewellte, eintönige Sandküste müde vorüberkroch.

Dafür wird die Nacht munter, was den Wind angeht. Der frischt, allzu frisch für mich, auf 5 bis 6 auf und trägt mir auch prompt einen gut 15 Zentimeter langen Riß vom Unterliek zum Vorliek ein. Das Tuch, von Seewasser und UV-Strahlung längst mürbe wie alter Keks, hält weder Killen noch Druck stand. Die überlappenden Flicken an den Lieken der Reisefock haben sich bedenklich vermehrt. Vom Großsegel, das so alt wie der Kahn ist, wollen wir erst gar nicht reden.

Später, als der Wind sich gelegt und die See sich beruhigt hat, zähle ich seewärts an Backbord, fern draußen, wohl an die 20 Fischerboote. Winzige, kleine Lichter, sehr weit weg.

Die Lider verweigern dem Willen die Gefolgschaft und machen, wie die Rede geht, die Klüsen dicht. Ich die Kajüte auch. Mit Schottbrettern. Gute Nacht beziehungsweise guten Morgen! Wenn einer kommt und will mich sprechen, ich bin nicht zu Hause. Oder auch nicht mehr ganz bei mir.

Nach drei Stunden Schlaf klettere ich knickebeinig an Deck und nehme den sich bietenden Bestand an Eindrücken auf. Diesig, keine Sonne, keine Fischer, keine Wachboote. Jedoch! Heißt es nicht: Wer Ohren hat zu hören, der höre?

Ich spitze also die Lauscher und horche so scharf ich kann. Und was höre ich? Zwar nicht das Gelobte Land. Noch nicht. Aber seinen Himmel habe ich erhorcht. Was da über mir saust, braust, faucht, düst und zischt, heult und brummt, das sind die vielen schnellen, schönen, teuren Düsenjäger aus Amerika. Die kenne ich!

Fast bin ich schon am Ziel. Nach Schätzung meiner Position stehe ich ungefähr auf Höhe Khan Yunis, Tel el Qatifa. Na bitte!

Um 9.40 Uhr kommt in scharfer Fahrt und mit rauschender Bugwelle ein israelisches Wachboot an, um mir einen guten Morgen zu wünschen. Es ist das Boot Nr. 904. Sein Kapitän weiß, wessen ein verlorener Sohn am dringendsten bedarf, wenn er reumütig, zerschlagen, übernächtigt und mit vom Pulverdampf versengtem Bart an die waffenstarrenden Gestade seiner Wahlheimat zurückkehrt.

Was ich wissen möchte, ist meine Position.

„Ten miles off Gaza." Das bestätigt diesmal meine Vermutung.

„Thank you."

„You are welcome. Do you need anything?"

Das ist der Ton, den wir phönizischen Seevaganten überall zu hören wünschten. Einen Augenblick zögere ich. Frisches Brot wäre gut. Vielleicht auch einige Früchte. Die Marine hat noch in keinem Land schlecht gelebt; die Jungs haben an Bord alles, was das Herz des Seefahrers begehren kann. Dann habe ich mich in der Gewalt: „Very kind of you. I've got what I need." Sparta und seine Wirkung.

„Well, good luck, then."

Ich bedanke mich artig. Die hauen das Gas rein. Das Boot hebt sich aus dem Wasser, und mit eleganter Kurve fegen sie davon. Etliche Zeit halten sich noch die Spuren des Kielwassers auf der blauen Fläche. Dann sind auch sie verschwunden.

Zu Mittag ruht das Auge mit Wohlgefallen auf der grauen Reihe der Riesentanks von Ashqelon. Da hätte ich vernünftigerweise wieder hineingehen und mich gründlich ausschlafen sollen. Das wäre eine kluge Maßnahme gewesen. Statt dessen laufe ich in der Hoffnung weiter, bis zum Einbruch der Nacht vielleicht doch bis zur Marina von Tel Aviv gelangen zu können. Daraus soll aber nichts werden.

Als es dunkelt, krebse ich bei Ashdod herum. Der Wind weht stark ablandig. Zwei Stunden kämpfe ich mit meinem Minimotor gegen ihn an, um in den Hafen und hier zur Ruhe zu kommen. Als ich vor der Stadt bin, kann ich doch den Hafen nicht finden und setze das Boot zu allem Überfluß noch um ein Haar in den Sand! Das reicht! Ich wende unter Seufzen und Fluchen und schlage mir jetzt die sechste Nacht seit Alexandria um die Ohren.

Langsam, viel zu langsam, nähere ich mich dem Lichtfleck am Nachthimmel, der Tel Aviv anzeigt. Als ich um drei Uhr vor der Stadt kreuze und mit laufendem Motor die Einfahrt suche, finde ich sie nicht. Da kann ich mir dreimal laut aufsagen: „Die ist hier bei den Hotels!" Es hilft nicht. Die Sinne sind stumpf vor Müdigkeit und verweigern die Funktion. Ich sehe nichts.

Dafür werde ich gesehen, wohl auch schon einige Zeit mißtrauisch beobachtet. Ein Wachboot ist leise von achtern aufgekommen und blendet schlagartig seine Scheinwerfer auf. Die sind grell, und meine Augen schmerzen.

„Will you, please, put out those lights?"

„Who are you?"

Wie gehabt, in wenigen Sätzen.

„Where do you want to go?"

„To the Marina. Where is it?"

Das klärt den Fall für die Besatzung: ein Verrückter.

„Why! It's in front of you!"

Nächtliches Palaver mit Verrückten ist nicht Sache der israelischen Küstenwache. Die gibt Gas und verschwindet in der Nacht.

Bald wird es hell. Ich stehe vor der Einfahrt, vor der ich, ohne Zweifel nicht mehr ganz bei Sinnen, die halbe Nacht vertrödelt habe. Jetzt aber fix hinein und geschlafen. Essen und Trinken verlieren jeden Reiz, wenn man zum Umfallen müde ist.

Während ich festmache, schlurft der Wächter heran. Wie einst Eumaios, der Schweinehirt, zu seinem total heruntergekommenen Herrn, Odysseus: „So you are back again, are you?"

„Du siehst es. Aber sag deinen Leuten: Wer mich vor Mittag weckt, den bringe ich um!"

Da ich, als ein Behördenmensch mit Formularen kommt, immerhin vier Stunden geschlafen habe, mache ich die Drohung nicht wahr.

Telefonat mit zu Hause. Abrechnung mit der schönen Rachel für ein halbes Jahr im voraus. Vertrag mit Icik, dem Kranführer, der mir blitzschnell für Rausholen und Reinsetzen und für ein paar Monate Landlagerung weit mehr als einen halben Riesen errechnet, während ein entzückendes Kind auf seinem Knie sitzt und er es streichelt. Wenn Icik etwas bekräftigen oder ausdrücken will, die Angelegenheit sei nun abgeschlossen, ruft er immer mit lauter Stimme: „Finito della Comedia!"

Meine ist es auch. Fast. Noch ist da die Sache mit Duba zu regeln. Das ist der Elektriker. Der weiß auch alles über Motoren. Er sei, flüstert die schöne Rachel mir ins geneigte Ohr, als Maschinist auf vielen Schiffen gefahren. So einer kommt mir für meinen superstarken 7,5-PS-Honda wie gerufen. Der Himmel schickt ihn mir. Ich bitte Duba, der ölverschmiert und kenntnisreich vor mir steht, sich während meiner Abwesenheit der Schiffsmaschine gütigst anzunehmen und die ihm erforderlich scheinenden Arbeiten auszuführen. Duba sagt: „Weißt du was? Pack einfach den Motor und den Tank hier, wo das Boot liegt, auf den Kai. Ich komme später, nehme alles mit und bringe es in meinen Schuppen. Dort wird alles eingeschlossen."

„Wonderful, my friend Duba! Und was kostet das so bei dir?"

„Darüber werden wir sprechen, wenn du zurückkommst."

„All right, then. Good bye, Duba."

So wie der Kurier des Zaren von einst oder die Postkutscher der guten alten Zeit um die Pferde, so kümmert sich der Fahrensmann zuerst und vor allem anderen um sein Boot und das Gerät. Dann kommt eine Pause und lange nichts, und dann erst schlingert er hinauf zum Atarim Square oder der Dizengoff Street, wo er sich mit dünnem israelischem Bier anfüllt. Das, denkt er, hat er jetzt aber nun wirklich verdient.

Am Abend, in der Marina, komme ich mit Aran ins Gespräch. Der fragt: „Nun, und wie war es denn da unten?"

„Schön war es. Abwechslungsreich. Knallt nur etwas zu häufig. Wißt ihr denn das nicht?"

„Klar wissen wir das."

„Hör mal zu, Aran, wenn ihr das wißt, weshalb warnt ihr die Leute nicht, die nach Süden wollen?"

„Ganz einfach. Tun wir das, dann denken sie, wir hätten was gegen die Araber und trügen zu dick auf. Und überhaupt, jeder soll seine eigenen Erfahrungen machen."

Am nächsten Tag fliege ich nach Hause.

Einige Zeit später blättere ich in meinen alten Unterlagen der XI. phönizischen Reise. Da finde ich Hübsches. In einem Reiseführer ist unter „Einladung nach Ägypten" zu lesen:

„O Amun, du süßer Quell dem, der in der Wüste dürstet. Du bist verschlossen dem, der redet, doch offen für den, der schweigt. Wenn der Schweigende kommt, siehe, so findet er den Quell." (Ägyptischer Weiser um 1000 vor Christi)

Darauf ist zu erwidern:

„Siehe, o Amun, ich nahte mich dir über die Wüste des Wassers, zu trinken vom Quell der Erfahrung und redete, da er mich labte. Mein Durst ist gelöscht. Nun darf ich schweigen." (Spätphönizier, ca. 3000 Jahre danach)

Und noch etwas fällt mir in die Hände: „Informationen für Mittelmeer-Skipper." Da heißt es:

„Traumtörn in den Gewässern Ägyptens... Ägypten ist ein von Gott gesegnetes Land mit ca. 2500 Kilometer Strand entlang des Mittelmeeres und des Roten Meeres, mit klarem Himmel, weiten, weißen Sandstränden und mildem Klima."

Wahrlich, das ist nicht gelogen. Ich kann es bezeugen.

Bitte beachten Sie die folgenden Seiten!

Viele Reisen wurden schon in kleinen Booten gemacht, mit kleiner Besatzung oder allein, halb oder ganz um die Welt, rund um den Nordatlantik, nonstop oder mit vielen Aufenthalten – und so verschieden, wie die Segler sind, so unterschiedlich haben sie auch ihre Reisen erlebt und aufgezeichnet. Dieses sind solche Berichte:

Ernst-Jürgen Koch

Verdammt, glücklich zu sein

Mit der „Kairos" unterwegs

Begleitet von Gedanken um Geschichte und Legenden der besuchten Plätze erzählt der beliebte Autor hier Verlauf und Erlebnisse einer abwechslungsreichen Reise.
400 Seiten mit 34 Farbfotos,
18 Zeichnungen und 1 Routenkarte

Ernst-Jürgen Koch

Paradies im Stundenglas

Unsere letzte Reise mit der „Kairos"

Ein letztes Mal segeln Ernst-Jürgen und Elga von der Ostküste der USA südwärts in die Karibik und müssen erkennen, daß die Paradiese unter tropischer Sonne weniger geworden sind – zerronnen wie der Sand im Stundenglas.
408 Seiten mit 41 Farbfotos,
35 Zeichnungen und 1 Routenkarte

Bobby Schenk

80000 Meilen und Kap Hoorn

Ein Seglerleben

Der bekannte Autor erzählt von seinen großen Reisen um die Welt und rund Kap Hoorn und gewährt zugleich Einblick in die bunte Szene der Yachties und die Freuden und Sorgen des Langstreckensegelns.
400 Seiten mit 50 Farbfotos
und 2 Routenkarten

Burghard Pieske

Karibisches Eis – arktisches Feuer

Die neue große Reise des bekannten Seglers und Autors von „Shangri-La – mit dem Wind um die Welt" von Brasilien durch die Karibik nach Grönland.
288 Seiten mit 40 Farbfotos,
25 Zeichnungen, 4 Kartenskizzen
und 2 Routenkarten

Wolfgang Hausner

Taboo III

Leben auf sieben Meeren

In lockerer Form berichtet Hausner, wie es nach seinem Schiffbruch (erzählt in „Taboo") weiterging und was er seitdem erlebte.
232 Seiten mit 42 Farbfotos,
6 Kartenskizzen und 1 Routenkarte

Tristan Jones

Gefangen im Eis

Allein auf arktischem Kurs

Ein Unternehmen voller Risiken und Abenteuer, packend und lebendig geschildert.
224 Seiten mit 2 Zeichnungen und
1 Routenkarte

ISBN 3-7688-0636-7

Printed in Germany 1989
Umschlag: Siegfried Berning
Zeichnungen: Kurt Schmischke
Satz: Kunst- und Werbedruck, Bad Oeynhausen
Druck und Verarbeitung: Mohndruck, Gütersloh